Josef Wilfling
ABGRÜNDE

INHALT

Stellvertretend für alle Kinder, die einem Verbrechen zum Opfer fielen, soll dieses Buch an

Peter A.

erinnern, der am 17. Februar 2005 im Alter von acht Jahren in München von einem Sexualtäter ermordet wurde, der schon 1995 in Regensburg einen elfjährigen Buben mit über 70 Messerstichen getötet hatte und nach neuneinhalb Jahren Jugendhaft im Jahre 2004 freigelassen werden musste, obwohl nach Meinung aller Experten zu befürchten stand, dass er wieder töten würde. Denn damals gab es im Jugendstrafrecht noch keine rechtliche Handhabe, die nachträgliche Sicherungsverwahrung zu verhängen. Selbst dann nicht, wenn jemand nach wie vor gefährlich und hochgradig rückfallgefährdet war.

Nach dem Mord an Peter A., der bundesweit für Schlagzeilen sorgte, haben sich hochrangige Bundespolitiker darauf hinaus geredet, die geltenden Gesetze seien ausreichend, sie müssten nur richtig angewandt werden. Das war gelogen. Denn erst nach diesem Verbrechen erfolgte eine Gesetzesänderung, bei der es sich allerdings um einen unrealistischen politischen Kompromiss handelt. So ist es nunmehr zwar möglich, auch bei solchen Tätern die nachträgliche Sicherungsverwahrung zu verhängen, die nach Jugendrecht verurteilt wurden, allerdings sind die Voraussetzungen an Bedingungen geknüpft, die sogar Richter als lebensfremd bezeichnen. Es wird sich also nicht viel ändern. Das finde ich traurig.

VORWORT

Jeder Mensch hat den Wunsch, in Würde sterben zu dürfen. Wird jemand ermordet, nimmt man ihm diese Würde. Das kann man in den Gesichtern toter Menschen erkennen, denen andere Menschen – aus welchen Gründen auch immer – das Leben genommen haben. Ich jedenfalls habe in all den Jahren keines gesehen, bei dem ich den viel zitierten »friedlichen Gesichtsausdruck« hätte feststellen können. Selbst bei denjenigen nicht, die freiwillig aus dem Leben schieden oder die eines natürlichen Todes gestorben sind und derer ich als Todesermittler und nicht als Mordermittler ansichtig wurde. Tote sind nicht schön anzuschauen und Ermordete noch viel weniger.

Ich weiß nicht mehr, wie oft ich an einem Tatort stand und mich gefragt habe, wie so etwas möglich ist. Wobei mich weniger die schlimmen Bilder betroffen machten, als vielmehr das fehlende Mitgefühl für das Opfer, das oft in so erschreckender Weise deutlich wurde. Wie können Menschen so erbarmungs- und gefühllos, so brutal und kaltblütig sein, habe ich mich immer wieder gefragt. Bis heute konnte ich keine Antwort finden und es konnte mir auch niemand eine geben. Nicht einmal die Gerichte samt ihrer psychiatrischen Gutachter konnten immer ergründen, was wohl im Innersten eines Mörders wirklich gewirkt haben könnte – auch wenn sich rein juristisch immer ein Tatmotiv finden oder mit hoher Wahrscheinlichkeit annehmen ließ. Denn dafür sorgte schon der allumfassende § 211 des deutschen Strafgesetzbuches, in dem das aufgezählt ist, was in unserem Kulturkreis im Zusammenhang mit der vorsätzlichen Tötung von Menschen als besonders verwerflich und verachtenswert angesehen wird und der wie folgt lautet:

§ 211 – Mord

(1) Der Mörder wird mit lebenslanger Freiheitsstrafe bestraft.

(2) Mörder ist, wer
aus Mordlust, zur Befriedigung des Geschlechtstriebs, aus Habgier oder sonst aus niedrigen Beweggründen,
heimtückisch oder grausam oder mit gemeingefährlichen Mitteln oder
um eine andere Straftat zu ermöglichen oder zu verdecken,
einen Menschen tötet.

Jedenfalls ist mir in den 22 Jahren, die ich bei der Münchner Mordkommission gearbeitet habe, kein einziger Mordfall untergekommen, der nicht in einer der drei Gruppierungen dieses Paragraphen hätte untergebracht werden können. Und wenn man bedenkt, dass ich im Laufe dieser zwei Jahrzehnte rund 1000 versuchte und vollendete Tötungsdelikte miterlebt und ca. 100 davon selbst bearbeitet habe, dann glaube ich sagen zu dürfen, dass die Väter des Strafgesetzbuches allen Respekt verdienen. Interessant ist auch ein Vergleich mit den sieben Todsünden aus der Bibel, durch den der Wandel und die Werteverschiebung innerhalb der menschlichen Gesellschaft deutlich werden. Sie lauten:

- Habgier (Geiz, Habsucht)
- Hochmut (Übermut, Eitelkeit, Ruhmsucht)
- Neid (Missgunst, Eifersucht)
- Trägheit (Faulheit, Feigheit, Ignoranz)
- Völlerei (Gefräßigkeit, Unmäßigkeit, Maßlosigkeit)
- Wollust (sexuelle Ausschweifungen, Perversitäten)
- Zorn (Wut, Vergeltung, Rachsucht)

Während es heute keine Todsünde oder kein Verbrechen mehr ist, geizig, wollüstig, verfressen, versoffen oder stinkfaul zu sein, war es dafür in früheren Zeiten unerheblich, ob man Menschen heimtückisch, grausam oder mit gemeingefährlichen Mitteln wie z.b. Brandstiftung umgebracht hat. Was nicht verwundert, wenn man nur an die unfassbaren Tötungsrituale bei Hinrichtungen denkt. Darüber hinaus war es damals im Gegensatz zu heute nicht von Bedeutung, wenn die Tötung eines Menschen darauf ausgerichtet war, eine andere Schand- oder Straftat zu ermöglichen oder zu verdecken (sogenannter Verdeckungsmord).

Bemerkenswert ist aber, dass sich einige der früheren Todsünden noch immer in der Gruppe der »niedrigen Beweggründe« wiederfinden. Unter niedrigen Beweggründen versteht man die besonders verwerfliche vorsätzliche Tötung, der ein verachtenswertes Motiv zugrunde liegt und die man deshalb als auf tiefster Stufe stehend bezeichnet. Hier einige Beispiele zum Vergleich:

- Mordlust
- Befriedigung des Geschlechtstriebes
- Habgier
- Rachsucht
- krasse Selbstsucht
- Wut aus nichtigem Anlass
- triebhafte Eigensucht
- Lust an körperlicher Misshandlung
- Eifersucht, aber nicht in jedem Fall
- Blutrache, aber auch nicht in jedem Fall

Wer also einen Menschen vorsätzlich tötet und dabei eines der im § 211 StGB aufgezählten Mordmerkmale verwirklicht, wird vom Totschläger zum Mörder und ist zwingend zu lebenslanger Freiheitsstrafe zu verurteilen. Sofern er natürlich beweiskräftig überführt werden konnte und falls er zur Tatzeit nicht noch Jugendlicher oder (sonst irgendwie) schuldunfähig war.

In der Zeit von 1987 bis 2009, in der ich der Münchner Mordkommission angehörte, ereigneten sich in unserem Zuständigkeitsbereich insgesamt 361 vollendete und 767 versuchte Fälle von Mord und Totschlag. Genau genommen handelt es sich dabei um die bekannt gewordenen Tötungsdelikte, da man gerade in diesem Bereich von einer hohen Dunkelziffer ausgehen muss. So haben wissenschaftliche Untersuchungen ergeben, dass mindestens jedes zweite Tötungsdelikt gar nicht erst bekannt oder als solches erkannt wird. So viel zu der Frage, ob es den perfekten Mord gibt.

Aus der Gruppe der niedrigen Beweggründe habe ich drei Mordmerkmale ausgesucht, nämlich Habgier, Mordlust und Befriedigung des Geschlechtstriebes (Wolllust). Je einen Fall schildere ich zu Heimtücke, Grausamkeit und Gemeingefährlichkeit und einer beschäftigt sich mit Verdeckungsmord. Darüber hinaus habe ich mir ein paar Ausführungen zu allgemein interessanten Themen wie Perversitäten, Leichenzerstückelungen oder der Frage erlaubt, ob Frauen anders morden als Männer. Was den Untertitel dieses Buches betrifft, so habe ich mich für die nüchterne, wertfreie Formulierung »Wenn aus Menschen Mörder werden« entschieden. Das Warum habe ich bewusst ausgeklammert, weil ich tiefenpsychologische Betrachtungen dazu gerne kompetenteren Leuten überlassen möchte. Damit hoffe ich, einen kleinen, aber realistischen Einblick in die Welt von Mord und Totschlag und die Abgründe der menschlichen Seele geben und einen Eindruck von der Arbeit in einer echten Mordkommission vermitteln zu können. Weil ich ein Mann der Praxis bin, maße ich mir keine juristischen oder psychologischen Wertungen an und überlasse auch die moralische Sicht der Dinge jedem Einzelnen selbst.

Was die Arbeit in einer echten Mordkommission betrifft, so steht die Teamarbeit im Vordergrund. Den Super-Detektiv à la »Columbo« gibt es nicht, und einer wie »Schimanski« würde bei keiner einzigen Mordkommission in Deutschland länger als einen Tag Dienst tun. Übrigens lag unsere Aufklärungsquote auch ohne Mithilfe eines »Sherlock Holmes« kontinuierlich zwischen 95 und 100 Prozent. So viel zu dem Risiko, das man eingeht, wenn man meint, den perfekten Mord begehen zu können.

Aus datenschutzrechtlichen Gründen wurden Namen, Berufe, örtliche und zeitliche Gegebenheiten verändert. Die geschilderten Fälle orientieren sich zwar an echten Kriminalfällen, wurden aber abgewandelt, anonymisiert und durch fiktive Anteile unkenntlich gemacht.

Josef Wilfling
München im Januar 2010

GRAUSAMKEIT

Seit drei Wochen hatte sich Emil S. nicht mehr gemeldet. Die 79-jährige Alwine W. machte sich Sorgen. Bislang hatten sie sich mindestens einmal wöchentlich in einem Café oder zum Essen in der Bahnkantine getroffen. Aber Emil S. ging nicht mehr ans Telefon, und auch im Justizzentrum, wo sie sich fast täglich die Zeit vertrieben und die dortigen Prozesse verfolgten – am liebsten natürlich Mordprozesse –, war er schon lange nicht mehr gesehen worden. Sie gehörten zur dortigen Stammzuhörerschaft und kannten sich untereinander.

Alwine läutete an Emils Haustür und konnte die Glocke sogar bis nach unten hören, weil die Balkontür von seiner Wohnung im zweiten Stock offen stand. Es wurde aber nicht geöffnet. Also klingelte sie schließlich bei der Nachbarin im zweiten Stock, die ihr vom Sehen her bekannt war und die in ihrem Alter sein durfte. Tatsächlich betätigte diese den Türöffner, und Alwine ging nach oben. Ingesamt sechs Parteien lebten in dem zweistöckigen Block, der zu einer großen Wohnanlage gehörte, welche von der Bundesbahn in den 1960er-Jahren errichtet worden war und in der fast ausschließlich Bahnbedienstete wohnten, vorwiegend Pensionisten und Rentner. Es waren preisgünstige Wohnungen, die zwar klein, inzwischen aber auf modernsten Stand gebracht worden waren.

Der betagten Nachbarin war gar nicht bewusst, dass sie Emil S. schon lange nicht mehr gesehen hatte. Erst jetzt im Nachhinein falle ihr auf, dass er ihr ja jeden Tag die Zeitung eingeworfen habe und dass das schon seit geraumer Zeit nicht mehr der Fall war. »Da wird doch nichts passiert sein mit dem Herrn S. Ganz gesund war der ja auch nicht mehr, so wie der schon vor Jahren geschnauft hat, wenn er die Treppe hochging«, meinte sie. Alwine W. klopfte mehrfach kräftig an Emils Wohnungstür, aber es rührte sich nichts. Sie hob den Briefkastenschlitz hoch. Ein Schwall unangenehm riechender Luft wehte ihr entgegen. Sie kannte diesen Gestank nur allzu gut aus den Kriegsjahren, in denen sie viele Leichen gesehen und gerochen hatte.

Alwine W. rief die Polizei. Die beiden jungen Beamten zögerten nicht lange und ließen die Wohnung öffnen. Einer von ihnen ging hinein. Es dauerte keine 20 Sekunden, und er kam kreidebleich wieder heraus, mit einer Hand Mund und Nase zuhaltend. »Hol die Kripo«, sagte er zu seinem Kollegen, »der ist umgebracht worden. In seinem Hals steckt ein Besen.«

Als meine beiden Kollegen und ich am späten Nachmittag an den Tatort kamen, hatte sich vor dem Haus eine kleine Menschenmenge versammelt. Neugierige Nachbarn, denen jetzt allen einfiel, dass sie Herrn S. ja schon so lange nicht mehr gesehen hatten. Da man aber kaum engen persönlichen Kontakt untereinander hatte und lediglich normale nachbarschaftliche Beziehungen pflegte –

was in einer Großstadt bedeutet, dass man sich grüßt und gelegentlich ein paar Worte wechselt –, war niemandem aufgefallen, dass Emil S., der wie viele andere immerhin schon seit 40 Jahren hier lebte, irgendwie fehlte.

Als ich die Ansammlung der Anwohner sah, war mir klar, dass nun allerlei Erkenntnisse und Gerüchte ausgetauscht und vermischt werden würden, was natürlich einer objektiven Informationsgewinnung abträglich war. Und oft wird das, was man erfahren hat, gerne als eigenes Wissen verkauft – besonders wenn Belohnungen ausgesetzt sind.

Es sah nicht gut aus. Liegezeit mindestens drei Wochen, schätzte die Leichenschauerin. Da die Balkontür weit offen stand, hielt sich der Gestank in Grenzen. Es war ein grausiger, fast schon skurriler Anblick. Keiner von uns hatte Derartiges vorher gesehen. Der Besenstil ragte aus dem Hals heraus und stand kerzengerade in die Höhe, wobei die Bürste zwischen Balkontür und Türrahmen eingeklemmt war. Dadurch konnte die Tür nicht zuschlagen, und gleichzeitig hatte der Besenstiel einen festen Halt. Der Körper des Mannes war aufgedunsen, der Kopf war schwarz-klumpig, und die wohl schon dritte Generation von Maden war dabei, ihr Werk fortzusetzen. Die Leiche war bekleidet mit Hemd und Hose.

Wir vereinbarten mit dem Erkennungsdienst, nach der fotografischen Sicherung des Tatortes den Besenstil ca. 30 Zentimeter über dem Hals abzusägen und die Leiche bekleidet und unverändert ins Institut für Rechtsmedizin bringen zu lassen. Mit bloßem Auge war lediglich erkennbar, dass wohl Gesicht und Schädel zertrümmert waren, eine visuelle Identifizierung war nicht mehr möglich. Bei genauerem Hinsehen erkannte man auch einige scharfrandige Hautdurchtrennungen im Kopfbereich, wie sie von einem Messer hätten verursacht worden sein können. Ein solches lag aber nirgends offen herum, wie wir bei erster Durchsicht feststellten. Auf dem Tisch befand sich eine leere Geldbörse, und man konnte an den lose herunterhängenden Antennen- und Stromkabeln sehen, dass auf der kleinen Anrichte, wo die Staubschicht entsprechend ausgespart war, ein Fernsehgerät gestanden haben müsste. Ein Raubmord?

Die Wohnungstür war unbeschädigt und nur ins Schloss gezogen. Der Schlüssel steckte an der Innenseite. Der oder die Täter müssen also eingelassen worden sein. Ein Einsteigen und auch eine Flucht über den Balkon, der zur Hofseite hinausging, konnte ausgeschlossen werden. Die Tat muss sich nicht zwangsläufig bei offenem Fenster zugetragen haben. Denkbar, dass die Balkontür erst nachträglich geöffnet und fixiert wurde. Zumal niemand bisher etwas gehört haben will und die Tat garantiert nicht geräuschlos abgelaufen war.

Alwine W. selbst lebte seit vielen Jahren alleine in einer kleinen Altbauwohnung in der Innenstadt. In Emils Wohnung war sie schon seit Jahren nicht mehr gewesen. Die alte Dame war körperlich und geistig zwar noch sehr rüstig, aber der Vorfall hatte ihr zu schaffen gemacht. Sie saß auf der Stiege im Treppenhaus, hatte die Arme auf den angezogenen Knien verschränkt und den Kopf darauf gelegt. Ich bot ihr an, sie nach Hause zu fahren. Unterwegs könnten wir uns ja unterhalten, schlug ich vor, und sie nahm dankbar an. Es habe ja einmal eine Zeit gegeben, da habe sie sich Hoffnungen gemacht, begann sie zu erzählen, als wir in meinem Dienstwagen saßen. Seit über 20 Jahren sei sie Witwe und Emil war von jeher alleinstehend. Sie hätten sich schon vor dem Krieg gekannt, seien beide bei der Bahn als Zugbegleiter eingesetzt gewesen und bei Transporten an die Front oft von Tiefffliegern angegriffen worden. Viele Male seien sie dem Tod nahe gewesen, das habe zusammengeschweißt. Er sei ihre erste große Liebe gewesen und auch ihr »erster Mann«. Aber im letzten Kriegsjahr hätten sie sich aus den Augen verloren, und nach dem Krieg hätten sich ihre Wege getrennt. Sie habe einen anderen Mann geheiratet und eine Tochter bekommen, Emil sei ledig geblieben. Erst nach dem Tod ihres Mannes hätten sie sich wieder getroffen, und seither hätten sie sporadischen Kontakt gepflegt. Leider habe Emil kein Intcresse mehr an einer festen Beziehung gehabt, mehr als eine Freundschaft wollte er nicht. Natürlich sei ihr klar gewesen, dass sie ihm wohl zu alt war, auch wenn ihr acht Jahre Altersunterschied als nicht allzu gravierend vorkamen. Auch Frauen könnten sich doch mal »etwas Jüngeres suchen«, oder? Wir mussten beide herzhaft lachen. Eine unglaublich nette alte Dame, die ich da durch die Stadt fuhr. Ihre unerfüllte Liebe sollte keine große Rolle spielen bei den weiteren Ermittlungen. Und dennoch berührte mich ihre Geschichte. Ihre Aussage wurde später auch vor Gericht verlesen und trieb manchem die Tränen in die Augen. Unter Tausenden Menschen, die ich in meinen Berufsleben kennengelernt habe, gehört sie zu denen, die ich nie vergessen werde.

Natürlich sei ihr nicht verborgen geblieben, dass Emil einen Hang zu wesentlich jüngeren Frauen hatte, und sie habe auch gewusst, dass zeitweise eine junge Frau bei ihm wohnte, die noch nicht einmal 30 Jahre alt war. Monika habe sie geheißen, wie mit Familiennamen, könne sie nicht sagen. Emil habe sie als Angeklagte im Gericht kennengelernt. Weil sie mit zwei Freundinnen einen jungen Mann drei Tage lang in einem Zimmer gefangen gehalten hatten. Ein spektakulärer Prozess damals, der wochenlang für Schlagzeilen gesorgt hatte. Emil habe mit der Frau Kontakt aufgenommen, als sie noch im Gefängnis war. Erst habe er ihr geschrieben, und dann habe er sie sogar besucht. Sie habe ihm leid getan, und er habe ihr helfen wollen, wieder Fuß zu fassen. Als sie vorzeitig frei kam, habe sie ihn tatsächlich aufgesucht und sei bei ihm eingezogen. Sie selbst habe diese junge Untermieterin nur ein einziges Mal gesehen, als sie Emil abholte. Da wusste sie dann auch, warum Emil sie gerne aufgenommen hatte. Sie entsprach wohl seinen erotischen Vorstellungen. Man könnte sie als »dralle Blondine« bezeichnen, vorsichtig ausgedrückt. Auf sie wirkte die junge Frau jedenfalls sehr ordinär. Mehr wisse sie allerdings nicht darüber, und Emil habe auch nicht viel erzählt. Dass sich zwischen den beiden eine sexuelle Beziehung entwickelt hatte, gab er unumwunden zu. Daraus hatte er noch nie ein Geheimnis gemacht. Schon gar nicht ihr gegenüber. War sie doch für ihn so etwas wie die ältere Schwester. Leider. Vor ein paar Monaten sei die junge Frau wieder ausgezogen. Es muss wohl doch nicht so optimal gewesen sein. Seine Untermieterin muss stinkfaul gewesen sein und ihn finanziell regelrecht ausgesaugt haben. Emil sei jedenfalls froh gewesen, als sie weg war.

Als ich wieder zurück am Tatort war, berichtete mir ein Kollege von einer jungen, ziemlich großen und kräftigen Frau, die schon mehrfach unten im Hof mit einem pinkfarbenen Fahrrad hin- und hergefahren sei und wie gebannt zur Tatwohnung herauf gesehen habe. »Na und?«, sagte ich. »Da unten stehen viele und starren herauf. Die wird wohl hier wohnen und neugierig sein wie alle anderen.«

»Kann sein«, sagte der Kollege, »aber merkwürdig war das schon, weil sie sich nämlich auffallend von den anderen Leuten fernhielt. Als ob sie unauffällig beobachten wollte, was sich da tut. Anwohner haben mir gesagt, sie heiße Monika S. und wohne hier in der Nähe.«

Es elektrisierte mich förmlich. »Das muss sie sein!«, rief ich und berichtete dem Kollegen kurz, was mir die alte Dame erzählt hatte. »Die schauen wir uns an. Und zwar gleich.«

Bereits 20 Minuten später hatten wir die Wohnung gefunden, in der Monika S. mit dem pinkfarbenen Fahrrad wohnen sollte. Der Wohnblock war nicht weit entfernt von dem des Opfers, gehörte aber zu einer anderen Anlage. Am Klingelschild stand der Name »Matthias A.«. Bei ihm, so hatten wir natürlich längst ermittelt, handelte es sich um den Freund dieser Monika. Er war auch als alleiniger Mieter eingetragen. Keine Vorstrafen und von Beruf Kraftfahrer, wie uns telefonisch mitgeteilt worden war. Monika S. war unter dieser Anschrift polizeilich nicht gemeldet. Deshalb kannten wir weder ihre Personalien noch wussten wir zu diesem Zeitpunkt, welch ein »amtsbekanntes Früchtchen« sie war.

Wir läuteten bei anderen Mietern, um erst einmal ins Haus zu kommen. Das klappte. Die Wohnung lag im Parterre rechts. Wir hörten darin aufgeregte Stimmen, konnten aber nichts verstehen. Wir klingelten an der Wohnungstür, und es dauerte keine fünf Sekunden, bis Matthias A., ein schlanker, ca. 35 Jahre alter und etwa 1,80 Meter großer Mann, öffnete. Er wirkte ungepflegt, hatte einen Dreitagebart und dunkles, langes Haar, das strähnig bis zu den Schultern reichte. Er war offensichtlich gerade im Begriff, die Wohnung zu verlassen, da er einen Anorak trug und eine Reisetasche in der Hand hatte. Zwei Meter hinter ihm stand eine blonde, große, kräftige Frau im Flur und schaute genauso erschreckt wie Matthias A., als sie hörte, dass wir von der Kriminalpolizei seien. Der blasse und nervös wirkende Mann setzte die Tasche ab, wir baten um Einlass, und er trat wortlos zurück und machte uns den Weg frei.

»Wollen Sie verreisen?«, fragte ich und deutete auf die Reisetasche.

»Nein, nur zum Bezirkskrankenhaus nach Haar«, antwortete Matthias A. nach kurzem Zögern. So, als wäre ihm keine andere Antwort eingefallen.

»Ach ja, nach Haar? Was ist denn passiert?«

Matthias A. deutete auf die Frau im Hintergrund und erklärte, sie habe psychische Probleme und deshalb wollte er sie in ärztliche Behandlung bringen. Jetzt wurde es interessant.

»Was ist denn passiert?«, fragte ich abermals.

»Sie hat viel Blut gesehen«, antwortete er und fügte sofort an: »Im Schlachthof. Wir waren am Schlachthof, weil wir eine Arbeit für sie gesucht haben, und da hat sie hineingeschaut und all das Blut gesehen, und jetzt dreht sie fast durch.«

Wo sie das viele Blut wirklich gesehen haben dürfte, konnte ich zwar nicht wissen, aber ich ahnte es. Ganz bestimmt nicht im Schlachthof. Abgesehen davon, dass man dort nicht so einfach in den Schlachtbereich hineinspazieren kann, klang es doch sehr nach einer hastig überlegten Ausrede, was Matthias A. da von sich gab.

»Aha«, sagte ich deshalb nur und machte den Vorschlag, uns besser getrennt zu unterhalten. Dann würde es schneller gehen, gab ich als Begründung an, ohne aber zu erklären, was ich damit genau meinte. Trotzdem wollte keiner von beiden wissen, weswegen wir eigentlich hier seien. Mein Kollege, so fuhr ich fort, würde am besten mit ihm im Wohnzimmer sprechen und ich würde mit der Dame kurz im Treppenhaus reden wollen. Matthias A. nickte, doch die Frau reagierte panisch. Sie wolle unbedingt bei ihrem Freund bleiben, meinte sie fast flehentlich und hakte sich bei ihm unter, als ob sie ihn festhalten wollte. Es dauerte etwas, bis ich sie freundlich lächelnd davon überzeugt hatte, dass ich auch ein ganz netter Mensch wäre und sie sich vor mir doch nicht fürchten müsse. Schließlich ging mein Kollege mit Matthias A. in das Wohnzimmer der kleinen Zwei-Zimmer-Wohnung und ich ging mit der Frau ins Treppenhaus. Und hier sollte ich das schnellste Geständnis meiner gesamten Laufbahn erhalten.

»Kennen Sie einen Herrn Emil S.?«, fragte ich.

»Nein.«

»Sie sind aber doch vorhin mit Ihrem pinkfarbenen Fahrrad dauernd an seinem Wohnhaus vorbeigefahren und haben hinaufgestarrt zu seiner Wohnung, in der Sie doch schließlich eine Zeit lang gelebt haben, oder?«

»Das schon, aber mit der Sache habe ich nichts zu tun.«

»Mit welcher Sache?«

»Der da drin hat ihn umgebracht. Der hat auch einen Anwalt, ich habe keinen. Fragen Sie ihn. Er hat den Emil erschlagen, nicht ich. Ich war nur dabei.«

Wir gingen hinaus auf den Hof. Ich rief einen Streifenwagen, und drei Minuten später war Monika S. unterwegs zum Polizeipräsidium. Festgenommen und als Beschuldigte über ihre Rechte belehrt.

Kaum war der Streifenwagen weg, kam mein Kollege mit Matthias A. aus dem Haus. Ich ging auf die beiden zu. »Sie sind festgenommen, Herr A. Wegen Mordverdachts. Heben Sie bitte die Hände, ich muss Sie durchsuchen«, sagte ich zu ihm. Wortlos streckte er die Hände seitlich aus, und ebenso wortlos begann mein Kollege, ihn zu durchsuchen. Ich war mir nicht sicher, wer von den beiden mehr überrascht bzw. verblüfft war, erfuhr aber nachträglich, dass es mein Kollege war. Matthias A. durfte nämlich sofort gewusst haben, warum er festgenommen wurde, was dadurch erkennbar war, dass er abermals nicht nach dem Grund fragte. Mein Kollege dagegen konnte natürlich nichts von dem Blitzgeständnis der Frau ahnen. Er handelte wie ein Roboter völlig automatisch und wurde auch noch fündig. An einem ledernen Schlüsseletui, das er dem Beschuldigten aus der Hosentasche zog, waren dunkle Flecken erkennbar, die sich später als Mischspur zwischen Opfer- und Eigenblut erweisen sollten: ein klarer Sachbeweis.

Monika S. schob die gesamte Schuld auf ihren Freund. Der sei gewalttätig und deshalb habe sie zu »ihrem Rentner« zurückgewollt. Das habe ihm nicht gepasst und deshalb hätte er ihn mit einem Gewehr erschlagen. Das mit dem Besenstil sei allerdings sie gewesen. Sie habe das aber nur gemacht, weil sie Angst vor Matthias hatte. So wie der getobt habe, habe sie befürchten müssen, er würde auch sie umbringen. Zumal sie ihn ja verlassen wollte. Deshalb habe sie so getan, als würde sie mitmachen. Und weil der Emil doch eh schon »so gut wie tot« gewesen sei, habe es doch nichts mehr ausgemacht, »dass ich ihm den Besenstil reingesteckt habe in den Hals, oder?« Und auf die Idee, die »Sachen« aus der Wohnung mitzunehmen, sei auch er gekommen. Weil er nämlich kein Geld mehr hatte. Das sei übrigens einer der Gründe gewesen, warum sie zu Emil S. zurück wollte. Matthias A. sei arbeitslos gewesen, habe aber kein Arbeitslosengeld mehr bekommen und hätte Sozialhilfe beantragen müssen. Nicht einmal einen funktionierenden Fernseher habe er mehr gehabt. Geschweige denn, dass er sie hätte ausreichend versorgen können.

Auf die Frage, ob sie Matthias A. lieben würde oder zumindest einmal geliebt hätte, antwortete sie mit einem klaren Nein. Sie habe noch nie jemanden geliebt. Sexuell sei er zwar besser gewesen als Emil S., aber das habe ihr nicht so viel bedeutet. Wenn sie Lust hatte, habe sie ihn gelassen, ansonsten habe sie nichts dabei empfunden.

Matthias A. legte erst ein Geständnis ab, als er die Zusage hatte, dass seine Monika ärztliche Hilfe bekomme. Er nahm alles auf sich. Sogar die Sache mit dem Besen. Selbst als ihm vorgehalten wurde, Monika habe bereits ihren Tatbeitrag eingestanden, beharrte er auf seiner Version. Monika habe »nichts gemacht«, er sei der allein Schuldige. Er war dieser Frau verfallen, war ihr hörig. Anders war sein Verhalten nicht zu deuten.

Beide Geständnisse lagen vor, noch während im Institut für Rechtsmedizin die Obduktion andauerte. Der Kollege, der ihr beiwohnte, war genauso überrascht von der schnellen Klärung wie die Mediziner. Sie stellten fest, dass der Besenstil in den Hals gerammt worden war, als der Mann noch gelebt haben musste. Entsprechend vital unterblutete Weichteile wiesen darauf hin. Kein schöner Tod. Und wohl ziemlich schmerzhaft.

Monika S. hatte ein bewegtes kriminelles Vorleben. Sie war vorbestraft wegen schweren Raubes, Freiheitsberaubung, Körperverletzung und sexueller Nötigung. Zusammen mit zwei Komplizinnen – sie hatte auch einen Hang zu gleichgeschlechtlichem Sex – hatte sie einen jungen Studenten in einer stadtbekannten Lesbenkneipe, in die sich der junge Mann verirrt hatte, mit sogenannten K.-o.-Tropfen betäubt. Dann schleppten sie ihn auf ein Zimmer, fesselten ihn dort an ein Bett, hielten ihn drei Tage lang fest und missbrauchten ihn sexuell nach allen »Regeln der Kunst«. Abgesehen davon, dass sie ihn auch noch ausraubten und sein Konto plünderten.

Eine nach der anderen und manchmal auch gemeinsam hatten sie ihr Opfer unvorstellbar gedemütigt. Die Details waren eine Mischung aus explosiver Erotik und widerlichen Perversitäten. Weil der junge, unerfahrene Mann aus gutem Hause teilweise Todesangst erlitten und wohl für den Rest seines Lebens einen psychischen Schaden davongetragen haben dürfte, verurteilten die Richter die drei »Grazien« zu mehrjährigen Freiheitsstrafen, wobei Monika S. mit drei Jahren noch am besten davonkam. Aber nicht, weil sie weniger Anteil am Geschehen hatte, sondern weil ihr Intelligenzquotient an der Grenze zur Debilität anzusiedeln war. Mit anderen Worten: Monika S. war zwar strohdumm, aber gefährlich raffiniert, absolut narzisstisch, gefühlskalt und gelegentlich scharf wie Nachbars Lumpi, wie man so schön sagt im Volksmund.

In einer langwierigen Gerichtsverhandlung gelang es letztendlich doch noch, die einzelnen Tatbeiträge und den genauen Tatablauf festzustellen. Auch mithilfe des

Anwaltes von Matthias A., der seinen Mandanten davon überzeugen konnte, dass ihn Monika S. nicht liebte, sondern nur ausgenutzt hatte. Sie habe es nicht verdient, dass er sich für sie opfere. Matthias A. sah es ein, gab seine Märtyrerrolle auf und korrigierte seine Aussagen entsprechend, ohne aber seinen Tatbeitrag zu verschleiern. Matthias A. sagte aus, dass Monika S. an jenem Tag, obwohl es schon spät war und beide im Stehausschank schon genug getrunken hatten, unbedingt noch den »geilen alten Sack«, wie sie Emil S. zu nennen pflegte, besuchen wollte. Bei ihm hatte sie gewohnt, bevor sie Matthias kennenlernte. Der Rentner hatte die beiden nur widerwillig in seine kleine Wohnung gelassen, wo sie sich gleich selbst aus dem Kühlschrank bedienten. Nach weiteren drei Flaschen Bier musste Matthias A. auf die Toilette und seine Monika mit dem vermeintlichen Nebenbuhler im Wohnzimmer zurücklassen. Er schloss aber die Klotür nicht, um zu hören, worüber die beiden reden würden. Zumal Monika schon den ganzen Abend so komische Andeutungen gemacht hatte.

Matthias wollte gerade vom winzigen Flur zurück ins Wohnzimmer, als er hörte, wie Monika zum Gastgeber sagte:»Ich will wieder bei dir einziehen.« Das genügte. Die ablehnende Antwort des Rentners nahm er gar nicht mehr wahr. Wut, Eifersucht und Verzweiflung stiegen in ihm hoch. Da er nichts anderes zur Hand hatte, mit dem er seinen Nebenbuhler hätte angreifen können, zog er sein Schweizer Taschenmesser aus der Hosentasche, klappte blitzschnell die größte Klinge heraus, die dieses Allround-Messerchen aufzuweisen hatte, stürmte ins Wohnzimmer und stürzte sich auf den völlig verdutzten Emil S. Mit der linken Faust schlug er wahllos auf dessen Kopf ein, und gleichzeitig stach er wie von Sinnen mit dem Messer zu, ohne darauf zu achten, wo er ihn traf. In seiner Rage merkte er gar nicht, dass sich die Klinge eingeklappt hatte und er sich selbst tiefe Schnitte im rechten Handballen und am kleinen Finger beibrachte. Er spürte nichts.

Der Rentner kippte von der Couch, schrie kurz um Hilfe, dann versagte ihm die Stimme. Er lag rücklings am Boden, jappste nach Luft und hob abwehrend die Hände. Aber das nützte nichts. Er kam nicht so schnell hoch, wie Matthias A. das alte Luftgewehr von der Wand genommen hatte, das dort zur Zierde hing. Dieses packte er mit beiden Händen am Lauf, holte kräftig aus und schlug mit dem Gewehrkolben auf den am Boden liegenden Rentner ein. Dabei wurde er angefeuert von Monika, die lachte und herumsprang, als würde sie einen Freudentanz aufführen. »Schlag ihn tot, die Drecksau, schlag ihn tot!«, schrie sie, sprang auf die Couch und hüpfte dort auf und ab. Emil S. schleppte sich noch ein Stück zur offen stehenden Balkontür, dann verließen ihn die Kräfte. Sein Kopf war ein einziger blutiger Klumpen, aber er röchelte noch. Matthias A. ging die Kraft aus, seine Schläge wurden weniger und kraftloser.

Das war der Moment, in dem Monika in Aktion trat. Sie packte einen Besen, der in der Ecke stand, drehte ihn um, so dass die Bürste nach oben zeigte, und rammte den hölzernen Stiel mit aller Kraft in den Hals des vor ihr am Boden liegenden Rentners. Die Wucht war so groß, dass der Besenstiel trotz des abgerundeten Endes in die Halspfuhle unterhalb des Kehlkopfes eindrang, bis zu den Halswirbeln durchschlug, diese zertrümmerte und im Hals stecken blieb. Damit der Besen nicht umfiel, klemmte Monika das Bürstenteil in die Balkontür ein und ließ den Stiel im Hals des alten Mannes stecken. Wie lange dieser noch gelebt haben dürfte, konnte nicht geklärt werden. Er starb zum einen an den schweren Kopfverletzungen, die ihm durch die Schläge mit dem Gewehrkolben beigebracht worden waren, und zum anderen hätte er auch die Verletzung durch den Besenstiel nicht überlebt. Ein Gemeinschaftswerk des Pärchens also, wenn auch aus völlig unterschiedlichen Motiven. Noch während das Opfer langsam ausblutete, machten sich die beiden daran, alle ihnen stehlenswert erscheinenden Gegenstände einzupacken. »Der braucht das Zeug sowieso nicht mehr, der alte Drecksack. Dafür hat er mich ja auch oft genug ficken dürfen«, lachte Monika und kabelte den kleinen Farbfernseher ab, der fast Tag und Nacht lief, als sie noch bei Emil S. gewohnt hatte. Sogar wenn der Rentner den täglichen Oralverkehr bei ihr ausgeübt und sich dann auf sie gelegt hatte, um wenigstens kurz in sie einzudringen, lief der Fernseher. Sie empfand nichts dabei, wenn sich der »geile alte Sack« an ihr »zu schaffen machte« und sich »aufgeilte«. Sie hatten sich schließlich darauf geeinigt, dass sie dafür umsonst bei ihm wohnen dürfe, verpflegt würde und so lange fernsehen könne, wie sie wolle. Den Farbfernseher hatte der Rentner eigens deswegen gekauft.

Monika S. und Matthias A. wurden wegen gemeinschaftlich begangenen Mordes zu lebenslangen Freiheitsstrafen verurteilt. Das Gericht sah bei Monika S. das Mordmerkmal der Grausamkeit verwirklicht. Grausam tötet, wer seinem Opfer aus gefühlloser, unbarmherziger Gesinnung besondere Schmerzen oder Qualen zufügt, heißt es im Kommentar zum Strafgesetzbuch. Dass dies erfüllt war, daran hatte niemand ernsthafte Zweifel. Nicht einmal der Anwalt von Monika S. Sie habe dem Opfer nicht deshalb den Besenstil in den Hals gestoßen, weil sie Angst vor der Reaktion ihres Mittäters hatte, sondern weil sie voller Wut und Hass auf den Rentner war, der sich geweigert hatte, sie wieder bei sich wohnen zu lassen. Und dass es nicht dem Wunsch von Mattias A. entsprang, nach einer solchen Tat auch noch Wertgegenstände zu entwenden, sondern dem Egoismus von Monika S. zuzuschreiben war, daran hatte das Gericht nicht die geringsten Zweifel. Denn wer käme schon auf die Idee, einen Farbfernseher mitgehen zu lassen, außer einer Person, die als fernsehsüchtig einzustufen ist und ausgerechnet zu der Zeit kein TV-Gerät hatte.

Bei Matthias A. war das Mordmerkmal des niedrigen Beweggrundes der Eifersucht erfüllt und das der Heimtücke auch, da er sein Opfer angegriffen hatte, als dieses völlig arg- und wehrlos war. Das Mordmerkmal der Habgier war bei ihm nicht erfüllt, da der Entschluss zum Diebstahl der Wertgegenstände erst nach der Tötungshandlung gefasst wurde und von Monika S. ausging.

HEIMTÜCKE

Annabella W. ging ins Wohnzimmer, nahm das Telefon und rief die Polizei an. »Jetzt hätte er es fast geschafft«, schrie sie weinend den Polizeibeamten entgegen, die kurze Zeit später aus dem Aufzug im achten Stockwerk stiegen. Die Nachbarn aus dem gleichen Stockwerk und dem darunter liegenden hatten sich allesamt im großräumigen, quadratisch gestalteten Treppenhaus des sehr gepflegten, achtstöckigen Hochhauses versammelt. Die unmittelbare Wohnungsnachbarin, eine ältere Dame, hatte liebevoll ihren Arm um Annabella W. gelegt, die auf einem Stuhl neben ihrer geöffneten Wohnung saß, eingehüllt in eine warme Wolldecke. Trotzdem zitterte sie wie Espenlaub, ihre Beine wippten auf und ab. Ihr Sohn hockte neben ihr und tröstete sie: »Es wird alles gut, Mama«, sagte er immer wieder.

Ein Streifenbeamter hatte längst den Notarzt angefordert, der fünf Minuten später vor Ort war. Die Retter hatten die Leiche von Helmut W. aus dem schmalen Raum zwischen Bett und Wand herausziehen müssen. Sie lag nun vor dem Fußende des Ehebettes am Boden. Der Notarzt bescheinigte einen nicht natürlichen Tod und trug als Todesursache »Verbluten nach innen und außen infolge zahlreicher Messerstiche« in die Todesbescheinigung ein. (Die Rechtsmediziner sollten später 34 Einstiche zählen.) Dann kümmerte sich der Notarzt um das Opfer, also um Annabella W. Er gab ihr eine Beruhigungsspritze, eine Einlieferung ins Krankenhaus lehnte sie ab. Sie habe ja ihren Sohn und käme schon klar, meinte sie.

Der Kollege des Kriminaldauerdienstes, der mich kurz nach 2.00 Uhr aus dem Bett geläutet hatte, schilderte knapp den Sachverhalt und meinte, so wie es aussehe, dürfte es sich um eine Notwehrhandlung bzw. eine Notwehrüberschreitung gehandelt haben. Die Frau habe bereits eine erste Aussage gemacht. Demnach sei sie von ihrem gewalttätigen Mann mit einem Küchenmesser angegriffen worden, als sie zu Bett gegangen war. Irgendwie sei es ihr gelungen, ihm das Messer zu entreißen. In ihrer Todesangst habe sie dann auf ihn eingestochen. Sie wisse nicht mehr, wie lange und wie oft. Der Mann sei auch schon mehrfach wegen häuslicher Gewalt in Erscheinung getreten.

Ich fuhr zum Tatort in Erwartung des üblichen Milieus. Es ist zwar eine Tatsache, dass häusliche Gewalt in besseren Kreisen nicht seltener vorkommt als in der sozialen Unterschicht, aber in der sogenannten Oberschicht ruft die Frau Generaldirektor eher ihren Familienanwalt an als die Polizei, wenn sie von ihrem sturzbetrunkenen Gatten wieder einmal vermöbelt wurde, weil sie ihm eine Szene gemacht hat wegen dieser Schlampe von Sekretärin.

Als ich das vornehme Hochhaus betrat, war ich überrascht. Man sah auf den ersten Blick, dass hier vorwiegend Eigentümer wohnen, die bei jedem Kratzerchen im

Treppenhaus eine Eigentümerversammlung einberufen. Also ein Umfeld, in dem man einen solchen Sachverhalt eher nicht vermuten würde. Zumindest dann nicht, wenn man sich von seinen Vorurteilen leiten lässt, die natürlich auch Ermittler haben und gegen die man tagtäglich ankämpfen muss. Sonst verliert man die Bodenhaftung. Noch überraschter war ich, als ich hörte, dass das 54-jährige Tatopfer ein Kollege war. Ein Polizeioberrat sogar, Chef einer großen Abteilung bei der Verkehrspolizei. Aha, dachte ich, ein Machtmensch. Niemand hat mehr Macht als die Kollegen der Verkehrspolizei. Dort gelten knallharte Regeln, und sogar hochgestellte Persönlichkeiten müssen klein beigeben, wenn sie in eine Verkehrskontrolle geraten. Nicht einmal die Bundeskanzlerin kann einen Strafzettel zurücknehmen, wenn es der kleine Verkehrspolizist nicht will – vorausgesetzt, er ist rechtmäßig ergangen. Für mich übrigens ein Zeichen echter Demokratie. Selbst Richter haben einen nur geringen Ermessensspielraum, wenn es um Verkehrsdelikte geht, bei denen die Strafrahmen meist schon katalogisiert vorgegeben sind.

Annabella W., 49-jährige Realschullehrerein für Englisch und Geschichte, war bereits zur Blutentnahme gebracht worden. Um es vorwegzunehmen: Sie stand unter keinerlei Alkohol-, Drogen- oder Medikamenteneinfluss. Der Sohn war zum Polizeipräsidium gefahren worden, da natürlich die Art seiner Beteiligung zu klären war. Fest stand, dass zur Tatzeit drei Personen in der Wohnung waren, von denen eine erstochen wurde. Die Rolle der beiden anderen war abzuklären. Auch wenn es auf der Hand zu liegen schien, wer das Messer geführt hatte. Aber war es glaubhaft, dass der junge Mann von der Tat nichts mitbekommen haben will, wie er gegenüber den Kollegen des Kriminaldauerdienstes angegeben hatte? Obwohl ein heftiger Kampf stattgefunden haben muss? Ein Kampf auf Leben und Tod, wenn man der Mutter glauben durfte? Bleibt da ein 20-jähriger, erwachsener junger Mann einfach in seinem Zimmer und traut sich nicht heraus?

Als Erstes machte mich stutzig, dass Annabella W.s Hausschuhe fein säuberlich nebeneinander links vor der Schlafzimmertür standen. Es waren pinkfarbene Slipper mit einem weißen, flauschigen Pommel obendrauf und mit relativ hohen Absätzen. Nicht das geringste Blutspritzerchen war darauf zu erkennen. Ich fragte mich, warum jemand schon vor Betreten des Schlafzimmers die Hausschuhe ausziehen sollte, anstatt erst am Bett selbst? Deshalb sind es ja Hausschuhe, damit man sie überall in der Wohnung tragen kann. Außer man hat etwas vor, bei dem diese Dinger stören könnten, überlegte ich. Ich hatte – Gott bewahre – zwar noch keine solchen Schuhe getragen, wusste aber von meiner Frau, dass man in derlei Schuhwerk keinen sicheren Stand hat. Jedenfalls nicht, wenn man beispielsweise auf eine Leiter steigt oder etwas verrichtet, bei dem man leicht umknicken kann. Wie bei einem Kampf zum Beispiel.

Was für einen Grund könnte es noch gegeben haben, warum sie die Hausschuhe außerhalb des Tatzimmers ausgezogen hatte? Ganz klar: Hätte sie diese angelassen, wären sie massiv mit Blut besudelt worden. Das wiederum hätte nicht zu ihrer Aussage gepasst, wonach sie im Bett angegriffen worden sei. Denn im Bett trägt man nun einmal keine Hausschuhe, und auf ihrer Seite des Bettes, wo sie normalerweise hätten stehen müssen, war kein einziges Spritzerchen Blut. Noch eigenartiger aber war, dass ihre Hälfte des Bettes so wirkte, als hätte dort niemand drin gelegen, geschweige denn um sein Leben gekämpft. Das Bettlaken war faltenfrei, die Bettdecke war fein säuberlich zurückgeschlagen und glattgestrichen. Es sah so aus, als hätte in diesem Bett niemand gelegen bzw. geschlafen. Wie wäre das möglich, wenn sie hier angegriffen worden war? War es denkbar, dass sie als planende, intelligente Täterin solch einen dilettantischen Fehler gemacht hatte? War das einer dieser einfachen, handwerklichen Fehler, wie sie weniger schlauen Tätern garantiert nicht unterlaufen würden? Also der Mangel an Erfahrung im Umgang mit alltäglichen, handwerklichen oder praktischen Verrichtungen, wie man ihn immer wieder ausgerechnet bei Leuten erlebt, die einen hohen Bildungsstand haben und dennoch oft nicht wissen, wie man eine Dose öffnet oder woher man eine Rolle Klopapier bekommt?

Die Bettdecke, mit der Helmut W. zugedeckt war, wies keinen Einstich auf. Das war komisch. Zumindest, wenn man glauben sollte, dass der Kampf wirklich im Bett stattgefunden hatte. Dass bei der Vielzahl der geführten Stiche kein einziger in die Bettdecke getroffen haben soll, mit der das Opfer zugedeckt gewesen sein muss – es war schließlich Winter und nicht besonders warm im Schlafzimmer – war kaum vorstellbar. Mehrere Einstiche wies aber der Schlafanzug auf, allerdings nur hinten. Dadurch war der Rückschluss berechtigt, dass er vorne offen gewesen sein muss. Was wiederum nicht der Gewohnheit des Opfers entsprach, wie wir später erfahren sollten. Hatte Annabella ihn eigens aufgeknöpft? Derartiges kennt man allerdings nur von Selbstmördern, die sogar dünnste Hemdchen ausziehen, weil sie befürchten, dadurch könnte das Eindringen der Klinge und damit der schnelle, schmerzlose Tod behindert werden. Gleiche Vorsichtsmaßnahmen werden natürlich auch von Tätern getroffen, sofern sie die Möglichkeit und die Zeit haben, diese Art von Vorbereitungshandlung durchführen zu können. Bei Affekt- oder Spontantaten ist das natürlich so gut wie nie der Fall, und oft genug haben uns durchstochene Kleidungsstücke aufgezeigt, wo und wie oft ein Opfer getroffen wurde. Wertvoll war solches Basiswissen beispielsweise dann, wenn das Opfer noch im Operationssaal lag und wir schon mit der Vernehmung der Täter beschäftigt waren. Und zwar deshalb, weil wir natürlich meist nicht mit der (ganzen) Wahrheit bedient werden. Aber gerade die herauszufinden, ist ja unsere Aufgabe. Vor dem Hintergrund, dass Beschuldigte das Recht haben, zu lügen, ist man deshalb für jede Information dankbar.

In der restlichen Wohnung gab es keine Auffälligkeiten. Außer dass im Wohnzimmer eine Packung mit Baldrian-Dragees stand, die fast leer war. Wer musste sich da beruhigen?

Es blieben eine Menge offener Fragen und Ungereimtheiten. Jedenfalls bestanden erhebliche Diskrepanzen zwischen dem, was die Frau bisher ausgesagt hatte, und dem, was wir am Tatort ablesen konnten. »Nicht kompatibel«, dachten wir.

Annabella W. wollte keinen Anwalt. Sie fühle sich nicht schuldig, gab sie zu Protokoll. Obwohl ihr bewusst sei, dass sie einen Menschen getötet habe. Deshalb sei sie auch aussagebereit, stehe Rede und Antwort. Sie habe in Notwehr gehandelt. Seit Wochen schon sei ihr Mann mit einem großen Küchenmesser zu Bett gegangen. Er habe ihr Angst machen und sie damit zum Auszug zwingen wollen. Damit hätte sie dann den ersten Schritt getan im sogenannten Trennungsjahr, das sie eigentlich in der eigenen Wohnung hinter sich bringen wollten. »Wer zuerst geht, hat verloren«, so wurde die Lage gesehen. Aber schläft man weiterhin im selben Bett, als ob nichts gewesen wäre? Sicher, es war nur eine Dreizimmerwohnung. Aber warum hatte nicht einer von ihnen im Wohnzimmer geschlafen? Sie habe nicht nachgeben können, weil sie keinesfalls weichen wollte, erklärte sie. Auch innerhalb der Wohnung nicht. Es sei um so etwas wie die Vormachtstellung gegangen. Sie und ihr Sohn wollten bleiben und er sollte gehen. Aber war es glaubhaft, dass man dafür wochenlang neben einem Mann schläft, der ein riesiges Küchenmesser auf seinem Nachtkästchen liegen hat? Das passte einfach nicht zu dieser selbstbewussten Persönlichkeit. Wie konnte sich eine so emanzipierte, gebildete, intelligente Frau auf diese primitive Art und Weise wochenlang demütigen lassen? Nicht einmal bei unserer »Kundschaft« am anderen Ende der sozialen Leiter hatte ich bisher Gleichartiges erlebt.

Annabella W. blieb bei ihrer Version. Ihr Mann sei gegen 22.00 Uhr von seiner Geliebten gekommen, sie habe im Wohnzimmer noch ferngesehen. Es habe wieder einmal einen verbalen Streit gegeben. Das Übliche. Irgendwann, so habe er gedroht, bevor er zu Bett ging, würde er sie abstechen. Ihr sei zwar nicht wohl gewesen in ihrer Haut, aber eigentlich habe sie nicht geglaubt, dass er dies auch wirklich umsetzen würde. Sie begann zu schluchzen an dieser Stelle der Vernehmung, wobei aber keine Tränen zu sehen waren. Es war eher ein Weinversuch. Jeder gute Vernehmungsbeamte registriert so etwas. Versuchtes täuschendes Verhalten nennt man das.

Sie sei also gegen 24.00 Uhr zu Bett gegangen. Er habe diesmal nicht geschnarcht, das sei ihr aufgefallen. Trotzdem habe sie kein Licht gemacht, habe sich ins Bett gelegt und wollte sich gerade zudecken, als er plötzlich über ihr gewesen sei. »Jetzt bist du dran!«, habe er gezischt. Er habe das Messer in seiner linken Hand gehabt und zum Stich ausgeholt. Sie habe Todesangst bekommen. Was dann passiert sei, wisse sie nicht mehr genau. Irgendwie habe sie seinen Arm zu fassen gekriegt und ihm das Messer entwinden können. Dabei sei ihr sicher zugute gekommen, dass er aufgrund seines schweren Bandscheibenleidens relativ unbeweglich und langsam war. Dann habe sie blindlings zugestochen. Immer und immer wieder. Sie wisse nicht mehr, wie oft, und sie wisse auch nicht, wohin. Ihr sei nicht einmal bewusst gewesen, dass sie beide aus seiner Betthälfte gefallen seien. Irgendwie habe sie sich hochgerappelt und das Zimmer verlassen. Das Messer habe sie vorher fallen lassen. Auf dem Flur sei Sohn Florian gestanden. Er habe nichts gesprochen, nur angstvoll geschaut. Sie sei ins Wohnzimmer gegangen und habe die Polizei gerufen.

Auf die Frage, wie es ihr gelungen sein will, dem viel stärkeren Mann das Messer zu entwinden, ohne selbst die geringste Verletzung davonzutragen, verwies sie abermals auf die stark eingeschränkte Bewegungsfreiheit ihres Mannes. Nur deshalb sei es ihr gelungen, ihm das Messer zu entwinden. Offenbar habe sie in ihrer Todesangst enorme Kräfte entwickelt. Da ihr Mann als Rechtshänder das Messer in der linken Hand hielt, verfügte er womöglich nicht über die Kraft, die er mit seiner Rechten gehabt hätte. Sie dagegen habe als Rechtshänderin mit ihrem rechen Arm zugepackt und dadurch den Kraftunterschied ausgleichen können. Wie es ihr aber genau gelungen sei, ihm das Messer abzunehmen, konnte sie weder schlüssig erklären noch demonstrieren. Sie blieb in diesem Punkt so oberflächlich, dass es keine Zweifel gab: Sie schilderte einen Vorgang, den sie so nicht erlebt, sich nur gedanklich zurechtgelegt hatte. Wie bei »Columbo« dachte ich mir. Dort meinen die Täter auch immer, irgendwelche Ungereimtheiten erklären und aufklären zu müssen. Aber dass ein Mann, der sich kaum bewegen kann, zwei Stunden nachdem er zu Bett gegangen war, plötzlich hellwach einen Messerangriff gestartet haben soll, erschien mir doch sehr lebensfremd.

Ihre Hausschuhe würde sie immer im Flur ausziehen und nicht erst vor dem Bett. Da es im Schlafzimmer dunkel sei und sie kein Licht mache, wenn sie zu Bett gehe, habe sie sich das angewöhnt. Raffiniert, dachte ich. Das ist kaum zu widerlegen. Auf die Frage, warum ihr Bett unbenutzt war, konterte sie mit der Behauptung, es sei nicht unbenutzt gewesen, es habe nur unbenutzt gewirkt. Sie sei ja nur ganz kurz drin gelegen, als er sie angegriffen habe. Und nach kurzem Kampf sei sie sofort auf seine Seite gerollt. Da ihre Matratze mit einem Spannbettuch überzogen sei, sei es logisch, dass es keine Falten geschlagen habe und unbenutzt wirkte. Drum nenne man sie ja Spannbetttücher, erklärte sie schnippisch und war schließlich beleidigt wegen all dieser Fragen. Ob ich Zweifel hätte an ihrer Aussage, wollte sie wissen. Dann sähe sie nämlich keine Basis mehr für weitere Angaben zur Sache.

Ich ruderte zurück, um einen Abbruch zu verhindern.

Allerdings nur insoweit, als ich ihr erklärte, es müssten eben alle Eventualitäten abgeklärt und alle Ungereimtheiten ausgeräumt werden. Das komme letztendlich auch ihr zugute, manifestiere es doch die Glaubhaftigkeit. Das überzeugte sie, und so erklärte sie schließlich noch, warum die Bettdecke so fein säuberlich zurückgeschlagen war. Weil sie nämlich noch gar nicht dazugekommen war, diese hochzuziehen, so schnell sei der Angriff erfolgt.

Natürlich hatte ich längst erkannt, dass diese Aussagebereitschaft Teil ihres Tatplanes war. Es wirkt schließlich nicht sehr gut, wenn man einerseits in Notwehr gehandelt haben will, andererseits aber die Aussage verweigert oder einen Anwalt braucht. Wozu, wenn man nichts zu verbergen hat? Also ließ ich mich weiterhin instrumentalisieren und nahm ihre Aussage mitsamt der Ungereimtheiten und der Widersprüche brav entgegen. So wie es meine Pflicht war.

Ihre Angaben erschienen mir nicht glaubhaft. Wer schon einmal gesehen hat, wie ein Bett aussieht, in dem gekämpft oder andere Leidenschaften vollzogen wurden, egal ob Spannbetttuch oder nicht, der wusste, dass in ihrer Betthälfte weder ein Kampf stattgefunden noch begonnen haben kann. Wir würden eine Rekonstruktion machen, nahmen wir uns vor.

Annabella W., die Angegriffene, hatte keinerlei Abwehrverletzungen davongetragen. Ihr Mann Helmut, der Angreifer, hatte dagegen schwerste Abwehrverletzungen an beiden Händen und Armen. Sogar in den Kopf war er mehrmals getroffen worden. Der Mann hatte um sein Leben gekämpft, das stand fest. Er hatte offensichtlich versucht, die Stiche mit den Armen und Händen abzuwehren. Zwei Herzstiche hatte er erlitten, jeder einzelne wäre für sich allein tödlich gewesen. Die meisten anderen Stiche fanden sich vorwiegend im Oberkörper; sowohl im Brust- als auch im Rückenbereich, zwei Einstiche waren sogar an der Außenseite des rechten Oberschenkels. Sie müssen gesetzt worden sein, als Helmut W. schon am Boden vor dem Bett lag. Die Stiche wurden größtenteils mit enormer Wucht geführt, beim Auftreffen auf das Knochengerüst hatte sich die Messerspitze verbogen. In die Weichteile war die 25 Zentimeter lange Klinge teilweise bis zur vollen Länge eingedrungen.

Wir sprechen bei derartigen Verletzungsbildern von »Blutrausch« oder dem sogenannten Übertöten. Womit gemeint ist, dass Täter mehr getan haben, als zur Tötung nötig gewesen wäre. Meist ein Hinweis darauf, dass sich aufgestaute Emotionen oder Perversionen entladen haben dürften. Letzteres konnte man ausschließen. In einen Blutrausch können übrigens auch Täter geraten, die ihre Tat eiskalt geplant und eigentlich gar nicht die Absicht hatten, derart überzureagieren. Panik, Angst, plötzlich hervorbrechender Hass oder unerwartete Gegenwehr können ebenfalls Auslöser dafür sein, warum Täter die Kontrolle über sich verlieren. Und genau darauf wollte Annabella W. hinaus. Sie sei in Panik geraten, habe Todesangst gehabt und deshalb die Kontrolle über sich verloren. Ich glaubte ihr kein Wort.

Der Sohn Christoph blieb bei seiner Version, nichts mitbekommen zu haben. Die Vernehmung musste abgebrochen werden, da der junge Mann eine Kreislaufschwäche erlitt. Er war, wie man das salopp ausdrückt, fix und fertig. Eine tiefergehende Befragung war deshalb in dieser Nacht nicht mehr möglich.

Morgen würde Annabella W. dem Haftrichter vorgeführt werden. In der Regel haben wir Ermittler nicht viel Zeit, um so viel Beweismaterial zusammenzutragen, dass es zum Erlass eines Haftbefehles reicht. Hat uns doch der Gesetzgeber eine Frist »bis zum Ablauf des darauffolgenden Tages« ab Festnahmezeitpunkt gesetzt. Spätestens dann muss eine vorläufig festgenommene Person wieder auf freien Fuß gesetzt oder einem Ermittlungsrichter vorgeführt worden sein. Dummerweise kommt es vor, dass Straftäter fünf Minuten vor Mitternacht festgenommen wurden. Das bedeutet, dass der erste Tag bereits nach fünf Minuten abgelaufen und damit für uns verloren ist. Bleibt uns also nur noch der darauffolgende Tag, um unsere Beweise zu sammeln und alle Vernehmungen durchzuführen. Viel lieber ist uns Ermittlern deshalb, wenn jemand fünf Minuten nach Mitternacht festgenommen wurde. Wir haben dann zusammen mit dem darauffolgenden Tag insgesamt fast 48 Stunden zur Verfügung, um der Staatsanwaltschaft die Beweise und Indizien vorzulegen, die sie braucht, um einen Haftbefehl beantragen zu können.

Annabella W. war morgens um 1.30 Uhr festgenommen worden. Wir hatten also theoretisch noch 46 Stunden und 30 Minuten Zeit, Beweise für ihre Schuld oder Unschuld zu sammeln. Ziel unserer Arbeit ist nämlich nicht die Be- oder Entlastung von Tatverdächtigen, sondern die Ermittlung der Wahrheit. Egal, wie diese aussieht. Auch wenn uns immer wieder unterstellt wird, es käme uns nur darauf an, möglichst schnell einen Täter präsentieren zu können. Das tut weh, weil es nicht stimmt. Allein schon deshalb nicht, weil keine Staatsanwältin und kein Staatsanwalt für derartige Machenschaften zu gewinnen wäre. Abgesehen davon, dass nach der Staatsanwaltschaft auch noch der Ermittlungsrichter zu manipulieren wäre und nach dem Ermittlungsrichter die nächste Haftprüfung durch einen anderen Richter usw. Ich habe es jedenfalls nie erlebt, dass es leicht gewesen wäre, Juristen von der Notwendigkeit eines Haftbefehles zu überzeugen. Im Gegenteil. Oft genug haben wir uns geärgert, weil Täter auf freiem Fuß belassen wurden, obwohl unserer Meinung nach die Anordnung der Untersuchungshaft angezeigt gewesen wäre.

Was der Computer ausspuckte, kam der Beschuldigten entgegen. Wiesen die Unterlagen doch aus, dass Annabella W. über einen längeren Zeitraum Opfer sogenannter häuslicher Gewalt war. Es fand sich sogar ein ärztliches Attest, aus dem hervorging, dass sie über Ohrensausen und Kopfschmerzen geklagt hatte, angeblich verursacht durch Schläge auf den Kopf seitens ihres Ehemannes. Das Attest hatte sie laut Unterlagen einige Tage nach einem dieser Einsätze persönlich auf der Polizeiwache nachgereicht. Der Hausarzt war übrigens der Ehemann einer ihrer Stammtischdamen, die ebenfalls Ärztin war.

Alle Ermittlungsvorgänge waren jedoch im Sande verlaufen, mit Verweis auf den Privatklageweg eingestellt worden von der Staatsanwaltschaft. Wie die meisten Ermittlungsvorgänge dieser Art. Aber die Vorgänge waren aktenkundig und vermittelten zumindest den Eindruck, als ob Gewalt in dieser Beziehung keine Seltenheit gewesen wäre. Absicht?

Dreimal nämlich hatte sie in den letzten Wochen die Polizei in die eheliche Wohnung gerufen, weil sie »vom Feind in ihrem Bett« geschlagen worden sein will. Und einmal hatte sie Anzeige wegen Diebstahls erstattet, in der sie ihren Mann beschuldigte, eine wertvolle chinesische Vase gestohlen zu haben, die ihr alleine gehört habe. Allerdings wiesen diese Anzeigen bei genauerem Hinsehen einige Merkwürdigkeiten auf. In keinem Fall nämlich hatten die Beamten irgendwelche Verletzungen feststellen können und der anwesende Ehemann habe jedes Mal glaubhaft versichern können, dass es sich um rein verbale Streitigkeiten gehandelt habe und er selbst nicht verstehen könne, warum seine Frau die Polizei gerufen hat. Ganz plötzlich habe sie völlig hysterisch reagiert und herumgebrüllt, sie lasse sich von ihm nicht länger misshandeln. Obwohl er seine Frau noch nie in ihrer immerhin 22-jährigen Ehe geschlagen habe.

Das war alles, auf das wir zurückgreifen konnten. Ein kleiner Aktenvermerk, mehr nicht. Aber die Erfahrung zeigt ja immer wieder, dass man auch von toten Menschen eine Aussage bekommen kann. Man muss nur denoder diejenigen finden, denen sie zu Lebzeiten vertraut und denen sie sich vor allem anvertraut haben. Niemand ist dazu besser geeignet als eine Geliebte. Oder die beste Freundin. Dem besten Freund dagegen erzählt man nicht alles. Männer offenbaren sich nicht so schonungslos wie Frauen. Behaupte ich.

In unserem Fall hatten wir eine solche Person gefunden. Es war die Geliebte von Helmut W. Und sie wurde zu seinem Sprachrohr. Denn mit dieser Frau hatte er über alle seine Sorgen und Nöte gesprochen, vor ihr hatte er keine Geheimnisse. Es war so, als ob wir ihn selbst hätten vernehmen können. Sie sprach quasi stellvertretend für ihn, so gut, wie sie informiert war.

Helmut W.s Freundin war Hauptkommissarin und arbeitete in einer Verkehrsabteilung. Mit ihren 35 Jahren war sie zehn Jahre jünger als ihr Liebhaber, der einer anderen Abteilung angehörte. Sie hatten sich in der Kantine kennengelernt und irgendwann angenähert. Helmut W. wohnte seit längerer Zeit schon bei ihr, kehrte aber absichtlich jeden Abend in die eheliche Wohnung zurück, um die Auflagen hinsichtlich des Trennungsjahres nicht zu verletzen. Sie hatte ihm davon abgeraten, aber er wollte es durchziehen. Zehn Monate hatte er schon hinter sich gebracht. Als die Zeugin gefragt wurde, ob sie sich vorstellen könne, dass Helmut W. seine Frau geschlagen haben könnte, lächelte die junge Frau. Sie wisse von den Polizeieinsätzen, die von Annabella W. regelrecht inszeniert worden seien. Helmut W. sei eine Seele von Mensch gewesen, ein Mann, der keiner Fliege etwas zu leide tun konnte. Eine eher introvertierte Persönlichkeit, gebildet, großzügig, vernünftig und gütig. Auf seinen Sohn sei er sehr stolz gewesen, er habe ihn geliebt und konnte deshalb sogar damit leben, dass dieser nahezu ausschließlich der Mutter zugewandt war und ihn eigentlich seit Jahren nicht mehr beachtete. Seine Frau habe den eigenen Sohn gegen den Vater aufgehetzt. Das habe ihm sehr weh getan, aber er habe es hingenommen, um den Jungen nicht zu verwirren. Er wollte ihm alles ermöglichen, damit er seinen Weg gehen konnte, der ja sehr vielversprechend aussah. Der Mutter sei es ums Geld gegangen, sonst um nichts. Helmut W. wollte ohnehin alles seinem Sohn vermachen, da gab es nicht die geringsten Zweifel.

Niemand konnte eigentlich so recht verstehen, warum Annabella ihren Mann so grundlos beschuldigt hat. Sie habe ihn sogar wegen Diebstahls angezeigt, obwohl alle Gegenstände in der Wohnung sein Eigentum waren. Auch die chinesische Vase, die zwar sie ausgesucht, er aber bezahlt hatte. Tatsächlich habe sie seit Wochen wertvolle Gegenstände verschwinden lassen. Obwohl er gar nicht vorgehabt hätte, Anspruch auf diese Gegenstände zu erheben. Außer den zwei oder drei Bildern, die er von seinen Eltern geerbt hatte. Es gebe eigentlich nur einen Grund, warum seine Frau das gemacht habe: Sie wollte ihn mit allen Mitteln provozieren. Ausrasten sollte er, schreien, schimpfen. Er hatte den Eindruck gehabt, als ob es ihr am liebsten gewesen wäre, wenn er sie wirklich geschlagen hätte. Aber warum nur? Das hatte er sich einfach nicht erklären können. Alles andere habe ihn nicht aus der Ruhe gebracht. Schon gar nicht ihr Gerede vom Erbe des Sohnes. Es sei ihr nämlich nur darum gegangen, die Eigentumswohnungen samt Mieteinnahmen schon jetzt dem Sohn zu sichern. Schließlich habe er eine Geliebte, die erst 35 Jahre sei und noch Kinder bekommen könne, habe sie gemeint. Aber über diese dümmlichen Argumente habe Helmut nur geschmunzelt. Damit habe sie ihn schon lange nicht mehr ärgern können.

Nie und nimmer hätte Helmut W. ein Messer zur Hand genommen, geschweige denn mit ins Bett, versicherte seine Geliebte. Das sei ja geradezu lächerlich. Wenn es nicht so traurig wäre, müsste sie an dieser Stelle lachen. Im Übrigen sei Helmut so gut wie bewegungsunfähig gewesen. Er wäre wegen seines schlimmen Bandscheibenleidens gar nicht in der Lage gewesen, sich im Bett aufzurichten, sich zu drehen und den Arm samt einem Messer zu erheben.

Dass er die Nächte bei seiner Frau verbracht habe, habe sie nicht gestört. Es habe ihr auch nichts ausgemacht, dass er zumindest hin und wieder noch mit ihr geschlafen habe. Sie war seine Ehefrau, noch waren sie miteinander verheiratet. Helmut habe ihr gegenüber auch offen darüber gesprochen. Vor zwei Wochen beispielsweise habe er ihr erzählt, dass Annabella plötzlich zum ihm ins Bett gekommen sei und Sex wollte. Regelrecht verführt habe sie ihn, und schließlich habe er nachgegeben. Auch wenn er sich hinterher geärgert habe. Annabella W. habe natürlich von ihr gewusst. Helmut habe kein Geheimnis daraus gemacht, dass er eine neue Beziehung hatte. Auch wer sie sei, sei Annabella bekannt gewesen. Zusammengetroffen waren sie aber nur ein einziges Mal, als sie in Helmuts Auto vor dessen Wohnanwesen auf ihn gewartet habe. Annabella sei auf sie zugekommen, habe sie angesehen, den Kopf geschüttelt und unglaublich herablassend gesagt: »Ja, genauso habe ich Sie mir vorgestellt.« Dann habe sie sich hämisch grinsend abgewandt und im Weggehen noch laut und unüberhörbar »Bauerntrampel« gesagt.

Die Freundin von Helmut W. hatte einen absolut glaubwürdigen Eindruck gemacht, ihre Angaben waren schlüssig und glaubhaft. Obwohl sie allen Grund gehabt hätte, zeigte sie keinen Belastungseifer. Sie war entsetzt darüber, dass der Sohn während der Tat in der Wohnung war, und hoffte inständig, dass er keinen Schaden davongetragen habe, der arme Junge. Was das äußere Erscheinungsbild betraf, war die Freundin von Helmut W. das krasse Gegenteil seiner Ehefrau. Relativ groß für eine Frau, gut gebaut, kräftig und hübsch. Das, was man eine warme, weiche Frau nennt. Fraulich halt. Ganz anders als die superschlanke, asketisch wirkende Annabella W. mit den zwar ausgesprochen attraktiven, aber harten, etwas kantigen Gesichtszügen. Unterschiedlicher hätten diese beiden Frauen gar nicht sein können.

Nach unserer ersten Einschätzung sah es so aus, als habe Annabella W. die Tötung ihres Mannes von langer Hand vorbereitet. Ein abgekartetes, wirklich böses Spiel, am Ende auf ein tödliches Drama hinauslaufend, über das sich dann niemand mehr wundern sollte. Deshalb schien sie ihrem Umfeld ständig suggeriert zu haben, hochgradig gefährdet zu sein. Und tatsächlich würden alle Freunde, Bekannten, Kollegen und Nachbarn dies bestätigen und behaupten, sie hätten die Katastrophe kommen sehen. Man kennt diese Formulierungen. Alle haben etwas kommen sehen, aber keiner hat es verhindert.

Annabella W., die noch am späten Nachmittag mit der Aussage der Geliebten konfrontiert werden sollte, wollte vor mir keine Angaben mehr machen. Sie habe erkennen müssen, erklärte sie, dass ich mich offensichtlich von der Tatsache beeinflussen ließe, dass ihr Mann ebenfalls Polizist gewesen sei. Ich gab ihr zu verstehen, dass mir der Beruf ihres Mannes vollkommen egal sei und dass ich selbst dann nicht anders ermitteln würde, wenn er Rechtsanwalt wäre. Unsere Aufgabe sei es, die Wahrheit zu ermitteln. Sie strafte mich mit einem verächtlichen Blick.

Die Beweislage war trotz der aufschlussreichen Aussage der Geliebten von Helmut W. dünn. Außer der verdächtigen Spurenlage und dem sicheren Gefühl, dass diese nicht kompatibel waren mit ihren Angaben, hatten wir nichts in der Hand. Denn auch die Angaben der Geliebten konnten nicht widerlegen, dass Annabella W. dennoch in Notwehr gehandelt haben könnte. Sie zeigten zwar ein mögliches Tatmotiv auf, aber mehr eben nicht. Wir hatten also weder einen eindeutigen Sachbeweis noch einen unmittelbaren Personenbeweis. Und die gefühlsmäßige Einschätzung von uns Ermittlern ist keinen Pfifferling wert. Beweise braucht die Staatsanwaltschaft und keine Spekulationen oder Mutmaßungen. Denn sie ist es, die vor Gericht die Anklage vertreten muss. Wir Ermittler sind »nur« die Sammler. Die Bewertung unserer Ergebnisse sind Aufgabe der Staatsanwaltschaft und die Beurteilung derselben die des Gerichtes. 95 Prozent aller Gerichtsurteile beruhen übrigens auf dem Personenbeweis. Obwohl man weiß, dass nichts unzuverlässiger und unsicherer sein kann als der Mensch in seiner Unzulänglichkeit. Dennoch lassen sich die Aussagen von Zeugen, Sachverständigen oder Beschuldigten durch nichts ersetzen. So kann beispielsweise das Tatmotiv nur durch die Aussage von Personen und kaum durch Fingerabdrücke oder sonstige Sachbeweise erarbeitet werden, ebenso wie die Erstellung sogenannter Opfer- und Täterbilder davon abhängt, wie eine Person wahrgenommen wurde. Unter Fachleuten ist dennoch strittig, ob dem Personen- oder dem Sachbeweis die höhere Bedeutung zukommt. Während nämlich Sachbeweise nur im Kontext mit der Tatrelevanz beweiskräftig sind, unterliegen Personenbeweise naturgemäß einer hohen Fehleranfälligkeit, weil deren Qualität wiederum von der Wahrnehmungs-, Erinnerungs- und Wiedergabefähigkeit der jeweiligen Zeugen abhängig ist. Oft genug habe ich beispielsweise erlebt, dass Zeugen trotz Dunkelheit die Farbe eines Autos oder der Kleidung eines Flüchtenden erkannt haben wollen, obwohl für das menschliche Auge in der Finsternis alle Katzen grau sind.

Personen-, Sachbeweise und sonstige Ermittlungsergebnisse dürfen keine Gegensätze sein, sondern müssen sich ergänzen. Stehen sie im Widerspruch zueinander, ist das Ermittlungsergebnis fraglich und bedarf einer Überprüfung bzw. Überarbeitung. In unserem Fall stand fest, dass die Spurenlage und die Aussage der Beschuldigten im Widerspruch zueinander standen. Die Frage war nur, was war falsch? Unsere Interpretation der Spurenlage oder die Angaben der Beschuldigten?

Als ich noch ganz frisch im »Geschäft« war, erklärte mir ein altgedienter, erfahrener Kollege einmal: »Es gibt fast immer Mitwisser.« Er hatte recht. 99 Prozent der Täter vertrauen sich jemandem an. Entweder schon vor der Tat oder danach. Kaum ein Mörder plant, handelt und agiert völlig eigenständig, ohne dass es irgendjemand aus seinem Umfeld weiß oder zumindest ahnt. Man muss sie nur finden, diese geistigen Komplizen. Und man muss sie dazu bringen, ihr Wissen preiszugeben. Was natürlich besonders schwierig sein kann. Wer verrät schon den Mann, die Frau, den Bruder oder die Geliebte? Würde ich wahrscheinlich auch nicht tun. Deshalb macht man sich ja auch nicht strafbar, wenn man einen engeren Verwandten nicht anzeigt. Andernfalls wäre es Strafvereitelung. Tatsächlich gab es Fälle, wo Menschen ihr Wissen jahrzehntelang mit sich herumgetragen hatten, um es aus den unterschiedlichsten Gründen dann doch irgendwann zu offenbaren. Oft nach dem Tod eines Täters oder weil sich die Lebenslage anderweitig geändert hat. Manchmal auch aus Rache oder aus Eigennutz, zum Beispiel wegen einer ausgesetzten Belohnung. In vielen Fällen aber ist es tatsächlich das schlechte Gewissen, warum jemand nach langer Zeit doch noch sein Schweigen bricht. Die systematische Bearbeitung sogenannter Altfälle, wie sie seit etwa acht Jahren betrieben wird, hat dies eindrucksvoll bewiesen.

In unserem Fall meinten wir einen Mitwisser zu kennen: den Sohn. Seine bisherigen, sehr dürftigen Angaben waren genauso wenig glaubhaft wie die seiner Mutter. Natürlich war uns aufgefallen, dass ihn seine Mutter dominierte. Ein Muttersöhnchen in Reinkultur. Eigentlich dürfte es kein Problem sein, die Wahrheit aus ihm herauszubekommen, überlegten wir. Die meisten dieser jungen Männer sind nicht besonders widerstandsfähig, wenn sie erst einmal auf sich selbst gestellt sind. Kann man sie dann auch noch davon überzeugen, dass es zum Besten von Mami ist, wenn sie die Wahrheit sagen, dann sagen sie diese auch. Mehrfach habe ich miterlebt, dass Mütter ihre Söhne zu Komplizen machten, weil sie fest davon überzeugt waren, diese sicher im Griff zu haben. Sie hatten sich geirrt. So wie sich auch Annabella W. geirrt hatte.

Christoph W. wurde am Vormittag des darauffolgenden Tages zur Vernehmung abgeholt und in die Räumlichkeiten der Mordkommission gebracht. Es dauerte nur 20 Minuten, bis er sein Schweigen brach und weinend eingestand, dass er vom Plan seiner Mutter, den Vater töten zu wollen, gewusst habe. Ganz behutsam hatte ich mit ihm gesprochen und mit den vorliegenden Fakten vertraut gemacht. Ich könne mir vorstellen, so erklärte ich ihm, dass ihm seine Mutter sicherlich nicht böse sei, wenn er die Wahrheit sage. Besonders wenn sie begreife, was sie da von ihm verlangen würde. Ihm eine solche seelische Last zuzumuten sei sicherlich nicht in ihrem Sinne. Es schien, als ob er auf diese Worte nur gewartet hätte, als seien sie eine Bestätigung dessen, was ihm ohnehin schon im Kopf umgegangen war. Er war froh, seine Seele entlasten zu dürfen. Ich bin sogar überzeugt davon, dass ihn dieses Geständnis vor schwerem seelischem Schaden bewahrt hat. Das konnte man allein schon daran ablesen, wie erleichtert der Junge war, als er es endlich aussprach: »Ja, ich wusste es.«

Er habe sich mit der Tat nicht identifiziert und auch versucht, der Mutter dieses Vorhaben auszureden, aber das sei ihm nicht gelungen. Also habe er resigniert, verdrängt und gehofft, dass sie es nicht tun werde. Aber gestern habe es konkrete Formen angenommen. Beim Abendessen habe ihm seine Mutter eröffnet, dass »es heute passieren werde«. Wenn der Vater wieder ein Messer mit ins Schlafzimmer brächte, würde sie sich zur Wehr setzen. Ja, so habe sie sich ausgedrückt. Wortwörtlich habe sie gesagt, sich »zur Wehr setzen«. Das sei für ihn auch schlüssig gewesen, weil doch sein Vater der Aggressor gewesen sei. Seine Mutter habe ihm erklärt, sie könne nicht mehr anders, sie sei am Ende mit ihren Nerven. Dass der Vater Abend für Abend ein Messer mit ins Schlafzimmer genommen hatte, um die Mutter unter Druck zu setzen und zu bedrohen, habe sie völlig fertig gemacht. Er selbst habe zwar das Messer nie gesehen, aber das sei nicht ungewöhnlich gewesen. Er sei immer schon aus den Streitigkeiten seiner Eltern herausgehalten worden. Im Grunde habe er nie genau gewusst, worum es den beiden eigentlich wirklich ging. Alles, was er wisse, wisse er von seiner Mutter. Der Vater sei immer erst spät am Abend oder in der Nacht heimgekommen, weshalb sie seit Monaten kaum noch persönlichen Kontakt hatten. Er habe seinen Vater auch nie darauf angesprochen oder zur Rede gestellt, auf ausdrücklichen Wunsch der Mutter. Sie wollte keinesfalls, dass er »in die Sache« mit hineingezogen werde.

Mutter sei nervös gewesen, habe viel Tee getrunken

und Baldrian-Dragees in größeren Mengen geschluckt. Sie habe ihn dennoch beruhigt und gemeint, er habe mit der Sache nichts zu tun, und wenn hinterher die Polizei fragen würde, solle er einfach sagen, er habe geschlafen, von nichts gewusst und sei erst aus seinem Zimmer gekommen, als alles schon vorbei war. So sei es dann ja auch gewesen. Um 21.00 Uhr habe ihn die Mutter in sein Zimmer geschickt. Ihm sei schlecht geworden, er habe nicht schlafen können, und es seien die schlimmsten Stunden seines Lebens gewesen.

Der junge Mann tat mir leid. Die Tötung des Vaters durch die Mutter zu verkraften musste furchtbar sein. Ein Produkt seiner Mutter, dachte ich und musste an ähnliche Fälle denken, die ich schon miterlebt hatte. Mütter und Söhne. Ein Thema für sich.

Christoph wohnte nun bei den Eltern seines Vaters. Zu diesen hatte er ein inniges Verhältnis, und sie hatten Verständnis dafür, dass er mehr seiner Mutter zugewandt war als ihrem Sohn. Wunderbare Menschen. Ohne Hass, ohne Rachegefühle, voller Güte und Mitleid. Christophs Großeltern schoben es dem Einfluss ihrer Schwiegertochter zu, die ihnen nie besonders nahe stand. Nicht weil sie ihre Schwiegertochter nicht gemocht hätten, sondern umgekehrt. Sie waren ihrer Schwiegertochter zu einfach, zu gewöhnlich, zu ungebildet. Obwohl sie es zu etwas gebracht hatten in ihrem Leben. Helmuts Vater hatte eine gut gehende Spenglerei betrieben und dadurch ein beträchtliches Vermögen angespart. Die Mutter führte das Büro und zog die zwei Söhne auf. Helmut, der jüngere der beiden, hatte schon einen erheblichen Erbteil in Form von Immobilien erhalten. Der älteste Sohn hatte den Betrieb übernommen. Dass es in der Familie zu einem solchen Drama gekommen war, machte die alten Leute sehr betroffen. Aber ihren Enkel wollten sie keinesfalls fallen lassen.

Als Annabella W. mit der Aussage ihres Sohnes konfrontiert wurde, wurde sie blass. Und lächelte trotzdem. Vielsagend. Irgendwie sinnierend, wissend. »Ist doch klar, dass der Junge einem wie Ihnen nicht gewachsen ist. Wer weiß, wie Sie ihn unter Druck gesetzt haben«, sagte sie scharf und kündigte an, keine weiteren Angaben mehr machen zu wollen. Sie würde sich nur noch über einen Anwalt äußern. Mir käme es offensichtlich nur darauf an, sie ins Gefängnis zu bringen. Nur weil ihr Mann Polizist gewesen sei. Sie wisse doch, dass wir alle zusammenhalten würden.

Da wurde ich ungehalten. »Wissen Sie was, Frau W.? Sie sollten nicht über andere Menschen den Stab brechen. Was Sie Ihrem Sohn angetan haben, das tut man als Mutter nicht. Haben Sie eigentlich noch nicht bemerkt, wie sehr Ihr Sohn leidet? Er wäre an dieser Mitwisserschaft zerbrochen. Kapieren Sie das eigentlich nicht? Sie sollten sich schämen! Aber nicht nur für das, wofür sie sich vor Gericht verantworten müssen, sondern vielmehr für das, was Sie Ihrem Sohn angetan haben. Eigentlich müssten Sie froh sein, dass der Junge die Kraft gefunden hat, die Wahrheit zu sagen. Das hat ihn erleichtert und das hilft ihm vielleicht, dieses Drama überhaupt zu verkraften. Aber das scheint Ihnen ja egal zu sein, oder?«

Das hat sie getroffen. Zum ersten Mal sah ich Annabella W. wirklich weinen. Sie schaute mich an und nickte. Gesprochen hat sie mit mir kein einziges Wort mehr.

Es erging Haftbefehl wegen Totschlags, nicht wegen Mordes. Die Staatsanwaltschaft sah aufgrund der Aussage des Sohnes, die dieser natürlich vor einem Richter wiederholt hatte, den Beweis dafür als erbracht, dass eine Notwehrhandlung zwar fraglich sei, aber dennoch könnte sich die Frau aufgrund jahrelanger Aggressionen durch den Ehemann in einer psychischen Ausnahmesituation befunden haben. Affektstau oder so ähnlich nennt man das. Egal. Die Ermittlungen gingen weiter.

Und wir wurden fündig. Fanden wir doch all das Diebesgut, das aus der Wohnung verschwunden war. Sogar die chinesische Vase war darunter. Zu verdanken hatten wir dies einer weiteren Mitwisserin. Nämlich der unmittelbaren Nachbarin. Die ältere, nette Dame, die sich in der Tatnacht so rührend um Annabella W. gekümmert hatte, war noch einmal ausführlich vernommen worden. Und bei der Gelegenheit fragte sie unschuldig, was sie denn mit all den Sachen machen solle, die Annabella W. vor ihrem Ehemann in Sicherheit gebracht habe.

»Welche Sachen?«, wollte der Kollege wissen.

»Na, die Gemälde, das Porzellan und all das, was sie in meine Wohnung gebracht hat«, antwortete die nette Frau. Manchmal gibt es eben auch Zeuginnen, die man am liebsten umarmen würde. Eines aber war nun deutlich geworden: Annabella W. verstand es, andere zu instrumentalisieren und zu manipulieren. Man durfte gespannt sein, bei wem ihr das noch gelungen war. Und noch etwas offenbarte dieser Fund: Sie hatte die Wertgegenstände tatsächlich nur deshalb aus der Wohnung geräumt, um ihren Mann zu reizen. Er sollte ausflippen, damit sie die Polizei rufen und nach außen hin das Bild eines gewalttätigen Mannes vermitteln konnte. Ob dies nun als Nachweis einer von langer Hand geplanten und wohldurchdachten Tat genügte?

Natürlich führten wir am Originaltatort auch eine Rekonstruktion durch. Eine Kollegin gleicher Größe und gleichen Gewichtes wie unsere Beschuldigte legte sich im Schlafanzug in das Bett und wurde von einem Kollegen gleicher Größe und gleichen Gewichtes wie unser Opfer mit einem Gummimesser angegriffen. Die beiden kämpften, so wie es die Beschuldigte beschrieben hatte. Dann krachten sie beide aus dem Bett. Das Ergebnis sah leider so aus, wie wir es nicht erwartet hätten. Das Laken war zwar deutlich mehr zerwühlt als in der Tatnacht, aber dennoch nicht so sehr, dass man einen krassen Unterschied gesehen hätte. Dieses verdammte Spannbetttuch war tatsächlich relativ glatt geblieben. Und die zurückgeschlagene Zudecke will sie ja noch gar nicht hochgezogen gehabt haben. Auch sie war natürlich zerknüllter als in der Tatnacht, aber eben auch nur so weit, dass es »interpretationsfähig« blieb. Ich hörte den Anwalt schon sagen: »Diese minimalen Unterschiede sind doch eindeutig darauf zurückzuführen, dass man die Bewegungsabläufe in der Tatnacht niemals so nachvollziehen kann, wie sie wirklich waren. Es ist doch bekannt, dass bei derartigen Rekonstruktionen wesentlich intensiver nachgestellt wird. Schließlich will man ja ein bestimmtes Ergebnis erzielen.« Ja, tatsächlich sollte der Herr Rechtsanwalt vor Gericht diese »marginalen« Unterschiede so begründen, wie ich es vorausgeahnt hatte. Die Rekonstruktion genügte juristischen Ansprüchen nicht. Wie vieles, was zwar wahr, aber eben nicht beweisbar ist.

Annabella W. gehörte einem Damenstammtisch an. Man traf sich wöchentlich in einem schönen Weinlokal in der Innenstadt, unternahm gemeinsame Theater-, Konzertbesuche und Reisen. Drei Stammtischschwestern waren Lehrerinnen wie Annabella W., zwei waren Anwältinnen und eine war Ärztin und Ehefrau ihres Hausarztes. Alle waren mehr oder weniger gut verheiratet und hatten Kinder. Trotzdem waren Männer ein Hauptthema bei diesen Zusammenkünften, und Männerwitze lockerten zu fortgeschrittener Stunde und nach dem soundsovielten Gläschen Wein die Stimmung auf. Wobei die Herren der Schöpfung nicht gut wegkamen. An einen der Witze, den eine der Damen nach der Vernehmung in lockerer Atmosphäre süffisant zum Besten gab, erinnere ich mich: »Wie nennt man einen Mann mit einem IQ über 50?« Ich zuckte mit den Schultern. »Begnadet«, gab sie selbst die Antwort, und wir lachten beide. Daraufhin erzählte auch ich einen Männerwitz. »Was ist der schnellste Weg zum Herzen eines Mannes?«, fragte ich, und diesmal zuckte sie mit den Schultern, fröhlich lächelnd in Erwartung der Auflösung. »Durch die Brust mit einem scharfen Messer«, antwortete ich und merkte sogleich, dass der Witz wohl nicht ganz passend war, denn ihr war das Lachen im Halse stecken geblieben. Sie verließ fluchtartig mein Büro. Kollegen haben mir hinterher unterstellt, ich hätte das absichtlich gemacht. Es sei meine unqualifizierte Reaktion auf die offensichtlich abgesprochenen Angaben gewesen, meinten sie. Jedenfalls war es geschmacklos, das gebe ich zu.

»Die glorreichen Sieben« nannte ich die Damen, nachdem sie alle vernommen worden waren. Wegen ihres scheinbar bedingungslosen Zusammenhaltes. Wobei ich sogar überzeugt war, dass alle die Wahrheit sagten. Oder besser gesagt das, was sie für die Wahrheit hielten und worüber sie sich zweifelsohne bereits vor ihren Vernehmungen einig waren. Annabella W. hatte offensichtlich auch ihnen wochenlang suggeriert, um ihr Leben fürchten zu müssen ob ihres gewalttätigen Ehemannes, der Abend für Abend ein großes Küchenmesser mit ins Schlafzimmer nehme, um ihr Angst zu machen. Die schwierige Lage der »Schwester« war natürlich Diskussionspunkt und Gesprächsstoff bei allen Zusammenkünften seither. Kein Wunder, dass sie ihre Objektivität aufgegeben hatten.

Anfänglich habe man Annabella sogar noch geraten, durchzuhalten und das Feld keinesfalls freiwillig zu räumen. War sie doch schon fest entschlossen, aufzugeben und auszuziehen. Man habe sie gemeinsam überzeugt, dass es sich sicherlich nur um Einschüchterungsversuche handle. Später, als die Sache mit dem Messer immer bedrohlicher geworden sei, sei es dann Annabella gewesen, die plötzlich nicht mehr aufgeben wollte. Und obwohl zwei Anwältinnen zugegen waren, die eigentlich hätten wissen müssen, was in einem Fall wie diesem zu tun sei, gelang es Annabella W. immer wieder, alle Rettungsversuche, Lösungsvorschläge, Ratschläge und Hilfsangebote als ungeeignet abzulehnen, und zwar aus den verschiedensten Gründen. Immer war ihr eine andere Ausrede eingefallen. Vorwiegend wegen des Sohnes, der nicht belastet werden sollte oder nichts davon wissen dürfe, usw. Also fand man keine Lösung, und so blieb nur die Hoffnung, dass es nicht zum Äußersten kommen werde.

Insgeheim hatten die Damen die Gefahr für Annabella wohl als doch nicht so groß eingeschätzt. Auch wenn keine von ihnen das hinterher zugeben wollte. Warum sie dann aber trotzdem nichts unternommen hatten, auch gegen den Willen von Annabella, vermochte keine zu erklären. Dass die Geschichte mit dem Messer im Schlafzimmer erstunken und erlogen gewesen sein könnte, wiesen sie empört von sich. Alle waren davon überzeugt, dass Annabellas Ehemann ein Monster gewesen sein müsse. Obwohl sie ihn flüchtig kannten und an ihm »nichts Auffälliges« bemerkt hatten. Eigentlich sei er ganz nett gewesen. Aber man wisse ja, wie das mit gewalttätigen Männern sei: nach außen hin die Scheinheiligkeit in Person, und zu Hause fällt dann die Maske. Annabella und ihr Mann unterhielten übrigens getrennte Bekannten- und Freundeskreise. Man sei auch nicht familiär miteinander verkehrt. Auch früher nicht, als alles noch »eitel Sonnenschein« war. Obwohl ihr Mann als Polizeioberrat im höheren Dienst war, war er doch kein richtiger Akademiker. Und mit Lehrern und Anwälten vertragen sich Polizisten, diese primitiven Hardliner, sowieso nicht besonders.

Annabella W. blieb bis zur Hauptverhandlung vor dem Schwurgericht in Untersuchungshaft. Sie hatte sich einen der renommiertesten Strafverteidiger Münchens genommen, der sich über die Maßen für sie einsetzte. Der Herr Rechtsanwalt war mir gut bekannt. Ein fairer und fähiger Mann, der auf dem Boden der Tatsachen stand und mit sogenannten Konfliktverteidigern nichts gemein hatte. Wie alle Anwälte, die etwas drauf haben. Nur die »Pfeifen« meinen, sich mit uns Ermittlern und der Justiz anlegen zu müssen. Dass meist ihre Mandanten die Rechnung dafür bezahlen, verschweigen sie natürlich. Und so gibt es immer wieder Straftäter, die sich einen solchen »Streiter für Gerechtigkeit und gegen Behördenwillkür« eigens deswegen suchen, weil sie glauben, der würde es »denen« schon zeigen. Das tut der Herr Konfliktverteidiger dann vor Gericht auch, aber fast immer zieht er den Kürzeren und sein Mandant den längeren (Knastaufenthalt).

Ob der Anwalt von Annabella W. wirklich davon überzeugt war, seine Mandantin habe in Notwehr gehandelt, vermag ich natürlich nicht zu beurteilen. Ich konnte es mir eigentlich nicht vorstellen angesichts der eindeutigen Indizien, die ganz klar belegten, dass Annabella W. die Tötung ihres Mannes von langer Hand geplant und vorbereitet hatte. Aber es schien so zu sein, als habe der Anwalt in ihr das eigentliche Opfer gesehen. Sie war eine hervorragende Schauspielerin, die aufgrund ihrer eleganten Erscheinung und ihrer gepflegten Ausdrucksweise Eindruck zu schinden verstand. Was der Anwalt allerdings wirklich dachte, hat er mir natürlich nicht verraten.

Während der Untersuchungshaft erhielt Annabella W. viel Besuch von ihren Freundinnen, aber keinen einzigen von Dr. H., ihrem Geliebten. Der Herr Schulleiter ließ sich jedenfalls nicht blicken. Er war vernommen worden, aber das hätten wir uns genauso gut sparen können. Litt doch der Mann an so etwas wie Amnesie. Erst als ich ihm angedroht hatte, die gesamte Lehrerschaft zu seinem Verhältnis mit Annabella W. vernehmen zu lassen, kehrte sein Erinnerungsvermögen wieder zurück, und er räumte zögerlich sein Verhältnis mit »der Kollegin« ein, ohne jedoch auch nur das Geringste über ihr Privatleben sagen zu können. Der Mann war – mit Verlaub – ein Kotzbrocken.

Christoph besuchte seine Mutter nicht, obwohl er es unter Überwachung gekonnt hätte. Denn zwischenzeitlich war er der Beihilfe angeklagt, würde aber nicht mit der Mutter auf einer Anklagebank sitzen müssen. Sein

Verfahren war abgetrennt worden. Und aufgrund dieser offensichtlichen Abhängigkeit von der Mutter ging man von einem Reifedefizit aus, sodass das Jugendgericht zuständig war. Obwohl er hochintelligent war und im Studium glänzte. Wie das zusammenpasste, entzog sich meinem bescheidenen Wissen über Reifeverzögerung, Reifedefizite und Ähnliches. Offensichtlich hat Reife nichts mit Bildung zu tun. Und ich war eigentlich immer der Meinung, dass Bildung das beste Mittel gegen Reifedefizite ist.

Der Auftritt der Stammtischdamen vor Gericht war äußerst wirkungsvoll und beeindruckend. Alle sechs sahen nicht nur umwerfend gut aus, sondern waren auch noch rhetorisch brillant. Ein wahres Feuerwerk an Frauenpower, das da im Gerichtssaal dargeboten wurde, einhergehend mit hoher Solidarität mit der Angeklagten, von der sie ein Bild zeichneten, das sie nicht nur als Opfer, sondern gar als Märtyrerin und Heldin erscheinen ließ. »Fehlt nur noch der Heiligenschein«, sagte ich zum Kollegen, als ich die ziemlich identischen, hochemotionalen, gefühlvollen, aber allesamt überzeugenden Ausführungen dieser sechs Stammtischfreundinnen anhörte. Einige Zuhörerinnen im Gerichtssaal hatten sogar Tränen in den Augen, so rührend war es.

Als ausgesprochenen Feigling konnte man abermals Herrn Dr. H. erleben, den Vorgesetzten, Schulleiter und Geliebten von Annabella W. Er hatte sich mit »Händen und Füßen« dagegen gewehrt, als deren Liebhaber geoutet zu werden, kam aber natürlich nicht drum herum. Er musste aussagen und schließlich auch einräumen, dass er seit vier Jahren ein Verhältnis mit Annabella W. hatte. Also schon, bevor Annabellas Ehemann eine Geliebte hatte. Womit geklärt war, wer in dieser Beziehung mit dem Fremdgehen angefangen hatte. Da der Herr Dr. aber verheiratet war und auch als Schulmeisterlein ein Vorbild hätte sein sollen, war es ihm natürlich peinlich, öffentlich auftreten und sündhaftes Verhalten einräumen zu müssen. Obwohl seine Ehefrau Kenntnis von der Geliebten hatte. Da diese aber ebenfalls eine außereheliche Beziehung unterhielt, hatte man sich wegen der Kinder und der beruflichen Stellung des Herrn Schulleiters »arrangiert«.

Für das Opfer Helmut W. sprachen die Geliebte, die Eltern, Arbeitskollegen und Vorgesetzte. Die Geliebte war glaubhaft, aber laut Anwalt der Angeklagten offensichtlich nur einseitig informiert. Die Eltern waren sowieso befangen, und die Kollegen konnten zwar eine Persönlichkeitsbeschreibung abgeben, zur Sache selbst aber nichts sagen. Helmut W., der als ruhiger und besonnener Vorgesetzter galt, war sehr beliebt, hatte aber im Dienst über sein Privatleben nicht viel verlauten lassen. Alle wussten jedoch, dass er in Scheidung lebte, was bei der Polizei fast schon als Normalzustand gilt. Und dass er eine Freundin hatte, war doch vernünftig. Wer bleibt schon gerne allein? So stand zwar im Raum, dass Helmut W. alles andere als ein aggressiver, gewalttätiger Mensch war, aber das widerlegte nicht, dass er sich zu seiner Frau anders verhalten haben könnte, als es seinem Naturell entsprach.

»Das Mordmerkmal der Heimtücke ist im Grunde genommen frauenfeindlich.« Mit diesem einleitenden Satz begann Annabellas Verteidiger sein Plädoyer und begründete seine These damit, dass Frauen nun einmal körperlich schwächer seien, bei körperlichen Auseinandersetzungen deshalb im Nachteil und dadurch gezwungen, den günstigsten Moment abzuwarten, um sich wirkungsvoll zur Wehr setzen zu können. Bei seiner Mandantin habe sich etwas entladen, was sich über Monate angestaut habe. Sie sei in einer psychischen Ausnahmesituation gewesen.

Das Gericht folgte den Argumenten der Verteidigung. Annabella W. wurde wegen Totschlags zu sechs Jahren Freiheitsstrafe verurteilt. Insbesondere, als nach Überzeugung des Gerichtes feststand, dass Helmut W. es war, der seit Wochen vor der Tat ein Messer ins Schlafzimmer mitgebracht hatte und der sehr wohl gezielten Psychoterror auf seine Frau ausgeübt habe, wie durch zahlreiche Zeugen bekundet wurde.

Unabhängig davon, wann der Tatentschluss gefasst worden war, sei zu berücksichtigen gewesen, dass die Angeklagte zum Zeitpunkt der Tat aufgrund einer schwerwiegenden Bewusstseinsstörung nur eingeschränkt schuldfähig war. Das habe auch der psychiatrische Gutachter glaubhaft dargestellt. Kennzeichnend für solche Bewusstseinsstörungen seien Affekttaten. Und im Affekt kann man auch dann handeln, wenn sich monatelang Angst und Hass aufgestaut haben und sich dann schlagartig entladen.

Christoph W. wurde wegen Beihilfe zum Totschlag zu einer Freiheitsstrafe von zwei Jahren verurteilt, wobei die Strafe zur Bewährung ausgesetzt wurde. Er führte sein Studium fort und schloss es erfolgreich ab. Inwieweit er wieder Kontakt zu seiner Mutter aufnahm, ist unbekannt.

Wir, die Ermittler der Mordkommission, haben über das Urteil noch lange diskutiert. Als juristische Laien sahen wir zwar das Mordmerkmal der Heimtücke als erfüllt an, aber keiner von uns hätte das Urteil »lebenslänglich« sprechen wollen. Denn so ganz sicher konnte man nicht sein. Und wenn Zweifel bleiben, gilt nun einmal der Grundsatz: In dubio pro reo. Und das ist gut so. Denn schließlich muss nicht alles, was so gewesen sein dürfte, auch wirklich so gewesen sein. Oder?

TÖTEN FRAUEN ANDERS ALS MÄNNER?

»Frauen töten, um jemanden loszuwerden. Männer töten, um jemanden zu behalten.« Diesen Satz sagte eine junge Kriminologin, die im Fernsehen eine schreckliche Familientragödie kommentierte, bei der ein Mann seine Frau und seine zwei Kinder mit einem Beil erschlagen hatte. Aus Wut, Verzweiflung und Enttäuschung darüber, dass sich die Frau von ihm scheiden lassen wollte. So nach dem Motto: »Wenn ich dich nicht haben kann, soll dich auch kein anderer haben. Und meine Kinder schon gleich gar nicht.«

Als ich das hörte, dachte ich, eigentlich hat sie recht. Wenn ich so zurückdenke, lag der gravierendste Unterschied zwischen Mann und Frau, wenn es um die Tötung nahestehender Personen geht, tatsächlich meist in der Motivlage und weniger in der Art und Weise der Durchführung. Wobei es natürlich immer Ausnahmen gibt, keine Frage. Aber in der Mehrzahl aller Fälle waren es Männer, die nicht verkraften konnten, verlassen zu werden, und deshalb zu Mördern an den Menschen wurden, die ihnen am nächsten standen. Wobei viele von ihnen anschließend Selbstmord begingen.

Bei insgesamt 15 von ca. 100 Tötungsdelikten, die ich eigenverantwortlich bearbeitet habe, hatte ich es mit Täterinnen zu tun. Dieser 15-prozentige Frauenanteil meiner persönlichen Statistik entspricht sogar der bundesweiten Statistik, wonach tatsächlich etwa 10 bis 15 Prozent aller Tötungsdelikte (Mord, Totschlag, Körperverletzung mit Todesfolge) von Frauen begangen werden. Das bedeutet im Umkehrschluss, dass 85 bis 90 Prozent aller Tötungsdelikte auf das Konto von Männern gehen. Aggression und Gewalt sind also nach wie vor Domäne des männlichen Geschlechtes. Und trotz Emanzipation, Gleichstellung und Gleichberechtigung hat sich daran nichts geändert. Ob Frauen in Ländern, in denen sie noch unterdrückt werden, häufiger oder weniger häufig töten, wäre interessant zu wissen, darüber liegen aber keine zuverlässigen Erkenntnisse vor.

Frauen sind jedenfalls weniger gewalttätig, weniger aggressiv und weniger gefährlich als Männer. Alle? Nein, nicht alle. Es gibt natürlich auch hier Ausnahmen. Ich sage bewusst Ausnahmen, weil es nicht dem weiblichen Naturell entspricht, anderen Menschen körperliche Gewalt anzutun. Mit einer Ausnahme: Kindstötungen. Hier sind Frauen dominierend. Wobei man differenzieren muss zwischen Kindstötung (ca. 50 Fälle pro Jahr in Deutschland) und Kindsmord bzw. tödlicher Kindsmisshandlung, auch wenn es den § 217 StGB (Kindstötung) nicht mehr gibt, weil er in den §§ 211, 212 StGB (Mord, Totschlag) aufgegangen ist.

Bei fünf der insgesamt 15 Täterinnen handelte es sich um Beschuldigte, die ihr eigenes Kind getötet oder dies versucht hatten. Eine Teilantwort auf die Frage, warum Mütter ihre Kinder töten, lässt sich vielleicht erahnen, wenn man in die Nachkriegszeit zurückblickt. In den Jahren von Mai 1945 bis Dezember 1950 wurden allein in München 375 vollendete und ca. 170 versuchte Tötungsdelikte registriert. Also mehr vollendete als versuchte Morde, was außergewöhnlich ist und damit zusammenhing, dass ein Großteil der Opfer Kinder waren. Kinder sind leichte Opfer und haben weniger Überlebenschancen, wenn sie verletzt werden. Ein Neugeborenes kann sich nun einmal nicht wehren und es bedarf auch nur geringer Gewaltanwendung, um es zu töten. Die Frage, ob eine Mutter, die ihr Kind nach der Geburt tötet, zur Mörderin wurde, hing damals und hängt auch heute immer vom Einzelfall ab. So kann zum Beispiel davon ausgegangen werden, dass zumindest einige Mütter damals ihre Kinder nur deshalb töteten, weil sie ihnen einen grausamen Hungertod oder anderes Leid ersparen wollten.

Aber es gab auch andere Motive, die aus einer scheinbaren Ausweglosigkeit heraus entstanden waren. Wenn man das Jahr 1950 herausgreift, so war damals in München die Zahl der Mordopfer auf »nur« noch 30 gesunken, wobei es sich aber bei der Hälfte der Opfer noch immer um Kinder handelte. Allerdings war es nun nicht mehr der drohende Hungertod, sondern eine andere Art von Not: Viele Frauen töteten ihre Kinder, weil sie vor ihren aus der Gefangenschaft heimkehrenden Männern verheimlichen wollten, dass sie sich – oft in dem Glauben, der eigene Mann sei gefallen – einem anderen Mann zugewandt hatten. Eiskalte Mörderinnen?

Wer schaut nicht mit Schaudern und Entsetzen in diese schlimme Vergangenheit zurück? Aber sind die Zeiten wirklich besser geworden, was die Gewalt an Kindern betrifft? Nein, im Gegenteil! In der Nachkriegszeit befanden sich die Menschen vielfach in akuten Ausnahmesituationen. Heutzutage leben wir im Wohlstand. Gerade deshalb sollte man einmal darüber nachdenken, warum bei uns laut einer Statistik des »Bundes deutscher Kriminalbeamter« (BdK) im Jahre 2008 nicht weniger als 19 000 (in Worten: neunzehntausend) Kinder unter 14 Jahren gequält, verprügelt, verbrüht und vergewaltigt wurden. Eine Zahl, die sich in den letzten zehn Jahren verdoppelt hat. Nicht eingerechnet sind Tausende von Kindern, die sexuell missbraucht wurden und werden. Denn jedes kinderpornografische Foto bedeutet ein missbrauchtes Kind. Das sollten sich Pädophile, Päderasten und sogenannte Datenschützer, die für die »Freiheit im Netz« auf die Straße gehen, hinter ihre schmutzigen Ohren schreiben.

188 Kinder kamen allein im Jahre 2008 in diesem unserem Lande infolge Gewaltanwendung ums Leben, 120 davon waren jünger als sechs Jahre. Die meisten davon starben durch Schläge auf den Kopf, aber auch durch Verwahrlosung und sogar durch Verhungern. Auch wenn es in anderen Ländern noch schlimmer aussehen mag: Es ist eine Schande, dass in einem angeblich zivilisierten Land wie Deutschland Woche für Woche durchschnittlich zwei bis drei Kinder eines gewaltsamen Todes sterben müssen!

Und wo sterben sie? Nach wie vor fast ausschließlich dort, wo sie sich eigentlich am geborgensten und sichersten hätten fühlen müssen und vielleicht sogar gefühlt haben, nämlich in ihren Familien bzw. ihrem engsten Umfeld! Dabei handelt es sich in 99 Prozent aller Fälle um sogenannte »prekäre, bildungs-ferne Familien«, sofern man Lebensgemeinschaften, in denen Kinder statt Liebe und Geborgenheit meist nur Materialismus und Gewalt erfahren, als solche bezeichnen kann. Warum das so ist und was man dagegen tun kann, darüber wird seit Jahren heftig geschrieben und diskutiert. Besonders dann, wenn wieder einmal etwas passiert ist. Und jeder weiß dann, dass wieder einmal nichts dagegen unternommen wird.

Normalerweise ist Mutterliebe die stärkste Form von Liebe, die wir kennen. Es sei denn, sie wird überlagert von stärkeren Emotionen wie Angst, Verzweiflung, Ausweglosigkeit, psychischer Krankheit, Sucht, Charakterschwäche oder Hörigkeit bzw. vermeintlicher Liebe zu einem anderen Menschen, der das Kind ablehnt oder ablehnen würde. Dass es Mütter gibt, die herzlos und gefühlskalt gegen die eigenen Kinder vorgehen, sorgt deshalb immer wieder für Schlagzeilen, weil es eben gegen die Natur von Frauen ist, diesem Muttertrieb entgegen zu handeln. Aber Gott sei Dank – das sollte man nicht vergessen – stellen solche Verhaltensweisen die absolute Ausnahme dar.

Da ich mir nicht anmaßen möchte, Ursachenforschung zu betreiben, zeige ich einige der Fälle auf, mit denen ich befasst war und anhand derer erkennbar wird, wie vielschichtig die Beweggründe sein können, warum Mütter ihre Kinder töten:

– Eine blutjunge, zum zweiten Male schwangere Türkin, die zwei Jahre lang von ihrem gewalttätigen Ehemann wie eine Gefangene in einer kleinen Wohnung eines großen Mietshauses mitten in München-Giesing gehalten worden war, nicht einmal das Treppenhaus betreten durfte und keinerlei soziale Kontakte hatte, ertränkte ihr einjähriges Kind in der Badewanne. Anschließend wollte sie sich mit einem Föhn das Leben nehmen, überlebte jedoch. Eine Mörderin? Als ich dem aggressiven Kindsvater und Ehemann gegenüberstand, der Zeter und Mordio schrie und meinte, das sei eine interne Familienangelegenheit, die uns Polizisten gar nichts anginge, war ich der Meinung, dass eigentlich er eingesperrt werden müsste und nicht die verzweifelte Frau. Sie kam in eine psychiatrische Klinik. Ich weiß leider nicht, was aus ihr wurde.

– Eine junge Frau wollte mit ihrem dreijährigen Sohn aus dem Leben scheiden, weil sie von ihrem Mann wegen einer anderen Frau verlassen wurde und keine Lebensperspektive für sich und ihr Kind mehr sah. Ihre kleine, aber heile Welt war von einem Tag auf den anderen zusammengebrochen. Der Haartrockner in der Wanne tötete das Kind, die Frau überlebte schwer verletzt. Später sagte sie, sie habe niemanden gehabt, mit dem sie habe reden können. Sie sei sich so nutzlos vorgekommen, habe sich geschämt und sich die Schuld gegeben. Eine Mörderin?

– Einer jungen Medizinstudentin gelang es, ihre Schwangerschaft vor dem gesamten Umfeld zu verbergen. Was man kaum glauben mag, tatsächlich aber immer wieder vorkommt. Sie gebar das Kind in der Badewanne und behauptete später, es sei tot gewesen. Die kleine Leiche packte sie in einen Koffer, transportierte ihn durch halb Deutschland und deponierte ihn auf dem Dachboden ihres Elternhauses in Thüringen. Drei Monate später fand ihr Vater die Leiche, ohne zu ahnen, dass es sich um sein eigenes Enkelkind handelte. Er rief die Polizei, und die Sache flog auf. Die junge Frau war geständig, blieb aber dabei, dass sie das Kind tot geboren habe. Da das Gegenteil nicht mehr zu beweisen war, wurden die Ermittlungen eingestellt. Warum sie die Leiche in ihr Elternhaus gebracht hatte, konnte sie nicht erklären. Für die Eltern jedenfalls, die sich über ein Enkelkind gefreut und die es auch betreut hätten, war eine Welt zusammengebrochen. Das Kind sei die Folge eines sogenannten One-Night-Stands gewesen, gab die junge Frau an. Den Kindsvater kannte sie gar nicht. Warum sie ihre Schwangerschaft geheim hielt und keine Abtreibung anstrebte, vermochte sie nicht schlüssig zu erklären. Eine Mörderin, sollte das Kind wirklich gelebt haben?

– Eine junge Mutter, die in absolut geordneten, sorgenfreien Verhältnissen lebte und die sich mit der ganzen Familie auf ihr Kind wirklich gefreut hatte, versuchte es einen Tag nach der Heimkehr aus dem Krankenhaus beim Wickeln zu ersticken, weil das Kind ununterbrochen geschrien hatte. Die junge Frau, die perfekt sein wollte, glaubte ihren Aufgaben als Mutter nicht gerecht zu werden und fühlte sich als Versagerin. In einer Art Kurzschlusshandlung drückte sie dem Kind eine Decke aufs Gesicht, um das Schreien zu unterbinden. Sie kam aber sogleich wieder zur Besinnung und rief sofort den Notarzt. Das Kind überlebte ohne Spätfolgen. Die Justiz beließ es bei einer richterlichen Ermahnung und ging von einer Schwangerschaftspsychose aus. Die junge Frau wurde eine glückliche, gute und fürsorgliche Mutter und das Kind gedieh prächtig.

– Eine drogensüchtige 17-Jährige gebar auf der Toilette eines Schnellrestaurants ein Kind, steckte es in eine

Plastiktüte und trug es zu einem Mülleimer, wo sie das Neugeborene entsorgte. Dann fuhr sie mit dem Zug von München nach Nürnberg. Das Kind wurde gefunden, es war tot. Wie man an den belüfteten Lungen erkennen konnte, hatte es aber gelebt und war gesund gewesen. Die 17-Jährige hatte eine Steißgeburt hinter sich gebracht, ohne jede Hilfe und ohne Nachsorge. Ihre Lebensumstände waren schrecklich. Auf die Idee, sich Hilfe zu suchen, kam sie nicht. Aus Angst, in eine Anstalt zu kommen. Eine Mörderin?

Die Fälle, bei denen Kinder durch den Kindsvater oder den (neuen) Lebensgefährten der Mutter misshandelt und/oder getötet wurden, möchte ich hier ausdrücklich nicht thematisieren. Auch wenn einige dieser Mütter Mitschuld auf sich geladen hatten, weil ihnen ihre Beziehung wichtiger war als ihr Kind. Es sind die Fälle, die zornig machen und die auch »gestandenen« Kriminalern, Juristen und Rechtsmedizinern die Tränen in die Augen treiben können. Wie beispielsweise der Fall eines zweijährigen Mädchens, das auf so unvorstellbar grausame Weise vom jungen Freund der Mutter, der auf den ihm unbekannten Kindsvater eifersüchtig war, zu Tode gequält wurde. Wobei kein Zentimeter des kleinen Kinderkörpers unversehrt geblieben war. Übersät mit Brandwunden, verursacht durch glühende Zigaretten, mussten sogar hartgesottene Profis schlucken, als sie den kleinen Leichnam im Institut für Rechtsmedizin sahen. Man konnte in etwa erahnen, welche Qualen dieses Kind hatte erleiden müssen, bis es, bereits in den letzten Zügen liegend, in der Toilette eines Krankenhauses abgelegt wurde, wo es dann starb. Als der Täter auch noch wegen

Körperverletzung mit Todesfolge zu einer relativ geringen Haftstrafe von sechs Jahren verurteilt wurde, verloren viele den Glauben an unsere Gerichtsbarkeit. Gott sei Dank hob der Bundesgerichtshof dieses Skandalurteil wieder auf. In zweiter Instanz wurden der Täter und die Kindsmutter von einem Münchner Gericht wegen Mordes zu lebenslangen Freiheitsstrafen verurteilt. Worüber Hunderttausende erleichtert waren. Warum? Weil Gerechtigkeit geübt wurde.

Natürlich greifen bei Frauen auch Mordmotive, die außerhalb der Mutter-Kind-Beziehung liegen. Wobei die nachfolgenden Beispiele daran denken lassen, es würde sich hier nicht um frauentypische Taten handeln. Ich bin jedoch der Meinung, dass keiner dieser Fälle genau so und aus den gleichen Motiven heraus von einem Mann begangen worden wäre:

– Eine Frau verließ ihre sechs Kinder und verschwand mit ihrem neuen Liebhaber, dem sie sexuell hörig war. Dieser wollte zwar von ihren Kindern nichts wissen, war aber am nicht unerheblichen Vermögen des Ehemannes interessiert. Also lockte sie diesen, den man durchaus als eine Art gutmütigen Trottel hätte bezeichnen können, zwecks »Verhandlungen« in ein Schnellrestaurant und servierte ihm dort einen Milchshake, der mit reichlich Rattengift versetzt war, welches ihr Liebhaber aus der Türkei eingeschmuggelt hatte. Der brave Ehemann trank arglos und kam noch bis in die U-Bahn. Dort brach er zusammen. Glücklicherweise am Max-Weber-Platz, wo sich das Klinikum Rechts

der Isar befindet, das über eine weltbekannte Toxiko-
logische Abteilung verfügt. Das Opfer entging knapp
einem äußert qualvollen Tod. Ehefrau und Liebhaber
wurden zu lebenslangen Freiheitsstrafen verurteilt.
Motiv: Sie wollte sich das Vermögen ihres Ehemanns
sichern, um mit ihrem Liebhaber in Saus und Braus leben zu können. Eine Mörderin.

– Ein türkischer Mitbürger, fleißig, sparsam und arbeit-
sam seit drei Jahrzehnten, wollte sich von seiner zänki-
schen Frau scheiden lassen, wobei er freilich schon
eine neue Freundin hatte. Das beträchtliche Vermögen, das sich der Mann in all den vielen Jahren zusam-
mengespart hatte und das größtenteils in der Türkei
angelegt war, wollte er seiner zwölfjährigen Tochter
und dem 14-jährigen Sohn überschreiben. Damit war
die als geldgierig bekannte Ehefrau nicht einverstanden, zumal sie mutmaßte, die Geliebte ihres Mannes
könnte vom Vermögen partizipieren. Also bestellte sie
über ihren in der Türkei lebenden Vater zwei Auftragsmörder. Die kamen nach München und wurden vom
besten Freund des Zielobjektes, den die Ehefrau für
sich instrumentalisieren konnte, entsprechend eingewiesen in die Örtlichkeiten. In der Tatnacht lockte der
falsche Freund den Ahnungslosen in seine Wohnung,
setzte ihn leicht unter Alkohol, um seine Widerstands-
fähigkeit zu schwächen, und schickte ihn schließlich
gegen Mitternacht nach Hause. Wissend, dass dort die
Mörder auf ihn lauern würden. Diese taten ihren Job,
es waren schließlich Profis: Sie warteten in der Wohnung des Opfers auf dessen Eintreffen. Den Schlüssel
hatten sie von der Ehefrau bekommen. Für einen besseren Überraschungseffekt hatten sie im Flur die Glüh-

birne aus der Lampe geschraubt und die Wohnzimmertür zugesperrt, damit er nicht fliehen konnte. Einer griff den Ahnungslosen sofort von vorne mit dem Messer an, der andere schlug ihm von hinten mit einem Hammer den Schädel ein. Der Mann hatte keine Chance. Die Frau wurde überführt, weil sich der 14-jährige Sohn mithilfe der Mordkommission, die ihn zu diesem Schritt ermutigt hatte, aus ihrer Umklammerung befreite und sich offenbarte. Die Frau war übrigens die erste und bislang einzige türkische Staatsangehörige, die in Deutschland zu lebenslanger Freiheitsstrafe verurteilt wurde. Ihr Helfershelfer wurde wegen Beihilfe zu 14 Jahren Gefängnis verurteilt. Wegen lumpiger 80 000 D-Mark hatte er den besten Freund im wahrsten Sinne des Wortes ins offene Messer laufen lassen. Die Auftragsmörder aus der Türkei konnten bis heute nicht ermittelt werden. Motiv der Auftraggeberin: Habgier. Sie wollte ihren Mann loswerden, um an sein Geld zu kommen.

– »Bonnie and Clyde« erschlugen einen 73-jährigen Mann in dessen Wohnwagen, raubten sein gesamtes Erspartes in Höhe von etwa 30 000 D-Mark samt seinem Auto und setzten sich nach Tunesien ab. Dort wurden sie gefasst und ersehnten monatelang ihre Auslieferung nach Deutschland, weil die Haftbedingungen in dem muslimischen Land die Hölle waren, während im Vergleich dazu die deutschen Strafanstalten »das reinste Paradies« seien, wie es der 32 Jahre alte Täter später selbst formulierte. Die 30-jährige Frau war übrigens die treibende Kraft. Sie hatte den alten Mann festgehalten, während ihr Liebhaber ihn erwürgte. Dieser war ihr, einer außergewöhnlich kaltblütigen Frau, absolut hörig und wollte sogar alle Schuld auf sich nehmen. Was nicht gelang. Beide wurden zu lebenslangen Freiheitsstrafen verurteilt. Motiv: Verdeckung einer Straftat, in diesem Fall ein Raub, und Habgier.

– Die reiche, unglaublich zickige Erbin eines Reiterhofes lebte in ständigem Streit mit ihrem Liebhaber, einem stinkfaulen Habenichts. Als es wieder einmal gekracht hatte, fuhr der Freund wutentbrannt mit dem Fahrrad vom Hof. Sie folgte ihm nicht weniger wutentbrannt und fegte ihn mit ihrem Mercedes 500 mit ca. 80 km/h von einem Waldweg, sodass er schwerst verletzt in einer Fichtenschonung landete. Anschließend versuchte sie mithilfe einiger Helfershelfer, den Mordanschlag zu vertuschen und den Vorfall als Verkehrsunfall mit Fahrerflucht zu tarnen. Es gelang nicht, weil die Kollegen des Unfallkommandos misstrauisch wurden und die Mordkommission einschalteten. Die junge Reitersfrau wurde zu vier Jahren Gefängnis wegen versuchten Totschlags verurteilt. Sie war zur Tatzeit (wieder einmal) betrunken. Sie heiratete später den Taugenichts, den sie vorher übrigens auch schon einmal hatte umbringen wollen. Ob diese beiden glücklich geworden sind, entzieht sich meiner Kenntnis. Motiv: Egoismus, Eigennutz, Zorn.

– Eine junge Frau war mit Wissen der Mutter seit ihrem vierten Lebensjahr vom Vater missbraucht worden. Ein unglaublicher Leidensweg. Erst als sie 16 Jahre alt war und der Vater an Krebs starb, hatte sie ihr Martyrium überstanden. Sie heiratete dann einen wesentlich älteren Mann, der zwar gutmütig, aber hochgradig masochistisch veranlagt war. Als sie es nicht mehr aushielt mit ihm, floh sie zu ihrer Mutter, um dort wenigstens ein Wochenende zu verbringen. Es kam zum Streit, weil die Mutter ihre Tochter nicht aufnehmen wollte. Diese hielt der Mutter schließlich vor, all die Jahre von den sexuellen Übergriffen des Vaters gewusst zu haben, woraufhin die Frau antwortete: »Du wirst es schon gebraucht haben!« Da erwürgte die Tochter die Mutter mit einem Bademantelgürtel. Sie bekam eineinhalb Jahre Freiheitsstrafe und hatte im Gefängnis, wo sie verständnisvolle psychologische Hilfe fand, erstmals in ihrem Leben eine gute Zeit. Motiv: Blackout. Sie war die ehrlichste und offenste Beschuldigte, die ich jemals erlebt hatte, die nichts beschönigte und ihre Tat zutiefst bereute. Obwohl eigentlich sie auch Opfer war.

– Sie war eine Art »Leibeigene«, das Kindermädchen aus Polen, das gleichzeitig als Putzfrau, Köchin, Kindermädchen und Dienerin fungieren musste. Und zwar sieben Tage in der Woche, rund um die Uhr. Nicht einmal eine Krankenversicherung hatte sie, hielt sie sich doch illegal in Deutschland auf. Ihre »Herrin« war selbst Polin. Eine blutjunge, aber äußerst egozentrische Schönheit, die im Alter von 16 Jahren einen über 40 Jahre älteren, vom Hochadel adoptierten »Strizi« aus Wien geheiratet und ihm zwei Kinder geschenkt hatte, die allerdings schwer verhaltensgestört waren. Was kein Wunder war bei diesen Eltern. Als die 20-jährige Frau Gräfin ihr 34-jähriges polnisches »Aschenputtel« des Diebstahls bezichtigte, es hinauswerfen wollte und mit der Polizei drohte, anstatt den ausstehenden Lohn auszuzahlen, griff dieses zum großen Küchenmesser, massakrierte die Frau Gräfin mit ungefähr 50 Messerstichen und flüchtete anschließend. Als der (hoch verschuldete) Herr Graf in seinem Bentley an der Villa vorfuhr und an der Polizeiabsperrung darüber informiert wurde, dass in seinem Haus eine Frau erstochen worden war, fragte er zunächst nach dem Aussehen des Opfers. Nach erfolgter Beschreibung stellte er trocken fest, dass es sich »dann wohl um meine Gattin handeln dürfte«. Denn es hätten nur zwei Frauen im Haus gelebt: eine blonde, nämlich das Kindermädchen, und eine schwarzhaarige. Bei Letzterer habe es sich um seine Gemahlin gehandelt. Diese Feststellung trug er vor, als würde er den Unterschied zwischen Haus- und Garagenschlüssel erklären. Die Täterin wurde gerade noch gefasst, bevor sie mit einem Kleinbus Deutschland verlassen konnte. Sie war zwar nach hartnäckigem Leugnen geständig, verschwieg aber, dass sie tatsächlich alles gestohlen hatte, was nicht niet- und nagelfest war. Sie wurde zu lebenslanger Freiheitsstrafe verurteilt. Motiv: Verdeckung einer Straftat und abgrundtiefer Hass, geboren aus tiefer Demütigung.

Unterschiede zwischen Mörderinnen und Mördern gibt es also kaum, wenn es um die Tatfolgen geht. Es macht jedenfalls keinen Unterschied, ob jemand von einem Mann oder einer Frau erstochen wurde. Allerdings kommt es schon darauf an, wie die Tat ausgeführt worden ist. Der Gesetzgeber hat ja ausdrücklich zwei Tötungsarten als besonders verwerflich hervorgehoben: die Grausamkeit und die Heimtücke. Dass Frauen grausamer wären als Männer oder umgekehrt, darüber gibt es weder statistische Erkenntnisse noch Erfahrungswerte. Höchstens Vorurteile, Vermutungen oder Verallgemeinerungen, wobei sich Letztere meist an Einzelfällen orientieren, von denen dann wieder gefolgert wird, dass nur Frauen so grausam handeln können. Das ist natürlich Blödsinn!

Was allerdings das Mordmerkmal der Heimtücke betrifft, so sind wir schon eher beim weiblichen Geschlecht. Nicht ohne Grund: So haben zum Beispiel Giftmorde eine lange Tradition und sind bei Frauen besonders beliebt. Aber nicht, weil Frauen wesentlich raffinierter, ideenreicher und hinterhältiger wären als die einfallslosen »Hau-drauf-Männer«, sondern weil Giftmorde ohne Kraftaufwand in die Tat umgesetzt werden können. Und primitive körperliche Gewalt ist nun einmal die Domäne der Männer. Was aber nicht heißt, dass Giftmorde vorwiegend von Frauen begangen werden. Aber während bei den Männern der Griff zum heimtückischen Gift nur eine untergeordnete Rolle hinsichtlich der Wahl der Tatmittel spielt – hier dominiert einsam an der Spitze noch immer das gute alte Messer – greifen angeblich die meisten Mörderinnen noch immer zu Gift, meist zu Rattengift oder E 605. Giftmorde sind aber weitgehend rückläufig. Denn während Gifte bis Mitte des 19. Jahrhunderts im Körper so gut wie nicht nachzuweisen waren, gelingt der Medizin heutzutage ein präziser Nachweis nahezu immer. Bei welchem Gift es nicht oder nur sehr schwer möglich ist, werde ich hier nicht thematisieren, da ich ja schließlich keine Empfehlungen aussprechen möchte. Noch dazu, wo es so erschreckend einfach ist, wenn man es weiß. Für die Opfer ist es übrigens ein grausamer, qualvoller Tod, sodass man möglicherweise nicht nur heimtückisch handelt, sondern auch das Mordmerkmal der Grausamkeit erfüllt. Nicht selten ist der lästige Ehemann, den man endlich loswerden will, das Opfer. Auslöser sind oft Gewalt in der Ehe, Eifersucht oder ein Liebhaber, für den man frei sein möchte. Nicht zu vergessen das eventuelle Erbe.

Was meines Erachtens in Bezug auf Mörderinnen vernachlässigt wird, ist der sogenannte Auftragsmord. Ich bin überzeugt, dass die Anstiftung zum Mord durch Frauen eine wesentlich größere Rolle spielte und spielt, als man gemeinhin annehmen möchte. Diese Variante tritt nur deshalb etwas in den Hintergrund, weil die Auftraggeberinnen oder Anstifterinnen oft gar nicht bekannt sind oder überführt werden konnten und können. Männer lassen sich besonders gerne dann instrumentalisieren, wenn sie Frauen hörig sind. Was meine persönliche Statistik betrifft, so hatte ich es jedenfalls nur einmal mit einer Giftmörderin zu tun, während ich wesentlich häufiger mit Fällen beschäftigt war, bei denen Männer die Drecksarbeit erledigt haben und eine Frau im Hintergrund die Fäden zog oder die Taterrschaft innehatte. Wobei viele dieser Instrumentalisierten nicht glauben oder begreifen wollten, dass sie ausgenutzt wurden. In Insiderkreisen nennt man solche Typen vulgär »schwanzgesteuerte Trottel«. Die meisten von ihnen wollten sogar die gesamte Schuld auf sich nehmen, und es bedurfte oft langwieriger Überzeugungsarbeit, um ihnen die Augen zu öffnen. Der bekannteste Fall war der des Schauspielers Günther Kaufmann, der nicht gewusst haben will, dass die Mörder seines Steuerberaters und Geldgebers von seiner Ehefrau geschickt worden waren. Angeblich um sie zu schützen, nahm er sogar 15 Jahre Gefängnis in Kauf. Wovor er sie allerdings schützen wollte, wenn er nicht gewusst haben will, dass sie dahintersteckte, bleibt sein Geheimnis. Und warum er sie auch noch schützen wollte, als sie schon gestorben war, ebenfalls.

Ein weiterer Grund, warum man das Mordmerkmal der Heimtücke sogar als frauenfeindlich bezeichnet hat, betrifft jene Deliktsart, die man als Affekttaten kennt. Also nicht den geplanten Mord, bei dem das eiskalte Kalkül im Vordergrund steht, sondern jene Fälle, bei denen man »auf der Stelle zur Tat hingerissen wurde«, bei denen also die pure Emotion die Situation eskalieren ließ. Es sind die Auseinandersetzungen, die dann als versuchter oder vollendeter Totschlag angeklagt werden. Klassisch: Streit, körperliche Gewalt, schwere Verletzungen. Häufigstes Tatwerkzeug: das Küchenmesser. Platz zwei: Gewalt gegen den Hals (würgen oder drosseln). Platz drei: Schlagen und Treten, mit oder ohne Werkzeug.

Die Natur hat es nun einmal so eingerichtet, dass Männer körperlich stärker und damit im Vorteil sind. Sie müssen nicht warten, bis sich eine Gegnerin abgewandt hat. Fast immer greifen Männer frontal an und gehen von Angesicht zu Angesicht auf die Frauen los. Wenn sie dann auch noch betrunken waren und angeblich im Affekt handelten, kommen sie meist mit einer Verurteilung wegen Totschlags davon. Frauen dagegen, sollten sie erst dann zugestochen haben, als ihnen der Überlegene den Rücken zugewandt hatte, erfüllen unter Umständen das Mordmerkmal der Heimtücke, weil sie die Arg- und Wehrlosigkeit des Opfers ausgenutzt haben. Und wenn ein Mordmerkmal erfüllt ist, droht lebenslange Freiheitsstrafe. Ungerecht? Na ja, ich denke, unsere Gerichte wissen die Dinge schon richtig einzuschätzen und zu beurteilen. Vorsichtshalber habe ich aber immer dann, wenn ich irgendwo einen Vortrag gehalten habe, den anwesenden

Damen geraten, im Fall der Fälle nur von vorne anzugreifen – ein Ratschlag, der stets dankbar und mit großer Begeisterung aufgenommen wurde. Ich mag Frauen eben.

Übrigens: Bei etwa 80 Prozent aller Gewaltdelikte spielt der Alkohol eine wesentliche Rolle. Gäbe es keinen Alkohol, hätten wir Polizisten nur halb so viel Arbeit. Und zwar in vielen Bereichen, angefangen beim Straßenverkehr bis hin zu Tötungsdelikten. Das betrifft sowohl Männer als auch (immer mehr) Frauen und leider immer öfter Jugendliche und sogar Kinder. Wobei die Grenzen zwischen sinnlosem Saufen, das man meist Männern zugeschrieben hat, und heimlichem Trinken, das eher als frauentypisch galt, immer mehr verschwimmen. Wer's nicht glauben mag, dem empfehle ich einen Besuch des Oktoberfestes in München, dem größten Volksbesäufnis der Welt. Prost!

MORDLUST

Dr. Manfred W. hatte den ganzen Tag über angestrengt gearbeitet und sich nach Feierabend einen Besuch in der Sauna gegönnt. Der HNO-Arzt machte sich knapp nach 23.00 Uhr auf den Heimweg. Bewusst ging er zu Fuß, auch wenn das Wetter nicht gerade einladend war. Es war kalt und es nieselte in dieser Herbstnacht. Die Straßen waren menschenleer, als er auf dem breiten Gehweg stadtauswärts ging, die Sporttasche um die Schulter gehängt. Vorbei an der U-Bahn-Station »Michaelibad« und weiter in Richtung der kleinen Grünanlage, die am Beginn des Ostparks angelegt worden war.

Die Fußgängerunterführung war nur dürftig ausgeleuchtet, da etliche der Leuchtstoffröhren nicht funktionierten. Eine gespenstische, fast schaurige Stimmung war das in diesem ca. 50 Meter langen Tunnel, dessen weiß gekachelte Wände den Charme einer Leichenhalle vermittelten, auch wenn sie über und über mit Graffiti »verziert« und teilweise abgeschlagen waren. Ein ausgesprochen hässlicher, abstoßender, deprimierender Ort, an dem es auch noch kräftig nach Urin stank. Dr. Manfred W. hatte fast schon die andere Seite erreicht, an der eine Treppe wieder nach oben führte. Vermutlich vernahm er noch die schnellen Schritte, die sich von hinten näherten.

Anzunehmen ist auch, dass er dem Mann noch ins Gesicht sah, der ihn an der Jacke packte und herumriss. Mit Bestimmtheit kann man sagen, dass er auch noch den stechenden, brennenden Schmerz verspürt haben muss, als ihm die linke Wange aufgeschlitzt wurde, während er die Stiche in die Brust vermutlich nur als dumpfe Schläge empfunden haben dürfte. Zumindest weiß man, dass Messerstiche meist gar nicht gleich als solche verspürt werden, was mit der Ausschüttung irgendwelcher Hormone zusammenhängen soll, die den Schmerz kompensieren. Dr. Manfred W. sank zu Boden und dürfte innerhalb der nächsten 15 bis 20 Minuten verstorben sein. Genau weiß das niemand. Ob er den Mann, der kurz nach der Tat ganz schnell an ihm vorbeigehuscht war, wahrgenommen hat, ist fraglich. Die beiden anderen Männer, die sich fünf oder zehn Minuten später über ihn gebeugt hatten, dann aber doch weitergingen, könnte er vielleicht noch im Unterbewusstsein registriert haben.

Die junge Frau war besorgt. Es war bereits 1.00 Uhr, die Sauna hatte schon geschlossen, und ihr Mann war immer noch nicht zu Hause. Absolut ungewöhnlich. Nie wäre er einfach weggeblieben, ohne ihr Bescheid zu geben. Sie war sich sicher, dass er nie und nimmer in irgendeine Gaststätte nach dem Saunabesuch gegangen wäre. Es gab einfach keine Erklärung für sein Fernbleiben. Ein Handy hatte er nicht dabei. Bei Freunden und Bekannten war er auch nicht. Also rief sie beim zuständigen Polizeirevier an. Sie wusste, dass ihr Mann zu Fuß nach Hause gehen wollte, und sie kannte auch den genauen Weg, den er genommen haben müsste.

Der Polizist am Telefon war sehr freundlich und verständnisvoll. Ein klassischer Vermisstenfall liege zwar nicht vor, aber die Nacht sei ruhig und so würde er einen Streifenwagen die Strecke abfahren lassen. Bereits eine halbe Stunde später fanden die Polizisten die Leiche von Manfred W. Sie lag unterhalb des nördlichen Treppenab- bzw. -aufganges der Fußgängerunterführung, welche die breite Fahrbahn an dieser Stelle unterquert. Die Blutlache, die sich unter dem Körper ausgebreitet hatte, war teilweise schon geronnen und in ihr fanden sich keinerlei Fußabdrücke. Gott sei Dank hatten die beiden Polizisten sofort einige Fotos mit ihren privaten Handys gemacht, die zwar nicht dem erforderlichen Qualitätsstandard entsprachen, aber immerhin die Lage der Leiche und die ursprüngliche Blutlache insoweit dokumentierten, als man sagen konnte, welche Spuren bzw. Veränderungen vom Notarzt verursacht worden waren. Dieser stellte den Tod fest und attestierte als Todesart einen »nicht natürlichen Tod«. Als Todesursache trug er in die Todesbescheinigung ein: »Verbluten nach innen und außen infolge mehrerer Messerstiche in den Thorax«. Der Mann könne noch nicht allzu lange tot sein, zwischen zwei und vier Stunden, schätzte er. Der Polizeiapparat lief an.

Es gab keine Zeugen. Was fast zu erwarten war bei dieser Örtlichkeit. Weil man aber laute Hilfeschreie aus der Unterführung auch an der Oberfläche bis hin zu den angrenzenden Häusern durchaus hätte hören können, wurde noch in der Nacht durch Kräfte der Einsatzhundertschaft eine sogenannte Hausbefragung durchgeführt. Die Anwohner hatten durchwegs Verständnis dafür, mitten in der Nacht geweckt worden zu sein, als sie hörten, was passiert war. Aber niemand hatte etwas gehört oder gesehen.

Selbstverständlich hatte die Einsatzzentrale der Polizei sofort nach Entdeckung der Leiche eine allgemeine Fahndung ausgelöst, was zur Kontrolle aller Personen führte, die rund um den Tatort angetroffen wurden. Die Ausbeute war spärlich. Außer einem Obdachlosen, der im Tonnenhäuschen im Hinterhof eines Mehrfamilienhauses in der Nähe schlief, war niemand rund um den Tatort angetroffen worden. Der Mann wurde geweckt und faselte irgend etwas Unverständliches daher. Immerhin stellte man seine Personalien fest. Er hieß Franz W., war 62 Jahre alt, ohne festen Wohnsitz und erweckte nicht den Eindruck, als ob er jemanden überfallen und umbringen könnte. Bei einer groben Sichtung seines Gepäcks fiel den Polizisten nichts Außergewöhnliches auf.

Der Erkennungsdienst forderte den großen Beleuchtungswagen an, da das düstere Licht in der Unterführung absolut unzureichend war. Einsatzkräfte suchten noch in der Nacht zumindest die unmittelbare Umgebung vordringlich nach dem Tatmesser ab. Derartige Maßnahmen dulden keinen Aufschub. Einerseits wegen der eventuell daran noch feststellbaren Spuren, andererseits hätte ja jemand anderer zufällig die Waffe finden können. Es ist sogar schon vorgekommen, dass Täter an den Tatort zurückgekehrt sind, um das Corpus Delicti zu holen, das sie in der ersten Erregung weggeworfen oder verloren hatten. Es wurde nichts gefunden: keine Tatwaffe, keine Fußabdrücke, einfach nichts.

Die erste Frage, die man sich in einer solchen Situation stellt, lautet: War der Mann ein Zufallsopfer oder lag eine Beziehungstat vor? Was man unter Umständen erst dann wissen kann, wenn sich ein Tatmotiv abzeichnet. Mein Lehrmeister sagte immer: »Wir können gar nichts ausschließen. Nicht einmal, dass morgen die Welt untergeht.« Also halten sich erfahrene Ermittler mit Spekulationen und Mutmaßungen zurück und beschränken sich auf Fakten, aus denen sie dann aber ihre Schlussfolgerungen ziehen müssen, allein schon aus Fahndungsgründen. Hätte man also wenigstens gewusst, ob man Mann oder Frau, eine, zwei oder mehrere Personen suchen soll, wäre uns schon viel geholfen gewesen. Im vorliegenden Fall aber waren die Fakten äußerst dünn gesät. Man wusste nur, dass der Mann auf dem Heimweg von einem Saunabesuch war und hier erstochen wurde, wobei Auffindungsort und Tatort augenscheinlich identisch waren.

Wenn man mit solch dürftigem Wissen als Ermittler nachts an der Leiche eines erstochenen Mannes steht, die vor einem am dreckigen Boden einer trostlosen Fußgängerunterführung liegt, beginnt man bei null. Man weiß nichts über das Opfer und hat keine Hinweise auf den oder die Täter. Also fängt man erst einmal mit den üblichen Routinemaßnahmen an. Man checkt sozusagen durch, was man sofort zu tun hat, was als Nächstes, was noch in dieser Nacht und was Zeit hat bis zum Morgen bzw. nächsten Tag. Wichtig ist nur eines: Man darf nichts vergessen, nichts übersehen. Denn Fehler, die man in dieser ersten Phase macht, sind meist nicht wiedergutzumachen. Und Spuren, die vernichtet oder nicht rechtzeitig gesichert wurden, sind unwiederbringlich verloren und können eventuell sogar den Aufklärungserfolg kosten. Deshalb hat in einem Fall wie diesem die Tatortarbeit erste Priorität.

Die Tatortgruppe des Erkennungsdienstes begann sofort mit ihrer Arbeit. Dabei arbeiten sich die Erkennungsdienstler von außen nach innen zur Leiche vor. Erst dann wird sie zur Obduktion ins Institut für Rechtsmedizin abtransportiert. Die Berechnung des Todeszeitpunktes ist äußerst kompliziert und kann meist nur anhand des Mageninhaltes präzisiert werden. Und selbst dann wird man nie eine genaue Zeitangabe erhalten, sondern allenfalls eine Zeitspanne, die mehrere Stunden umfasst. Wichtig ist für uns Ermittler letztendlich, ob sich die kriminalpolizeilichen Ermittlungen mit den Berechnungen der Mediziner decken.

Einer Antwort auf die Frage, ob es sich hier um eine Beziehungstat oder um ein Zufallsopfer gehandelt haben könnte, konnte man sich vorerst nur durch das sogenannte Ausschlussverfahren zu nähern versuchen.

Auf den ersten Blick war ein Raubmord naheliegend, weil nämlich die Sporttasche des Mannes fehlte, wie wir alsbald wussten. Allerdings steckte die Geldbörse mit mehreren Hundert Euro Inhalt in der rechten hinteren, zugeknöpften Gesäßtasche. Offensichtlich war nicht einmal der Versuch unternommen worden, sie herauszuziehen. Die teure Armbanduhr, deutlich sichtbar am linken Handgelenk, war dort belassen worden. Ein kleines Lederetui mit Scheckkarten, Ausweisen, Führerschein usw. fand sich noch in der linken inneren Brusttasche der Regenjacke. Diese war über der linken Schulter bzw. den linken Arm etwas heruntergezogen worden, als wäre er hier gepackt, festgehalten oder herumgerissen worden. Freilich könnte man fragen, ob der Täter gestört worden sein könnte und sich mit der Sporttasche zufriedengeben musste. Oder hatte er es von Haus aus nur auf die Sporttasche abgesehen? Über die Ehefrau war inzwischen bekannt geworden, dass in der kleinen, dunkelblauen Sporttasche lediglich ein Bademantel, Handtücher, Duschgel und noch ein paar kleinere Utensilien gewesen sein dürften. Also war auch an die Möglichkeit zu denken, dass der Täter die Tasche mitgenommen hat, weil er eventuell an ihr Spuren hinterlassen hat. Es wäre jedenfalls nicht das erste Mal gewesen, dass ein Täter derart rational reagiert hätte.

Nur für den Fall, dass es doch kein Raubmord war, wäre als Nächstes die Tat eines Wahnsinnigen in Erwägung zu ziehen. Unmotivierten Angriff nennt man solche Attacken, die scheinbar keinen Sinn machen. Wer sticht schon nachts in einer Fußgängerunterführung völlig grundlos einen Mann nieder? Ohne ihn berauben zu wollen und ohne dass es zu einer Auseinandersetzung aus welchen Gründen auch immer gekommen war. Kann das wirklich nur ein Geistesgestörter gewesen sein? Einer, der unter paranoiden Wahnvorstellungen leidet und in dem Mann einen Feind oder eine Bedrohung gesehen hat? Oder einer, der im Drogenrausch Halluzinationen hatte? Fragen über Fragen, die man sich stellt und die in einem arbeiten, während man nach außen hin seine Maßnahmen abspult.

Ein Sexualmord war auszuschließen. Keinerlei Spuren oder Hinweise. Verdeckung einer Straftat? Hatte er vielleicht zwei Drogendealer überrascht? Ebenso unwahrscheinlich. Sie hätten Dr. W. herannahen sehen und hätten das Weite gesucht. Diese Typen sind nämlich ziemlich licht- und publikumsscheu.

Natürlich durften wir auch eine Beziehungstat nicht außer Acht lassen. Zumal es sich bei ca. 80 Prozent aller Tötungsdelikte um Fälle handelt, bei denen sich Täter und Opfer zumindest gut kannten oder in einer engen Beziehung zueinander standen. Es würde zu überprüfen sein, ob jemand aus dem familiären Umfeld oder dem sonstigen Verwandten-, Bekannten-, Freundes-, Kollegen- oder auch Patientenkreis einen Grund gehabt haben könnte, diesen Mann umzubringen oder umbringen zu lassen. Er wäre nicht der erste Arzt, der von einem fanatischen Patienten oder Angehörigen getötet worden ist. Aber ein HNO-Arzt? Könnte der überhaupt einen Patienten so verpfuschen, dass sich Rachegelüste aufbauen?

Eines der Mordmotive fiel uns nicht ein in dieser Nacht, weil es so selten ist: Mordlust. Reine Mordlust als Motiv erleben 99,9 Prozent aller Kriminalbeamten nicht ein einziges Mal in ihrem Berufsleben. Es gehört zur Kategorie der niedrigen Beweggründe und ist das Motiv, das am schwersten nachvollziehbar ist, weil es so unbegreiflich erscheint.

Von Mordlust spricht man, wenn jemand Freude an der Vernichtung eines Menschenlebens hat bzw. das Verlangen verspürt, jemanden sterben zu sehen. Die Ursachen sind vielfältig. Meist sind es aber sadistisch veranlagte Menschen, die so etwas fertigbringen. Nicht zu verwechseln mit jenen, die im Drogenrausch oder aufgrund psychischen Defektes morden. Mordlust kann jedoch auch die Folge von Langeweile, Neugier oder Angeberei sein, ebenso wie die von Wut, Hass oder Rachegedanken. Kennzeichnend ist bei diesem Mordmotiv, dass die Opfer vollkommen austauschbar sind. Im Vordergrund steht das Töten und nicht das Opfer. Der oder die Täter haben den absoluten Tötungswillen, wie man es nennt, wenn jemand mit direktem Vorsatz handelt, also tötet, um des Tötens willen.

Zunächst einmal stand uns aber die unangenehmste Pflicht bevor. Nämlich die Befragung der Familie des Opfers. Der Dienstgruppenleiter der zuständigen Polizeiinspektion hatte persönlich die schwere Aufgabe der Verständigung der Angehörigen übernommen. Zwischenzeitlich hatte das mittlerweile längst unverzichtbare Kriseninterventionsteam, kurz KIT genannt, die Betreuung der Familie übernommen.

Seit der Auffindung der Leiche um 1.45 Uhr waren zwei Stunden vergangen. Das schmucke Einfamilienhaus in dem ruhigen Siedlungsgebiet war hell beleuchtet. Als mein Kollege und ich an der Haustür geläutet hatten, öffnete eine ältere Dame, die Mutter des Toten. Sie hatte verweinte Augen. In diesem Moment kam eine junge Frau die Treppe aus dem Obergeschoss herunter, auf dem Arm ihren zweijährigen Jungen, das jüngste von drei Kindern. Die beiden Mädchen, vier und sechs Jahre alt, schliefen. Der Junge war aufgewacht und hatte nicht mehr einschlafen können. Er quengelte etwas. Die Frau war blass, wirkte aber hellwach und gefasst.

Zwei Stunden sprachen wir mit der 34-jährigen Ehefrau. Dabei wurde mir schnell klar, dass ich eine hochintelligente, unglaublich starke Persönlichkeit vor mir hatte. Es war jedenfalls bewundernswert, wie sie sich beherrschte und sich bemühte, sachlich zu bleiben. Obwohl man natürlich spürte, wie sie innerlich litt. Gelegentlich schien sie auch mit den Gedanken abwesend zu sein. »Ich weiß noch nicht, wie das jetzt weitergehen soll«, sagte sie und bekam erstmals feuchte Augen. Sie leitete die Praxis ihres Mannes, was ihr ermöglichte, auch Zeit für die Kinder abzuzweigen, die ansonsten von ihrer mit im Hause lebenden Schwiegermutter hervorragend betreut wurden.

Alles sei perfekt und optimal geregelt gewesen, berichtete sie mit leiser Stimme.

Ich erklärte ihr in ruhigen Worten, dass ihr Mann erstochen worden sei, mehr wüssten wir noch nicht. Außer, dass seine Sporttasche nicht gefunden wurde. Wir baten sie um eine genaue Beschreibung der Tasche und des möglichen Inhaltes. Es sei eine Obduktion erforderlich, versuchte ich ihr schonend beizubringen. Wusste ich doch, dass die meisten Menschen mit Entsetzen und Ablehnung reagieren, wenn man davon spricht. Es bedurfte oft behutsamer Worte, um Angehörigen zu erklären, dass Obduktionen bei Opfern von Tötungsdelikten unerlässlich seien und von einem Richter angeordnet würden. Dem Schreckgespenst, das allgemein mit Sektionen verbunden ist, nahm man etwas die Wirkung, wenn man den Leuten erklärte, eine Obduktion sei auch nichts anderes als eine Operation, nur eben am toten Körper. In diesem Fall musste ich aber keine Überzeugungsarbeit leisten. Sie hatte nicht nur Verständnis für diese Maßnahme, sie hielt eine solche ärztliche Untersuchung sogar für notwendig. Die Frage, wie lange ihr Mann noch gelebt haben könnte und ob er habe leiden müssen, beschäftigte sie. Die Ärzte könnten diese Frage sicherlich beantworten, sagte ich ihr. Nach dem, was ich an Kenntnissen besitze, so versuchte ich sie zu trösten, müsste der Tod aber sehr schnell eingetreten sein, sodass er zumindest nicht lange habe leiden müssen. Was gelogen war.

Erleichtert war ich auch über ihre Reaktion, als ich ihr ankündigte, wir würden natürlich überprüfen müssen, ob eine Beziehungstat vorliegen könnte. Allein schon deshalb, um uns später nicht vorwerfen lassen zu müssen, wir hätten einseitig ermittelt. Derartige Vorwürfe seien beispielsweise dann zu erwarten, wenn es zu einem Indizienprozess kommen sollte, weil der oder die Täter nicht geständig seien, erklärte ich ihr. Ohne zu ahnen, wie recht ich behalten sollte.

Die junge Frau zeigte auch diesbezüglich volles Verständnis. Es liege in ihrem Interesse, dass die Tat aufgeklärt würde. Das sei für sie am Wichtigsten. Wir könnten sie alles fragen, was wir für notwendig hielten. Wir verabredeten eine detaillierte Vernehmung in den Räumen der Mordkommission für den übernächsten Tag.

Die Obduktion der Leiche im Institut für Rechtsmedizin fand bereits am frühen Morgen statt. Die Einstiche, insgesamt 15 an der Zahl, hatten die linke Brusthöhle mehrfach eröffnet. Eine Rippe war schartenartig verletzt und gebrochen. Die rechte Herzkammer war viermal durchstochen, die linke Lunge ebenfalls viermal getroffen. Ein Stich war in den Bauch gesetzt worden und hatte das Bauchfell eröffnet, ein weiterer war durch den rechten Oberarm in den rechten Brustkorb eingedrungen. Ein tiefer Stich-Schnitt war am rechten Unterkiefer festzustellen. Alle Stichkanäle wiesen laut Obduzent Richtung Herz und wurden auf das noch stehende Tatopfer abgegeben. Die Stiche seien mit erheblicher Wucht erfolgt, worauf die Rippenbrüche hinwiesen. Auffällig sei, dass keinerlei Abwehrverletzungen vorhanden seien, wie sie typischerweise an Unterarmen entstehen. Es sei durchaus möglich, dass der Täter keine Blutantragungen an seiner Kleidung oder Händen gehabt habe, da das austretende Blut zunächst von der Kleidung des Opfers aufgenommen wurde.

Der tiefe Schnitt an der linken Wange deutete auf die Einleitung des Angriffes hin. Instinktiv dürfte Dr. Manfred W. die Arme nach oben gerissen haben, um sein Gesicht zu schützen. Dadurch gab er die Brustfläche frei, in die der Täter nun ganz gezielt einstechen konnte. Blitzschnell muss das gegangen sein. Das konnte nur jemand getan haben, der mit einem Messer umzugehen verstand. Nicht den geringsten Zweifel gab es daran, dass der Täter den absoluten Tötungswillen hatte.

Als Tatwaffe kam ein einseitig geschliffenes, schmales Messer mit einer Klingenlänge von mindestens zwölf Zentimetern in Frage, eventuell ein Klappmesser oder ein Butterfly-Messer. Für Letzteres sprach eine Stanzmarke, die sich auf der Haut direkt oberhalb eines Einstiches abgedrückt hatte und die erkennen ließ, dass die Klinge mit massiver Wucht und in voller Länge in den Körper gerammt worden sein muss.

Die Sache mit der Beziehungstat konnte rasch abgehakt werden. Das Geschäfts-, Privat- und Intimleben der Familie war bis ins kleinste Detail durchleuchtet worden. Alles, aber auch wirklich alles wurde überprüft. Der gesamte Bekannten-, Freundes- und Kollegenkreis wurde befragt. Erfahrungsgemäß hat jeder irgendwo den berühmten dunklen Fleck auf seiner weißen Weste. Oder zumindest einige charakterliche oder menschliche Defizite. Nicht so Dr. Manfred W. Er war von seiner Umwelt als außergewöhnlich freundlicher Mann wahrgenommen worden und sehr beliebt. Wie die meisten Ärzte übrigens. Noch vor uns Polizisten, die wir inzwischen auch nicht schlecht wegkommen auf der Beliebtheitsskala. Es konnte auch kein Patient ermittelt werden, der einen Grund gehabt haben könnte, sich an dem Arzt rächen zu wollen. Noch nie war ein Verfahren wegen eines angeblichen ärztlichen Kunstfehlers anhängig gewesen, es gab nie irgendwelche Bedrohungen und auch keinerlei Klagen und Beschwerden. Dr. W. führte auch kein sogenanntes Doppelleben, das ja gewöhnlich dem Umfeld verborgen bleibt und das wir mit Sicherheit aufgedeckt hätten. Tagelang hatten die Zeitungen wieder und wieder sein Foto gedruckt mit den üblichen Zeugenaufrufen: »Wer hat diesen Mann wann und wo gesehen oder kann etwas über seine Gewohnheiten sagen? Für Hinweise auf den Täter ist eine Belohnung von 15 000 Euro ausgesetzt.« Wobei man anfügen muss, dass seitens der Polizei generell nie mehr als 5000 Euro ausgelobt werden. Aber in diesem Fall hatte die Familie des Opfers weitere 10 000 Euro draufgelegt. So kamen zwar eine Menge Hinweise zu seiner Person, aber kein einziger, der in Richtung eines möglichen Tathintergrundes geführt hätte. Keine Geliebte, keine Süchte, keine Schulden, keine außergewöhnlichen Vorlieben oder Hobbys, keine finanziellen Probleme. Damit stand fest: Dr. Manfred W. war einfach nur zur falschen Zeit am falschen Ort. Ein sogenanntes Zufallsopfer.

Die Ehefrau hatte ebenfalls keinen Geliebten, führte ebenfalls kein Doppelleben, hatte aber ein Geheimnis und ein einziges Laster: Sie rauchte heimlich. Sogar das hatte sie uns gestanden. Es war bewundernswert, wie sie ihr Privatleben offenlegte, nur um die Ermittlungen zu forcieren. Das ist nicht selbstverständlich. Denn viele Angehörige empfinden es als Zumutung, wenn die Kripo auch noch in ihrem Privatleben herumschnüffelt. Auch wenn die Erklärung der ermittelnden Dienststelle, dass eine Beziehungstat definitiv ausgeschlossen werden könne, sogar der Entlastung dient und für die Beendigung so manch unschöner Gerüchte sorgt, für die allerdings nicht wir, sondern boshafte Menschen verantwortlich sind, die es halt auch gibt.

Ich versprach der Familie des Opfers, sie über alle Erkenntnisse auf dem Laufenden zu halten. Das war das Mindeste. Die junge Frau musste nun drei kleine Kinder alleine großziehen. Einerseits natürlich eine ungeheure Last, andererseits aber auch eine Aufgabe, die ihr wahrscheinlich die Kraft geben würde, all das durchzustehen, was auf sie zukommen sollte. Und das Schlimmste stand ihr noch bevor. Aber davon ahnten sie und wir noch nichts.

Meine vier Kollegen und ich versuchten natürlich mit aller Kraft, eine rasche Klärung herbeizuführen. Dabei waren die vielen Spuren und Ermittlungsrichtungen parallel zueinander zu bearbeiten. »Verzahnt arbeiten« nannten wir das. Und weil man immer von innen nach außen ermittelt, beginnt man mit dem, was man schon hat. Und erst ganz zum Schluss sollte man die gefürchteten Rundumschläge machen, wie zum Beispiel Razzien, Massenüberprüfungen oder Reihenuntersuchungen. Aber meistens geht es eben nicht so schön der Reihe nach, sondern in der Realität laufen die Dinge parallel. Das lag und liegt an den vielen Hinweisen, die gewöhnlich eingehen, wenn erst einmal die Öffentlichkeit Anteil nimmt. So erhielten wir zahlreiche Hinweise auf Bewohner von Männerwohnheimen und Asylbewerberunterkünften, die rund um den Tatort angesiedelt waren. Weit über 700 Personen überprüften wir in den folgenden Monaten bei zahlreichen Razzien. Das Problem bestand darin, dass wir keine Spuren hatten, anhand derer wir Verdächtige hätten rasch ausschließen oder überführen können. Also mussten wir bei jedem Einzelnen das volle Programm fahren. Das bedeutete, die Durchführung der guten alten Alibiüberprüfungen, intensive Vernehmungen, Persönlichkeitsprofile, Umfeldermittlungen, Vergangenheit, Vorstrafen usw.

Wir fanden keine einzige Person, die unserem Täterprofil entsprach oder gegen die sich ein Tatverdacht herauskristallisiert hätte.

An eine Täterin dachten wir keine Sekunde, weil Frauen so etwas nicht machen. Und eine Frau hätte wohl kaum mit solcher Körperkraft zustechen können. Ja, ich weiß, dass es immer Ausnahmen gibt. Aber für eine solche lagen keine Hinweise vor. Wesentlich naheliegender war, dass es sich beim Täter um einen jener Jugendlichen oder Heranwachsenden handeln könnte, für die solche scheinbar unmotivierten Angriffe geradezu typisch sind. Jedenfalls lehrt das die Erfahrung. Dafür sprach auch der Umstand, dass mit hoher Wahrscheinlichkeit ein Butterfly-Messer verwendet worden war. Eine Waffe also, wie sie für Jugendliche typisch ist. Was die Örtlichkeit betraf, so gingen wir davon aus, dass der oder die Täter nicht ganz fremd in dieser Gegend waren und einen Bezug dorthin haben dürften. Zuletzt das Mordmerkmal der Mordlust. Da es eine vergleichbare Tat in dieser Gegend sowie im Ostpark noch nie gegeben hatte, lag es nahe, dass da möglicherweise bei jemandem, der im Umgang mit einem Messer geübt war und der es möglicherweise auch schon eingesetzt hatte, eine Sicherung durchgebrannt sein könnte. Und da solche Typen diese Waffen ständig mit sich herumtragen und damit angeben, hatten wir schon einen weiteren Punkt für unser Täterprofil, nämlich »messerführend«. Somit hatten wir vier Merkmale: 1. Bezug zum Tatort; 2. eventuell Drogenkonsument; 3. messerführend und 4. gewalttätig.

Ermittelt wurden auch die beiden tapferen Herren, die in der Tatnacht in einer nahen Gaststätte ein Klassentreffen gefeiert hatten und kurz vor 23.30 Uhr nach Hause gingen. Und zwar durch die Fußgängerunterführung, in der Dr. Manfred W. sein Leben aushauchte, wobei die Männer von der anderen, also der nördlichen Seite kamen und direkt unterhalb der Treppe auf den am Boden liegenden Mann stießen. Es waren zwei Gymnasiallehrer. Sie hatten den Mann bemerkt, waren aber vorbeigegangen. Allerdings waren sie absolut sicher, dass er sich noch bewegt hatte. Deshalb hätten sie ja auch an einen Betrunkenen geglaubt oder einen Obdachlosen, die doch bei Regenwetter gerne in derartigen Unterführungen nächtigen würden. Sie seien weitergegangen, weil ihre U-Bahn um 23.36 Uhr gefahren und es schon kurz nach 23.30 Uhr gewesen sei, als sie an dem Mann vorbeikamen. Blut hätten sie jedenfalls nicht bemerkt, obwohl sie sich noch kurz über den Mann gebeugt hätten. Also seien sie schnellen Schrittes zur 200 Meter entfernten U-Bahn-Station gelaufen, wo sie ihre Streifenkarten abgestempelt und dann gerade noch den Zug in die Innenstadt erreicht hätten. Definitiv könnten sie sagen, dass keine Tasche oder Ähnliches neben dem Mann gelegen hatte und auch nicht in der Nähe. Worüber sie sich noch gewundert hatten, da doch Obdachlose gewöhnlich ihr Hab und Gut mit sich herumschleppen.

Wie man anhand der modernen Technik nachträglich feststellen konnte, war die U-Bahn sogar 30 Sekunden zu früh abgefahren und die Lehrer hatten ihre Karten genau um 23.35 Uhr und 25 Sekunden gestempelt. Immerhin war es dadurch möglich geworden, exakt den Zeitpunkt zu bestimmen, an dem Dr. W. noch gelebt hat. Vom Tatort zum Stempelautomaten in der U-Bahn-Station benötigten die Zeugen 3 Minuten und 30 Sekunden. Das bedeutete, dass sich Dr. W. um 23.32 Uhr noch bewegt hat. Die Frage war nur, wie lange er anschließend noch lebte. Geht man von einer maximalen Überlebensdauer von insgesamt 15 Minuten aus und lag das Opfer zum Zeitpunkt des Eintreffens der beiden Lehrer in den letzten Zügen, konnte die Tat also maximal 15 Minuten vor 23.32 Uhr begangen worden sein, was auf eine Tatzeit um 23.17 Uhr schließen ließ. Unwahrscheinlich war aber, dass die Tat direkt unmittelbar vor dem Eintreffen der beiden Lehrer passierte, da sie niemanden gesehen und auch nicht das Geringste gehört hatten, als sie sich dem Tatort näherten. Andererseits hatte sich noch keine Blutlache gebildet. Zumindest waren in der, die dann entstanden war und fotografiert wurde, keine Fußabtritte. Also dürfte die Tatzeit zumindest nicht allzu lange vor Eintreffen der Lehrer gelegen haben. Da sie niemandem begegneten, der aus der Unterführung kam, war der Rückschluss erlaubt, dass der Täter den Tunnel auf der anderen Seite verlassen haben müsste. Wie lange das Blut benötigte, um eine Lache zu bilden, ließ sich natürlich nicht exakt feststellen, weil das von vielen Faktoren wie

Lage der Verletzungen und Beschaffenheit der Kleidung abhängt. Aber selbst wenn man davon ausgeht, dass die Tat erst fünf Minuten vorher begangen worden wäre, käme man immer noch auf eine Tatzeit vor 23.30 Uhr, aber keinesfalls vor 23.00 Uhr. Denn so lange hätte Dr. W. nicht überlebt. Wir konnten also, grob gerechnet, von einer Tatzeit zwischen 23.15 Uhr und 23.30 Uhr ausgehen. Eine relativ enge zeitliche Eingrenzung, wie sie nicht immer so exakt möglich ist und was sich in diesem Fall als äußerst wertvoll erweisen sollte. Die beiden Lehrer haben sich hinterher übrigens schwere Vorwürfe gemacht. Zu ihrer Entlastung sei gesagt: Dr. W. hätte auch dann keine Überlebenschance gehabt, wenn sofort ein Notarzt gerufen worden wäre. Das war die eindeutige Auskunft der Rechtsmediziner, da die Herzstiche absolut tödlich waren. Auch wenn es bei Herzstichen nicht zum schlagartigen Todeseintritt kommen muss. Außerdem hatte keiner der beiden Lehrer ein Handy bei sich.

Die einzige Person, die in der Tatnacht im Bereich des Tatortes kontrolliert worden war, war jener Stadtstreicher, den die Kollegen im Tonnenhäuschen eines Mehrfamilienhauses angetroffen hatten. Franz W. war kein Unbekannter bei der Polizei, aber auch kein Krimineller. Er hatte zahlreiche Vorstrafen, allerdings nur wegen kleiner Diebstähle, die sich im Laufe der Jahre angehäuft hatten, vorwiegend in Supermärkten und vorwiegend war Alkohol als Tatbeute eingetragen. Dass er so oft erwischt worden war, lag wohl auch daran, dass er Zweiliterflaschen billigen Weißweines bevorzugte, die ja nicht so leicht unter der Jacke zu verstecken waren. Hin und wieder war er auch inhaftiert, was ihm normalerweise nichts ausgemacht hätte. Aber im Knast gab es keinen Alkohol, und das gefiel ihm gar nicht. Seit Jahren machte er Platte, nachdem seine Ehe gescheitert und er ins Bodenlose abgestürzt war.

Franz W. hasste Obdachlosenunterkünfte wie die Pest. Er wollte nicht wahrhaben, dass er in diesem Milieu gelandet war, wo er doch früher ein ordentliches Leben geführt hatte. Lieber legte er sich auch im Winter ins Freie, bevor er in eines dieser Wohnheime gegangen wäre, wo seiner Meinung nach nur gestohlen, gelogen und geprügelt wird. Einmal war ihm am Monatsanfang die gesamte Sozialhilfe geklaut worden, sodass er das Geld seither im Ostpark versteckte, wo er sich meist aufhielt.

Wenn es nass war oder regnete, begab sich Franz auf die andere Seite der großen Straße, wo er einen trockenen Platz in einem Tonnenhäuschen kannte. Der Hausmeister hatte nichts dagegen, wenn er sich zu später Stunde dort hineinlegte. Außerdem hielten sich dort keine anderen Obdachlosen auf, es war ganz allein sein Revier. Der strenge Geruch störte ihn nicht. Hauptsache, er war geschützt vor Wind und Wetter.

Einer der Ermittler hatte den Auftrag, Franz W. zu suchen. Aber er konnte ihn nicht finden. Seit dem Vorfall war er nicht mehr gesehen worden. Weder im Ostpark noch im Tonnenhäuschen. Er war wie vom Erdboden verschluckt. Die Kollegen der zivilen Einsatzgruppe bei der zuständigen Polizeiinspektion hielten tage- und nächtelang Ausschau nach ihm. Ohne Ergebnis. Die Überprüfung der Obdachlosenheime war ebenfalls negativ. Offensichtlich hatte Franz W. sein Revier gewechselt. War es ihm vielleicht zu gefährlich geworden in seiner Gegend?

Es musste einen gravierenden Grund geben, warum Franz W. ausgerechnet seit dem Mord an Dr. W. untergetauch war. Denn das eigene Revier ist das Einzige und Kostbarste, was diesen Menschen geblieben ist. Also war er entweder doch der Täter oder sein Verschwinden hing sonst irgendwie mit diesem Verbrechen zusammen. Hoffentlich lebte er noch, überlegten wir uns. Es ist schließlich keine Seltenheit, dass ein Obdachloser nicht mehr aufwacht, weil er vor lauter Rausch nicht mehr registriert hat, wie kalt die Nacht ist.

Eine Chance hatten wir noch, ihn zu finden. Er würde mit Sicherheit die Sozialhilfe abholen, die ihm an jedem Monatsersten ausbezahlt wurde. Also rief ein Kollege beim Sozialamt an, um zu erfahren, wann und wo Franz W. seine Sozialhilfe abholen würde. Er bekam keine Auskunft. Datenschutz, hieß es. Nicht einmal wenn wir einen Haftbefehl gegen ihn gehabt hätten, hätten wir eine Auskunft bekommen.

Da uns also das Sozialamt nicht sagen wollte, wann und wo Franz W., den wir übrigens als Zeugen suchten, sein Geld ausbezahlt bekam, mussten wir uns eben selbst helfen, auch wenn es mit entsprechend großem Zeit- und Personalaufwand verbunden war. Also postierten wir vor allen Auszahlungsstellen in München an mehreren Tagen einen Beamten. Lichtbilder von Franz W. hatten wir ja, da er schon erkennungsdienstlich behandelt worden war. Tatsächlich tauchte er pünktlich am Monatsersten um 8.00 Uhr am Sozialamt in der Franziskanerstraße auf, und damit hatten wir ihn. Er durfte zuerst sein Geld abholen und kam dann freiwillig mit zur Dienststelle.

Wir hatten Glück. Da es noch früh am Tag war, war Franz W. sogar relativ nüchtern. Er hatte alle seine Habseligkeiten in einem großen Rucksack und in mehreren Plastiktüten verpackt, darunter auch einen weißen Frottee-Bademantel von guter Qualität sowie eine kleine blaue Sporttasche. Es war eine Sache von einer Stunde und wir wussten, dass es die Tasche von Dr. W. und auch dessen Bademantel war. War der Fall gelöst?

Franz W. war also im Besitz des Raubgutes und musste deshalb zum Beschuldigten gemacht werden, obwohl er alles andere als ein Gewalttäter war. Aber angesichts der Tatsache, dass er in der Nähe des Tatortes angetroffen wurde und das Raubgut besaß, hätten wir Probleme mit der Staatsanwaltschaft bekommen, falls wir ihn weiterhin als Zeugen behandelt hätten. Franz W. war nur knapp 1,60 Meter groß und schmächtig, was natürlich gar nichts darüber aussagt, ob jemand zu solch einem Verbrechen fähig ist. Im Gegenteil: Niemand trägt das Kainsmal auf der Stirn, und ich habe mehr Nickelbrillen tragende, unschuldig und harmlos wirkende Mörder gesehen als große, kräftige, brutal aussehende Monstertypen. Aber bei Franz W. lag es nicht nur am Aussehen, warum man sich nicht vorstellen konnte, dass er zu einem so brutalen Verbrechen in der Lage wäre. Er war auch charakterlich und seelisch eher ein »Weichei«. Bereitwillig gab er uns Auskunft, und man spürte förmlich, dass er noch nicht einmal in der Lage war, zu lügen. Bisher hatte er jedenfalls alle Diebstähle, die er begangen hatte, unumwunden zugegeben. Auch die, die man ihm nicht hätte nachweisen können. Das ergab sich zumindest aus den Akten. Und genauso verhielt er sich jetzt. Es machte ihm nichts aus, dass er Beschuldigter war, obwohl er natürlich genau wusste, was das bedeutete. Schließlich war er nicht dumm. Dass er als Beschuldigter das Recht zu schweigen und das Recht auf einen Anwalt hatte, interessierte ihn nicht. Er verzichtete auf beides und gab unumwunden zu, die Tasche gestohlen zu haben. Er hatte sie schon, als er von den beiden Polizisten kontrolliert wurde. Er schlief darauf und hatte sogar ein schlechtes Gewissen, weil er einem »Kollegen« etwas geklaut hatte. Die Tasche lag nämlich neben dem Besoffenen, auf den er in der Unterführung getroffen war. Er hat sie sich im Vorbeigehen geschnappt und mitgenommen. Schließlich sei er auch schon oft genug beklaut worden. Aber er habe dem Mann nichts getan. Als er in der Zeitung las, dass der Mann umgebracht wurde, habe er es vorgezogen, aus der Gegend dort zu verschwinden.

Die Vernehmung von Franz W. dauerte mehrere Stunden. Dabei wurde immer deutlicher, dass er die Wahrheit sagte. Seine Angaben waren kontinuierlich schlüssig und ohne Widersprüche, auch bei Wiederholungen und trotz raffinierter Fangfragen. Ich glaubte ihm. Und auch für die Kollegen war er eher ein wichtiger Zeuge als ein Tatverdächtiger. Weil er nämlich jemand gesehen hatte, der vom zeitlichen Ablauf her der Täter hätte sein können und wahrscheinlich sogar war. Einen großen, jungen Mann, der wegen seiner »komischen Frisur« ausgesehen habe wie Dschingis Khan. Franz W. hatte nämlich früher einmal einen Film über den Mongolen-Herrscher Dschingis Khan gesehen und da trug dieser einen Pferdeschwanz. Und genau so einen hatte auch der junge Mann getragen, der aus der Unterführung herausgerannt kam, als er gerade darauf zuging. Er selbst sei auf dem Weg vom Ostpark hinüber zur Nordseite, zu seinem Schlafplatz, gewesen. Als er noch zehn oder 20 Meter vom Eingang der Fußgängerunterführung entfernt gewesen sei, sei von dort unten dieser junge Mann hochgerannt gekommen und in entgegengesetzter Richtung, also in Richtung U-Bahn-Station, davongelaufen. Er habe nur gesehen, dass er ziemlich jung war, groß, schlank und das Haar zu einem Pferdeschwanz zusammengebunden hatte. Das Gesicht hatte er nur von der Seite gesehen und deshalb konnte er es nicht beschreiben. Auch an die Kleidung konnte er sich nicht mehr erinnern, irgendwie dunkel. Die Uhrzeit wusste er auch nicht, da er keine Uhr besitze und auch nicht nach der Uhr lebe. Vom Gefühl her würde er sagen, es sei auf jeden Fall noch vor Mitternacht gewesen, seiner üblichen Zeit, zu der er sich zurückziehe. Er glaubte nicht, dass ihn der junge Mann gesehen hatte, da er aus der Dunkelheit kam. Auf die Frage, ob er den Täter wiedererkennen würde, antwortete er ein ganz klares »Nein!«.

Frank W. musste eine Nacht in der Haftanstalt im Polizeipräsidium bleiben, worüber er nicht böse war. Um keine Entzugserscheinungen erleiden zu müssen, bekam er eine Flasche Bier. Was wohl nicht viel war für ihn, aber besser als gar nichts. An der Sporttasche von Dr. W. sowie am Bademantel wurden keinerlei Blutspuren gefunden. Das ließ den Rückschluss zu, dass sie bereits weggenommen wurden, als noch kein Blut nach außen gedrungen war bzw. als sich noch keine Blutlache gebildet hatte. Das bewies zwar nicht, dass Franz W. nicht doch zugestochen haben könnte, aber es deckte sich mit seinen Angaben und Schilderungen. Und von dem Zeitpunkt, als er den jungen Mann weglaufen gesehen hatte, bis zu dem Zeitpunkt, als er die Tasche an sich nahm, waren allenfalls zwei oder drei Minuten vergangen. Es konnte also stimmen, dass sich in dieser kurzen Zeit noch keine Blutlache gebildet hatte. Denn nach Angaben von Franz W. lag die Tasche in einem Abstand von etwa 30 Zentimeter neben dem Mann, als er sie sich angelte und schnell weiterging.

Die Angaben des Franz W. waren hinsichtlich der Beschreibung zu dürftig, um danach ein Phantombild bzw. ein Fahndungsporträt fertigen zu lassen. Und nichts ist schlimmer als ein schlechtes Phantombild. Weil man dann nämlich wirklich irgendwelchen Phantomen hinterherrennt. Also mussten wir uns allein auf die Beschreibung verlassen. Meiner Meinung nach war sie brauchbar, weil Franz W. nichts vorgegeben worden war. Er hatte von sich aus und ganz spontan den äußeren Eindruck beschrieben, den der Mann auf ihn gemacht hatte: Er sah aus wie Dschingis Khan. Diese spontanen, aus dem Gefühl und dem Eindruck heraus geborenen Beschreibungen sind das Beste, was einem als Ermittler passieren kann. Viel besser als die Abfragen nach Alter, Größe, Haarfarbe usw.

Ich hatte als Sachbearbeiter einen Kollegen bestimmt, der in der Nähe des Tatortes wohnte und der, bevor er zur Mordkommission kam, jahrelang Jugendbeamter bei der zuständigen Polizeiinspektion war und deshalb beste Kenntnisse im Umgang mit diversen Cliquen und Jugendgruppen hatte. Besonders zu solchen, die als prekär galten. Und solche gab es genug.

Abend für Abend und teilweise bis spät in die Nacht hinein durchstreifte der Kollege den Park und die Umgebung, sprach mit Jugendlichen, führte Kontrollen durch, observierte und versuchte herauszubekommen, wer als besonders aggressiv aufgefallen war. Denkbar wäre auch gewesen, dass es Mitwisser gab, denn gerade jugendliche Straftäter handeln meist nicht allein, sondern aus der

Gruppe heraus. Nach und nach merkte er, dass es »einen Typen« zu geben schien, über den niemand offen reden wollte. Nur hinter vorgehaltener Hand wurde über denjenigen gesprochen, der die ganze Gegend – zumindest die Jugendlichen, die sich dort herumtrieben – zu beherrschen schien. Alle fürchteten sich vor ihm. Wer seiner Clique angehören wollte, musste ihm bedingungslos gehorchen, berichteten einige, aber niemals im Beisein anderer. Denn die Gefahr, dass man verraten werden konnte, war zu groß. Dann gab es Schläge, Prügel oder noch Schlimmeres. Er nahm sich, was er wollte, und man gab ihm, wonach ihm verlangte: Geld, Jacken, Messer, Stiefel, Joints und sogar die Freundinnen. Sein Kennzeichen: ein Haarzopf am Hinterkopf.

Die Informationen, die der Kollege über diesen ungekrönten Herrscher der Jugendlichen im Ostpark gesammelt hatte, ließen ihn immer besser in unser Täterprofil passen. Eiskalt, brutal, egoistisch, zornig, leicht reizbar und gleichzeitig arrogant. So wurde er beschrieben, dieser Sedar M.: ein 18-jähriger Türke, der in München geboren, zur Einschulung aber zur Großmutter in die Türkei geschickt worden war, um dort die türkische Lebensart und die Sprache besser zu erlernen und nicht allzu sehr von seinen türkischen Wurzeln entfernt zu werden. Das jedenfalls war der Wille seines Vaters, eines streng gläubigen Moslems. Als Sedar zehn Jahr alt war, starb die Großmutter, und er musste nach Deutschland zurückkehren. Deshalb hatte er dort die Schule abbrechen müssen, und hier in Deutschland fand er nicht mehr hinein. Also beendete er die Hauptschule ohne Abschluss, fand keine Lehrstelle, hatte keinen Job und trieb sich meist im Ostpark herum. Er war Haschischkonsument und besaß mehrere

Butterfly-Messer. Im Umgang mit dieser Waffe war er ein wahrer Meister. So verstand er es, die Klinge mit nur einer Hand immer wieder blitzschnell aus den beiden teilbaren Griffstücken herauszuschleudern und sie wieder darin verschwinden zu lassen. Seine Anhänger bewunderten ihn dafür.

Sedar M. war bereits aktenkundig. Aber nicht nur das. Er war amtsbekannt. Er galt als gewalttätig und soll bereits an mindestens zwei Messerstechereien beteiligt gewesen sein. Bislang konnte man ihm aber nichts beweisen. Kurz: Er passte wie die Faust aufs Auge. Dass er überhaupt als Schrecken des Ostparks ermittelt werden konnte, war der hartnäckigen Streifentätigkeit des Kollegen zu verdanken und seinem geschickten Umgang mit den Jugendlichen dort.

Es war 6.00 Uhr morgens, als die beiden Beamten der Mordkommission an der elterlichen Wohnung Sedar M.s läuteten. Seine Mutter, eine verhärmt wirkende, ältere Frau, öffnete. Der Vater war bereits zur Arbeit gegangen. Die Frau war schon über 40 Jahre alt, als sie Sedar bekam. Sie sprach kaum Deutsch und zeigte auf die Frage, ob ihr Sohn zu Hause sei, nur in Richtung seiner Zimmertür. Die Kollegen betraten das Zimmer und weckten ihn auf. Es dauerte, bis Sedar die Augen öffnete. Es war ein unglaublich böser Blick, den er den beiden Beamten zuwarf, als er das Wort »Kriminalpolizei« hörte. Widerwillig erhob er sich und fragte in aggressivem Ton: »Eh, was wollt ihr?« Die Kollegen ließen sich nicht provozieren. »Aufstehen, anziehen, mitkommen!«, sagte einer und hielt ihm die staatsanwaltschaftliche Vorladung unter die Nase. Sedar M. sprang plötzlich hoch und baute sich vor den zwei Männern auf. Er überragte beide um Kopfeslänge, maß er doch 190 Zentimeter. Er war nackt und man sah, dass er kein Gramm Fett am Körper hatte, sondern nur Muskeln. »Verschwindet!«, zischte er und ballte die Fäuste. Die Kollegen ließen sich nicht einschüchtern. Einer zog die Handschellen hervor und schrie ihn an: »Du kannst es auch anders haben, ja?« Dabei wichen sie nicht zurück, sondern traten auf ihn zu. Das wirkte. Er schimpfte, zog sich nach kurzem Zögern aber doch an. »Was ist, brauchen wir die?«, fragte der Beamte noch einmal und klirrte mit den Handschellen. Jetzt schüttelte Sedar nur wortlos den Kopf. Das war sie, die erste Begegnung mit dem »Monster«, wie er später genannt wurde.

Auf der Dienststelle eskalierte die Sache. Während Sedar M. zunächst relativ bereitwillig Auskunft über seine Kontakte, seinen Umgang und seine Lebensgestaltung gab, flippte er plötzlich und unerwartet aus, als die Sprache auf den Mord im Tunnel kam. Als ihm der Kollege, der ihn ermittelt hatte, auf den Kopf zusagte, dass er auch wegen dieses Mordes überprüft würde, geriet er in heftige Erregung. Er sprang auf und wollte auf den Beamten losgehen. Der zweite Kollege warf sich dazwischen und hielt ihn auf. Sedar zischte: »Kennst du das Schweigen der Lämmer? Dir schlitz ich den Bauch auf! Irgendwo erwische ich dich, dann bist du tot!« Die Vernehmung musste abgebrochen werden. Es war keine Kommunikation mehr möglich. Ich übernahm.

Mit seinen 18 Jahren hätte Sedar rein theoretisch mein Sohn sein können. Auch wenn ich bei Weitem nicht so alt war wie sein damals bereits 60-jähriger Vater. Irgendwie respektierte er mich daher ein bisschen mehr als die beiden jüngeren Kollegen. Immerhin. Er hatte nichts dagegen, dass ich ihn duzte, und er blieb stets beim »Sie«. Wie sich das gehörte. Nie hätte ich ihm erlaubt, mich zu duzen. Ich war nie mit Zeugen oder Beschuldigten per du. Professionelle Distanz nennt man das. Und bei allem Verständnis und Einfühlungsvermögen, das man braucht: Auf Augenhöhe möchte ich eigentlich nur mit Menschen verkehren, die mir nahestehen und die ich mag.

Es gelang mir, eine gewisse Vertrauensbasis zu schaffen, und er tat etwas, was er normalerweise nicht getan hätte. Er redete. Aber nicht nur das. Er gestand auch noch. Und zwar alle Straftaten, die er begangen hatte. Oder besser gesagt, fast alle. Zwei versuchte Tötungsdelikte, zahlreiche Körperverletzungen, zwei Raubüberfälle und sogar die Vergewaltigungen eines 16-jährigen Mädchens. Es hatte den Anschein, als mache er reinen Tisch und lege eine Lebensbeichte ab. Dabei war er aussageehrlich, wie man es selten erlebt, und schien sich in keiner Weise zu schonen. Das ist ungewöhnlich, bekommt man doch von nahezu allen Tätern nur deren gefilterte Wahrheit zu hören, was auch deren Recht ist. Natürlich versucht jeder, zu beschönigen, sich zu rechtfertigen, die Schuld auf andere abzuwälzen und sich besser zu machen, als er ist. Insofern war es schon sehr außergewöhnlich, dass sich ausgerechnet dieser aggressive Typ wie ein reuiger Sünder verhielt. Obwohl er vorher noch dem Kollegen gedroht hatte, ihn aufschlitzen zu wollen.

Sedars Laufbahn hatte typisch begonnen, ja fast schon klassisch, mit einfachen Diebstählen, Kaufhaus- und Ladendiebstählen en masse, wobei er zwar oft erwischt wurde, was aber nie irgendwelche Folgen für ihn hatte. Weder seitens des Jugendamtes noch des Elternhauses noch der Schule. Dann folgten einfache Diebstähle und schließlich Ein- und Aufbrüche. Vermischt natürlich mit kleineren Verfehlungen wie Sachbeschädigungen, Körperverletzungen, Erpressungen, falschen Verdächtigungen, falschen uneidlichen Aussagen und Strafvereitelungen, wobei letztere Delikte eben der Gruppendynamik zuzuschreiben waren, der er nun einmal unterlag und der man schließlich Rechnung tragen musste. Man verrät Mittäter nun einmal nicht. Nicht einmal vor Gericht. Auch wenn es dort strafrechtliche Folgen haben kann. Was hin und wieder auch der Fall war, allerdings ohne ernsthafte Konsequenzen. Denn dort hat man Verständnis für die Sorgen und Nöte der jungen Leute. Schließlich steht der Erziehungsgedanke im Vordergrund und nicht das Strafrecht. Amen.

Insgesamt 25 Strafverfahren waren gegen Sedar eröffnet worden, wobei man ruhig davon ausgehen darf, dass die sogenannte Dunkelziffer mindestens um das Zehnfache höher lag. Allein die Zahl der Menschen, die von ihm »ein paar in die Fresse bekamen«, lag im hohen zweistelligen Bereich und betraf Erwachsene genauso wie Jugendliche und sogar Kinder. Weil nämlich kaum ein Tag verging, an dem er nicht zuschlug. Auch ohne den geringsten Anlass. Zumal ihn seine Erfahrungen mit den Behörden in seiner Ansicht bestärkten, dass ernsthafte Konsequenzen kaum zu befürchten seien. Jedenfalls war bisher immer von der Verfolgung nach § 45 JGG (Jugendgerichtsgesetz) abgesehen worden oder die Verfahren wurden nach § 47 JGG eingestellt.

Die kriminelle Energie steigerte sich, und die Straftaten wurden gravierender. Es gipfelte in einer Vergewaltigung und in zwei versuchten Tötungsdelikten. Als er die dunkelhäutige, bildschöne, 16-jährige Gymnasiastin Agnetha kennenlernte, war er gerade 18 Jahre alt geworden. Das Mädchen bewunderte ihn, weil ihn alle anderen bewunderten. Im Appartement eines Kumpels vergewaltigte Sedar die Schülerin, die noch Jungfrau war, auf besonders brutale Weise und drohte ihr, sie zu töten, sollte sie zur Polizei gehen.

Bei einem Ausflug mit vier Auserwählten aus seiner Clique mit einem zuvor gestohlenen VW Golf zu einer Disco in der Nähe von Dachau brachte Sedar dem Türsteher mit dem Butterfly-Messer einen tiefen Bauchstich bei. Der 33-jährige Kroate, der ihnen den Zutritt zur Disco verwehrt hatte, sackte zusammen, und die Clique lief davon. Der Türsteher musste einer Notoperation unterzogen werden und wäre fast gestorben. Später erkannte er bei einer Lichtbildsuche in der sogenannten Verbrecherkartei der Polizei Sedar als Täter wieder. Gott sei Dank war er wegen einer Körperverletzung wenigstens einmal erkennungsdienstlich behandelt worden. Aber um es vorweg zu nehmen: Ein Tatnachweis gelang nicht. Der Türsteher war sich bei einer Gegenüberstellung plötzlich nicht mehr sicher, und andere Beweise hatte man nicht. Und so wurden die Ermittlungen eingestellt.

Zwei Wochen später stach Sedar abermals einen jungen Kroaten nieder. Für ihn waren das alles »Jugos«, die er hasste wie die Pest, ohne genau zu wissen, warum eigentlich. Der hier hatte sich geweigert, ihm seine teure Lederjacke zu überlassen. Und anstatt vor ihm »in die Hose zu machen«, hatte sich der »Kanake« auch noch kampfbereit gezeigt. Es sei ihm deshalb gar nichts anderes übrig geblieben, als ihm gleich das Messer in den Rücken zu rammen. Schließlich habe er es nicht nötig, sich mit »solch einem« erst noch lange herumzuschlagen. Der Stich ging durch die kostbare Lederjacke hindurch und drang in die Lunge ein. Dass der junge Mann überlebte, hatte er dem Umstand zu verdanken, dass der Notarzt innerhalb von fünf Minuten vor Ort war. Sedar flüchtete, wurde später identifiziert, bestritt die Tat und konnte abermals nicht beweissicher überführt werden. Die Lederjacke hatte er vorübergehend versteckt und später mit dem Einstich im Rückenbereich, auf den er auch noch stolz war, ungeniert getragen.

Natürlich hatte ich längst gemerkt, dass Sedars Geständnisbereitschaft eine ganz andere Ursache haben musste. Eine, die ich schon kannte. Man nennt sie Ablenkungsmanöver oder kennt sie auch unter den Bezeichnungen »Eröffnung von Nebenkriegsschauplätzen« oder »kleineres Übel«. Dazu neigen Tatverdächtige immer dann, wenn sie vom Hauptkriegsschauplatz ablenken wollen. Erkennbar ist es eben daran, dass die volle Schuld ohne Wenn und Aber eingeräumt wird und jede Art von Rechtfertigung oder Ausrede unterbleibt. Anstatt also zu sagen, er habe weder den Türsteher noch den jungen Kroaten töten wollen, räumte unser Beschuldigter unumwunden ein, es sei ihm egal gewesen, ob sie gestorben wären. »Billigende Inkaufnahme« nennen das die Juristen. Damit bezichtigte er sich selbst zweier vorsätzlicher Tötungsdelikte. Er, der noch nie in seinem Leben etwas zugegeben bzw. eingeräumt hatte, gestand nicht nur sämtliche Straftaten, sondern gab sogar zu, bewusst und gewollt gehandelt zu haben. Mag sein, dass er vielleicht auch insgeheim auf die Milde der ihm hinreichend bekannten Jugendgerichtsbarkeit vertraute, aber das allein erklärte dieses Aussageverhalten nicht. So viel stand fest.

Sedar M. gab zu, öfters auf diesem Spielplatz am Ostpark verkehrt zu sein. Aber in der Nacht, als jener Arzt umgebracht worden sei, sei er nicht dort gewesen. Daran könne er sich deshalb noch genau erinnern, weil er an diesem Tag vom Vater seiner 18-jährigen Freundin Nina aus deren Haus geworfen worden sei. Nur weil er sie habe überreden wollen, bei ihren Eltern auszuziehen. Nina stand kurz vor dem Abitur und ihre Eltern betrieben einen gut gehenden Gasthof mit Pension vor den Toren Münchens. Dass ihn Ninas Vater mit Gewalt hinausgeworfen habe, empfand er nachträglich als »krass«, aber irgendwie nachvollziehbar. Weil er, das gebe er zu, Nina geschlagen habe. Aber nur leicht.

Sedar hatte in der Nacht zuvor Nina mit einer leeren Wodkaflasche brutal misshandelt und vergewaltigt. Als sie sich am Morgen weigerte, mit ihm zu seinen Eltern zu ziehen, hatte er sofort zugeschlagen. Zwar nur mit der flachen Hand, aber immerhin. Nina blutete im Gesicht und schrie laut um Hilfe. Das hörte ein Zimmermädchen und alarmierte die Eltern. Der Vater, die Mutter, ein Koch und ein Kellner eilten nach oben. Die Tür war verschlossen. Im Inneren schrie Nina. Die Männer traten die Tür ein. Sedar stand mitten im Zimmer, Nina lag auf dem Bett. Der Vater ging sofort auf ihn los, unterstützt vom großen und kräftigen Koch. Angesichts der Übermacht unterließ es Sedar, sich zur Wehr zu setzen. Diesmal hätte er vielleicht den Kürzeren gezogen. Die Männer packten ihn gemeinsam und schoben ihn unsanft hinaus. Sedar war außer sich vor Wut. Noch nie war er so gedemütigt worden. Sie behandelten ihn wie den »letzten Dreck«, wie einen Schwächling. Aber er rechnete sich keine Chance aus gegen die drei erwachsenen Männer. Obwohl er eines seiner Messer in der Tasche hatte. Sie stießen ihn die Treppe hinunter, schubsten ihn aus der Haustür, und der Vater von Nina versetzte ihm auch noch einen kräftigen Fußtritt gegen den Oberschenkel. »Lass dich nie mehr wieder hier blicken!«, schrie er ihm nach. »Du hast Hausverbot, und wenn du noch einmal hier auftauchst, rufe ich die Polizei!« Dann warf ihm der Kellner die Jacke nach und schlug die Haustür zu. Sedar stand draußen. Er kochte vor Wut, verdrehte die Augen und schwor Rache. »Du bist tot!«, brüllte er das Haus an und meinte den Vater von Nina.

Nach diesem Rausschmiss habe er sich in der Stadt mit seinem Freund Robert H. getroffen und dann sei man in die Wohnung eines anderen Kumpels gefahren, wo man etwas getrunken und »geraucht« habe. Weil er aber an diesem Abend keinen Bock mehr hatte, sei er gegen 22.00 Uhr mit der Straßenbahn nach Hause gefahren. Eingestiegen sei er an der Haltestelle, die sich gleich vor dem Haus dieses Freundes befindet. Sein Freund Robert habe ihn begleitet und sei sogar noch eine Stunde bei ihm geblieben. Robert sei erst gegangen, als er schon im Bett gelegen habe. Seine Eltern seien nicht zu Hause gewesen, sie seien erst spät in der Nacht heimgekommen, soweit er noch wisse. Das stimmte, wie sich später herausstellen sollte. Die Eltern waren an dem Abend bei einer Veranstaltung ihres türkischen Kulturvereines gewesen.

Sedar M. wurde festgenommen. Es erging Haftbefehl wegen zweifachen versuchten Totschlags und aller anderen Delikte, die er begangen und auch gestanden hatte. Der Mord an Dr. W. war ihm nicht nachzuweisen. Dafür reichten die Indizien einfach nicht. Wir hatten auch nicht viel, was wir ihm hätten vorhalten können. Zumal er bei einer Gegenüberstellung mit unserem Obdachlosen von diesem nicht eindeutig wiedererkannt wurde. Franz W. hatte Sedar zwar zweimal hintereinander unter insgesamt sieben Vergleichspersonen als denjenigen bezeichnet, der dem Mann in der Tatnacht am ähnlichsten sah, aber das genügte eben nicht. Allerdings hatte ja unser Zeuge schon von vornherein gesagt, dass er ihn nur von der Seite gesehen habe. Bezüglich des Alters, der Größe und vor allem wegen des Haarzopfes sei er sich zwar ganz sicher, dass Sedar der Person entsprach, die er aus der Unterführung habe laufen sehen, aber das Gesicht habe er eben nicht gesehen. Das reichte nicht, um einen Haftbefehl zu bekommen. Vor allem auch deswegen nicht, weil er zudem einen Freund hatte, der ihm ein Alibi gab. Also begannen die Ermittlungen wegen dieses Verbrechens erst jetzt so richtig, getragen von der Hoffnung, dass sich seine Entlastungszeugen dem »Lichte der Wahrheit« zuwenden würden, wenn Sedar erst einmal aus dem Verkehr gezogen war. Wahrscheinlich sogar für immer, da ihm nach Verbüßung der Haft die Abschiebung in die Türkei drohte. Vorausgesetzt, die Strafe würde höher als drei Jahre ausfallen.

Sedars Freund Robert H. war ein Junkie wie aus dem Bilderbuch: labil, träge, fertig und ständig auf der Suche nach Stoff. Die Beschaffung bestimmte seinen gesamten Tagesablauf. Gewöhnlich ist es nicht schwer, aus diesen Leuten die Wahrheit herauszubekommen. Sie sind nicht in der Lage, lange Widerstand zu leisten, weder körperlich noch geistig. Aber das auszunutzen, verbietet unsere Rechtsordnung, und das ist gut so. Abgesehen davon nützt eine Aussage nichts, wenn sie nicht von Glaubwürdigkeit (personenbezogen) und Glaubhaftigkeit (inhaltsbezogen) getragen ist. Sie würde nämlich vor Gericht »nicht halten«, wie man es juristisch ausdrückt. Und nur darauf kommt es an. Denn vor Gericht wird über Schuld oder Unschuld entschieden. Wir Polizisten bzw. Ermittler sind eigentlich nur die Sammler, die unter Aufsicht der Staatsanwaltschaft arbeiten. Nicht mehr, aber auch nicht weniger.

Polizeibeamte tragen für den Abschluss eines Strafverfahrens eine hohe Verantwortung. Das kann niemand in Abrede stellen. Egal, ob ein Fall mit einer Verurteilung oder einem Freispruch endet, das Ergebnis der polizeilichen Ermittlungen, in der Regel vorgetragen und vertreten durch den kriminalpolizeilichen Sachbearbeiter, wird immer Grundlage für die juristische Entscheidung sein.

Im Ermittlungsverfahren werden bereits die Weichen gestellt. Das liegt allein schon daran, dass zwischen Tatzeit und Gerichtsverhandlung oft viele Monate vergehen. Woran sich beispielsweise Zeugen, Tatverdächtige oder Beschuldigte kurz nach einem Ereignis noch erinnern können, das haben sie möglicherweise nach Monaten bereits wieder vergessen. Was also vom Ermittler nicht abgefragt oder übersehen wurde, kann dadurch für immer verloren sein.

Robert H. war trotz der Tatsache, dass Sedar in Haft war, nicht bereit, von seiner offensichtlich falschen Aussage abzuweichen. Dass sie sich abgesprochen hatten, war klar ersichtlich. Aber dieser hartnäckige Widerstand war ungewöhnlich und widersprach allen Erfahrungswerten. Natürlich versuchten wir den Grund herauszufinden und wir fanden ihn auch: Angst. Robert H. hatte genau wie alle anderen panische Angst vor dem »Monster«. Und so gab er Sedar M. das Alibi, das dieser brauchte, indem er schlicht und einfach behauptete, er habe ihn bis nach Hause begleitet in dieser Nacht und sei sogar noch von etwa 23.00 Uhr bis circa um 23.30 Uhr mit in der Wohnung gewesen. Erst als sich Sedar dann um diese Zeit ins Bett gelegt habe, sei er heimgegangen zu seiner Mutter, bei der er wohne. Etwa eine halbe Stunde Gehzeit entfernt. An ihrem üblichen Treffpunkt auf dem Tischtennisplatz am Ostpark bzw. in der Nähe des Tatortes seien sie in dieser Nacht definitiv nicht gewesen.

Zumindest räumte Robert H. im zweiten Anlauf ein, dass Sedar an diesem Tag »krass drauf war«. Es war ihm auch nichts anderes übrig geblieben, denn schließlich gab es noch weitere vier Jugendliche, die sich an diesem Abend mit Sedar in der Wohnung aufgehalten hatten. Die Wohnung lag unweit des Freibades im Tatortviertel. Die Aussagen deckten sich bis ins Detail, sodass am Wahrheitsgehalt keine Zweifel bestanden. Sedar sei wegen des Vaters seiner Freundin »mega-aggressiv« gewesen an diesem Abend. Ständig habe er mit seinem Butterfly-Messer herumgefuchtelt und gesagt, er würde es gerne jemandem so reinrammen, dass die Gedärme herausquellten. Er habe nur noch vom »Aufschlitzen« gesprochen, habe dann wieder das Messer angesehen, als wäre es sakrosankt, und habe immer wieder gesagt: »Das geht rein wie Butter, das geht rein wie Butter.« Sie hätten zeitweise richtig Angst vor ihm gehabt. Mit der Faust und dem Messer darin habe er immer wieder gegen die Wand gedroschen und dabei geschrien, dass er jemanden abstechen will, am liebsten diese Drecksau. Damit sei der Vater seiner Freundin gemeint gewesen, weil der ihn so gedemütigt habe. Noch nie hätte das jemand gewagt, habe er gezischt, und dann habe er Gras geraucht und sei so um 22.00 Uhr mit Robert gegangen. Wohin, wussten die vier Jugendlichen angeblich nicht.

Nach diesen Aussagen, die schlüssig und nachvollziehbar waren, zeichnete sich ab, dass Dr. Manfred W. anstelle des Vaters von Nina sterben musste. Er war ein sogenanntes Ersatzopfer und tatsächlich nur zur falschen Zeit am falschen Ort. Dass es jeden anderen, der zu dieser Zeit dort vorbeigekommen wäre, genauso getroffen hätte, war eindeutig. Sedar wollte töten in dieser Nacht. Egal wen. Er hielt sich zumindest in der Nähe der Unterführung auf, in der das Verbrechen geschah. Und er war in mörderischer Stimmung.

Einziger Alibizeuge war also Robert H. Der junge Mann, der eigentlich gar nicht zu Sedar M. passte. Er war viel weicher, sensibler und im Grunde genommen kein schlechter Mensch. Er gehörte auch nicht zu denjenigen, die zuschlugen. Gewaltanwendung war nicht sein Ding. Nicht, weil er körperlich zu schwach gewesen wäre. Im Gegenteil. Er war groß, schlank und kräftig. Aber er war gutmütig und weich und scheute körperliche Auseinandersetzungen. Deshalb wurde er auch oft abgelinkt in der Szene. Das bedeutete, dass ihm hin und wieder sein mühsam erworbener Stoff von anderen Junkies abgenommen wurde, indem sie ihn oft erst verprügelten, bevor er dann den Stoff herausrücken musste. Möglicherweise war das auch der Grund, warum er sich Sedar angeschlossen hatte. In seiner Begleitung wagte es jedenfalls niemand, ihn anzupöbeln.

Robert H. lebte bei seiner ledigen Mutter, zu der er ein inniges Verhältnis hatte. Den Vater kannte er nicht, Geschwister hatte er keine. Seine Mutter liebte ihn und er liebte seine Mutter. Sie lebten völlig isoliert. Aber sie waren beide einfach nicht stark genug, ihr Leben in den Griff zu kriegen. Die Mutter bekam seit jeher Sozialhilfe, und damit war auch das Geld knapp, zumal er seiner Mutter oft auch noch ihren letzten Cent aus der Tasche zog.

Er war natürlich schon häufig wegen Diebstahls in Erscheinung getreten und noch häufiger wegen Drogenbesitzes. Ab und zu war er auch schon in Haft, aber jeweils nur kurz. Bei ihm machte es die Masse der Delikte, nicht die Schwere. Er war ausschließlich im sogenannten Ameisenhandel aktiv. Reine Beschaffungskriminalität eben. Man dealt und deckt mit dem geringen Profit den eigenen Bedarf. Wenn es mal nicht reicht, klaut man. Andere rauben und morden deswegen sogar. Er aber war nicht ein einziges Mal wegen Körperverletzung oder sonstiger Gewaltdelikte auffällig geworden.

Diesen Robert mussten wir im Auge behalten. Eines Tages würde er so weit sein und die Wahrheit sagen. Denn in einem Punkt waren wir uns sicher: Sedar M. war nie alleine, wenn er Straftaten beging. Er brauchte seine Fangemeinde um sich, wenn er zuschlug. Es gab also immer Mittäter und Mitwisser. Und manchmal neigte er auch zur Prahlsucht.

Die Aussagen der Zeugen konnten Sedar leider nicht mehr vorgehalten werden. Hatte er doch längst einen Anwalt, der seinen Mandanten vor dem Zugriff der bösen Polizei abschirmte, indem er ihm einbläute, er solle gar nicht erst aus der Zelle gehen, wenn die »Bullen« auftauchten. Damit hatten wir keine Chance, an ihn heranzukommen.

Bei der Durchsuchung seiner Wohnung fanden sich zwei

Butterfly-Messer, ein drittes fehlte. Aufgrund mehrerer zuverlässiger Zeugenaussagen stand fest, dass Sedar bis einen Tag vor der Tat im Besitz dreier dieser Messer war. Es lagen sogar detaillierte Beschreibungen vor und sogar die Namen waren bekannt, die er seinen Lieblingen gegeben hatte, nämlich »Jack«, »Hannibal« und »Freddy«. In Anlehnung an die Film-Mörder »Jack the Ripper«, »Hannibal Lector« und schließlich »Freddy Krüger« aus Horrorfilmen namens »Nightmare«. Zudem besaß er eine Unmenge an Killerspielen der allerübelsten Sorte.

Die Lederjacke, die Sedar am Tattag getragen hatte, konnten wir sicherstellen. Leider ließ sich nicht mehr feststellen, welche Hosen, welches Poloshirt und welche Schuhe er damals getragen hatte. Er besaß mehrere davon und ob welche fehlten, konnte niemand sagen, auch die Mutter nicht. Aber trotz intensiver Untersuchung sämtlicher Kleidungsstücke konnte keine tatrelevante Spur gefunden werden. Auch nicht an der Lederjacke.

Eine Anklage wegen Mordes an Dr. Manfred W. war nicht möglich, weil das Alibi von Sedar M. nicht widerlegt werden konnte. Juristen brauchen eben Beweise oder eine schlüssige Indizienkette. Letztere wäre zwar vorhanden gewesen, aber dieser entscheidende Pflichtpunkt fehlte. Also konnte es auch keinen Haftbefehl geben, und so lautete die Anklage »nur« auf versuchten Totschlag in zwei Fällen, Vergewaltigung in zwei Fällen und diverser anderer Straftaten wie Raub und schwerem Diebstahl.

Bereits drei Monate nach seiner Festnahme fand die Hauptverhandlung statt. Sedar bekam fünf Jahre Freiheitsstrafe. Da er zu den einzelnen Tatzeitpunkten bereits

18 Jahre, aber noch nicht älter als 21 Jahre war, galt er als Heranwachsender und hätte eigentlich nach Erwachsenenrecht angeklagt werden müssen. Der psychiatrische Gutachter hatte aber festgestellt, dass bei Sedar eine ausgeprägte Persönlichkeitsstörung mit dissozialen und emotional instabilen Persönlichkeitszügen vorliege sowie ein chronischer, polivalenter Suchtmittelmissbrauch, ohne dass es jedoch zu einer Abhängigkeit im eigentlichen Sinne gekommen sei. Diese Verhaltensweisen seien nach Ende der Schulzeit aufgetreten und hätten durchgehend bis zur Verhaftung angehalten. Schuld seien die Eltern gewesen, die ihm keine Zeit gewidmet, keine Liebe gegeben und nur gearbeitet hätten. Eine schwere andere seelische Abartigkeit sei festgestellt worden, ohne dass deswegen aber die Steuerungsfähigkeit beeinträchtigt gewesen sei. Man habe vermehrte Impulsivität, leichte Verführbarkeit, innere Gespanntheit, mangelnde Frustrationstoleranz und aggressive Anspannung festgestellt, sodass von einer deutlichen Reifeverzögerung auszugehen sei. Deswegen sei das Jugendrecht anzuwenden.

Die Verhandlung gegen ihn war ganz schnell über die Bühne gegangen, keiner von uns war als Zeuge geladen. Und genauso heimlich still und leise wurde er bereits ein Jahr später in die Türkei abgeschoben. Nicht einmal die Staatsanwaltschaft war darüber informiert. Man wollte ihn schlicht und einfach schleunigst loswerden, weil er nicht beherrschbar war. In den Jugendstrafanstalten fürchtete man ihn genauso wie im Erwachsenenvollzug. Er sei eine »tickende Zeitbombe«, sagten alle Justizvollzugsbeamten aus, die wir befragten. Schließlich machte er auch vor Aufsichtsbeamten nicht Halt. Als Sedar zum Beispiel an der Essensausgabe dem Koch die Faust ins

Gesicht schlug, weil der ihm angeblich zum wiederholten Male ein zu kleines Schnitzel gegeben hatte, wollte und musste der Aufsichtsbeamte natürlich dazwischengehen. Mit der Folge, dass er nach einigen gezielten Faustschlägen blutend am Boden landete und noch einige Fußtritte kassierte, bevor ein Großaufgebot an Beamten den Tobenden bändigen konnte. In Bayerns Justizvollzugsanstalten atmete man auf, als er weg war.

Sedar war also in die Türkei abgeschoben worden. Er kam zu Verwandten in der Nähe von Izmir. Als wir über Umwegen davon erfuhren, ärgerten wir uns natürlich. Das war's dann, dachten wir. Als Türke wird er von der Türkei nicht ausgeliefert, genauso wenig wie Deutsche an einen ausländischen Staat ausgeliefert werden. Wogegen ja grundsätzlich nichts einzuwenden ist. Aber damit würde unser Tatverdächtiger, sollten wir ihn doch noch überführen können, nicht zur Rechenschaft gezogen werden können. Außer man würde ihm den Prozess in der Türkei machen, was zwar theoretisch möglich wäre, aber praktisch mit wenig Hoffnung auf Erfolg verbunden ist.

Mit der Abschiebung wich die Angst vor Sedar. Nicht sofort, aber nach und nach. Die Front bröckelte sozusagen. Über die Abschiebung des Messerstechers war in den Medien ausgiebig berichtet worden, wobei auch großes Unverständnis darüber zum Ausdruck kam, warum der Gewalttäter nur einen so kurzen Teil seiner wohlverdienten Strafe habe absitzen müssen. Die in den Medien thematisierte Abschiebung hatte aber auch ihr Gutes. Sie wühlte nämlich wieder einmal das schlechte Gewissen auf, das in Robert H. seit jener Nacht nagte und das ihm mehr zusetzte als die Drogen, die er konsumierte.

Auf einer Party in der Wohnung eines Bekannten lernte Robert H. eine junge Frau kennen, die so hieß wie er, nämlich Roberta. Beide fanden sich auf Anhieb sympathisch, und so nahm sie ihn an diesem Abend mit in ihr kleines Appartement. Dort landeten sie in deren Bett. Robert H. war hinterher fast so etwas wie glücklich, und weil Roberta so lieb zu ihm war, erzählte er ihr in allen Einzelheiten, was ihn bedrückte. Und Roberta hörte ihm schweigend zu. Am nächsten Morgen sprach sie ihn darauf an, und plötzlich behauptete er, nur Blödsinn geredet zu haben. Aber Roberta wusste, dass er die Wahrheit erzählt hatte. Ihrer Bitte, zur Polizei zu gehen, wollte er auf keinen Fall nachkommen. Deshalb stand er auf und verließ die Wohnung. Und er konnte nur hoffen, dass sie schwieg. Was Roberta nicht tat, weil sie sich als Mitwisserin fühlte, die sie jetzt auch war. Deshalb ging sie zur Polizei.

Es brauchte einige Anläufe, bis Robert H. so weit war. Das Geständnis gegenüber seiner Freundin Roberta stellte er nicht in Abrede, behauptete jedoch, sie habe ihn falsch verstanden. Dann gab er seinen Widerstand doch noch auf. Eine Protokollführerin der Mordkommission, im gleichen Alter wie seine Mutter, war die Erste, der er in einer Vernehmungspause weinend gestand, bei der Tat dabei gewesen zu sein. Zwei Stunden lang hatten ihn die beiden Beamten vorher bearbeitet und versucht, ihm die Angst vor Sedar zu nehmen. Er kämpfte innerlich mit sich. Besonders, als ihm die Lage der Witwe und der Kinder vor Augen geführt wurde. Diesmal war sein Mitgefühl stärker als die Angst und dieser hirnrissige Ehrenkodex, wonach man einen Kumpel niemals an die Bullen verrät. Als die beiden Vernehmer das Zimmer verlassen hatten, bemerkte die erfahrene Protokollführerin, wie gierig er auf ihre Zigarettenschachtel schaute, die neben dem Computerbildschirm lag. Das war der Anknüpfungspunkt für ein Gespräch, wie es eine Mutter mit ihrem Sohn führt, den schwere Sorgen plagen. Sie gab ihm eine Zigarette, gab ihm Feuer, schaute ihn an und sagte nur, dass sie ihm zuhören würde, wenn er das wolle. Robert H. nahm die Hand der Kollegin, weinte kurz – und dann redete er. Endlich.

Eigentlich hatte Robert H. die Wahrheit gesagt. Zumindest bis zu dem Punkt, wo sie in jener Nacht die Wohnung dieses Kumpels verließen, in der Sedar so aggressiv mit dem Messer herumgefuchtelt und Mordfantasien von sich gegeben hatte. Allerdings, so korrigierte er nun, seien sie anschließend nicht zu Sedar nach Hause, sondern noch zu ihrem Treffpunkt gegangen. Nur Sedar und er. Sie wollten noch einen Joint rauchen, und das taten sie dann auch. Sedar sei immer noch unwahrscheinlich aggressiv gewesen. Etwa 20 Minuten seien sie dort alleine gesessen. Man kann durch den Zugang, der eine Lücke im Buschwerk lässt, hinaus auf den beleuchteten Gehweg sehen, aber von dort nicht in den dunklen Spielplatz hinein. Und dann sei es eben passiert. Ein Mann sei vorbeigegangen. Er sei von links gekommen und in Richtung der Fußgängerunterführung weitergegangen. Der Mann habe eine Tasche über der Schulter getragen, das wisse er noch, näher könne er ihn aber nicht beschreiben. Sedar habe den Mann natürlich auch gesehen und noch so etwas wie »Dreckschwein« gerufen, sei aber zunächst sitzen geblieben. Dann aber, vielleicht eine Minute später, habe er plötzlich hochgeschaut, und es schien, als habe er erst jetzt begriffen, dass da ja einer vorbeigelaufen ist, auf den er schon die ganze Nacht gewartet habe. Jedenfalls sprang er auf, rannte auf den Gehweg hinaus und lief in die Richtung davon, in die auch der Mann gegangen war. Sein Messer, mit dem er dauernd gespielt hatte, habe er noch in der Hand gehabt.

Robert selbst sei sitzen geblieben, habe nicht dabei sein wollen. Er habe zwar gehofft, dass Sedar den Mann nur schlagen würde, aber das sei wohl eine Art Selbstberuhigung oder Verdrängung gewesen. In Wahrheit habe er genau gewusst, dass er das Messer einsetzen würde. Schließlich habe er ja den ganzen Abend von nichts anderem gesprochen. Es habe schätzungsweise zwischen drei und fünf Minuten gedauert, bis Sedar zurückkam. Er sei völlig außer Atem gewesen und ganz anders als vorher, wie umgewandelt. Als ob ihm etwas Schreckliches widerfahren wäre. Und zwar ihm, und nicht dem anderen. Einen Moment habe er schon geglaubt, Sedar hätte vielleicht seinen Meister gefunden und diesmal den Kürzeren gezogen, aber dann habe er gesagt: »Los, wir hauen ab, schnell!« Auf seine Frage, was denn passiert sei, habe Sedar geantwortet: »Ich habe eine krasse Aktion gestartet. Hab den Typen platt gemacht. Der ist hinüber.« Dann seien sie schnell verschwunden, auf direktem Weg in die Wohnung von Sedar. Gesehen habe sie niemand und begegnet seien sie auch niemandem. Sedars Eltern seien nicht zu Hause gewesen. In seinem Zimmer habe ihm Sedar gesagt, dass er den Mann abgestochen hätte. Das Messer habe er noch gehabt. Er habe aber kein Blut gesehen, weder an Sedar noch an dem Messer. Allerdings sei es zugeklappt gewesen. Sedar habe es ihm gegeben mit dem Auftrag, es wegzuwerfen. Und zwar so, dass es niemand finden würde. Dann habe Sedar sich ins Bett gelegt, er selbst sei auch nach Hause gegangen. Das Messer habe er am anderen Tag im See des Ostparks entsorgt. In hohem Bogen habe er es ins Wasser geworfen. Dass er dicht halten würde, dazu habe ihn Sedar nicht eigens auffordern müssen, das konnte er als selbstverständlich voraussetzen.

Der zuständige Staatsanwalt erwirkte einen internationalen Haftbefehl. Es hätte ja sein können, dass Sedar das Bedürfnis verspürt, die Türkei wieder zu verlassen. Egal in welches Land er gehen würde, dann hätten wir ihn wieder. Denn mit den meisten Ländern dieser Erde hat Deutschland Auslieferungsabkommen. Aber das war ihm sicher bekannt, und deshalb machten wir uns nur wenig Hoffnung.

Die Tauchergruppe der Bayerischen Bereitschaftspolizei erhielt einen Großauftrag, den sie aber nicht erfüllen konnte. Denn der nur knietiefe Ostparksee, der die Ausmaße von zwei Fußballfeldern hatte, war für Tauchgänge nicht geeignet. Und laut Experten würde eine Absuche im tiefen Schlamm dieses durch Entenkot total verdreckten Wassers der Suche nach der berühmten Stecknadel im Heuhaufen gleichen. Man müsste den See komplett ablassen und die vielen Tonnen Schlamm durchsieben, um überhaupt eine Chance zu haben, das Messer unter all dem vielen Unrat im See zu finden. Ein gigantischer Aufwand, der sich schon deshalb nicht lohnte, da dem Messer mit an Sicherheit grenzender Wahrscheinlichkeit ohnehin keine DNA-Spuren mehr anhaften dürften. Durch die lange Liegezeit im kalten Wasser wäre die DNA längst zerstört, und da es sich bei dem Butterfly-Messer um Massenware handelte, wäre auch die individuelle Zuordnung zum Besitz des Täters nicht möglich. Es sei denn, er hätte es selbst als sein Eigentum identifiziert. Aber das war nicht zu erwarten. Und unser Zeuge sah sich nicht in der Lage, dieses Messer von anderen, gleichartigen unterscheiden zu können. Er kenne sich mit Messern nicht aus, und angesehen habe er es auch nicht genau. Also wussten wir zwar, wo das Tatmesser lag, aber es nützte uns nichts.

Die Spur der Gewalt, die Sedar in diesem einen Jahr in verschiedenen Gefängnissen in Bayern hinterlassen hatte, hatte ebenfalls Folgen. Negativ für ihn, positiv für uns. So meldete sich Armin V., ein Häftling, der Zellennachbar von Sedar in der psychiatrischen Abeilung einer Justizvollzugsanstalt war und der sich öfters über die nebeneinanderliegenden Fenster mit ihm unterhalten hatte. Armin V. teilte uns mit, dass Sedar M. kurz vor seiner Abschiebung ihm gegenüber einen Mord gestanden habe. Armin V. war alles andere als ein Wunschzeuge. Seine kriminelle Karriere war beachtlich, und in allen Strafanstalten, in denen er bisher war, galt er als Zinker, Hinhänger, Verräter und Denunziant. Das allerdings bestritt er nicht, sondern stand dazu. Da er schon als 15-Jähriger in den Maßregelvollzug zu Erwachsenen gekommen und deshalb häufig Opfer Pädophiler geworden war, hatte er frühzeitig lernen müssen, sich durchzusetzen, mit Behörden umzugehen, mit Bediensteten und Patienten. Er wollte sich nichts mehr gefallen lassen und zeigte jeden an, der sich nicht normgerecht verhielt. Dabei hatte sich erwiesen, dass seine Anzeigen immer der Wahrheit entsprachen und er sich nicht ein einziges Mal einer falschen Verdächtigung schuldig gemacht hatte.

Sedar habe ihm erzählt, so der Zeuge, dass er hier zwar wegen Totschlags an zwei Jugos inhaftiert sei, aber er habe auch einen Arzt umgebracht. Die Bullen hätten ihm das aber nicht nachweisen können. Über den Tunnelmord, wie das Verbrechen allgemein genannt wurde, habe er ihm sogar einen Zeitungsausschnitt gezeigt. Sedar habe sich selbst als »Lustmörder« bezeichnet, dem es im Übrigen auch Spaß mache, Frauen zu demütigen, so wie er seine letzte Freundin gedemütigt hatte. Die habe sogar psychologischer Behandlung bedurft hinterher. Armin V., der aus Norddeutschland stammte, definitiv nie Zeitung las und von dem Münchner Tunnelmord noch nie etwas gehört hatte, wusste sogar noch, dass Sedar in der Tatnacht mit einem Kumpel unterwegs gewesen sei und »endsauer« war wegen des Vaters seiner Freundin, der ihn gedemütigt habe.

Nachdem ihm Sedar all dies erzählt hatte, habe er ihn der Fairness halber darauf hingewiesen, dass er dies melden müsse. Daraufhin sei er einige Tage später von Sedar beim Hofgang brutal zusammengeschlagen worden.

Es gab nicht die geringsten Zweifel daran, dass der Zeuge all diese Details und Einzelheiten nur von Sedar erfahren haben konnte. Vor allem waren Staatsanwaltschaft und wir überzeugt davon, dass sich nur Sedar selbst als »Lustmörder« bezeichnet haben konnte. Eine so treffende Umschreibung des gesetzlichen Begriffs der Mordlust kann nur eigenem Empfinden entspringen. Insofern war die Aussage absolut glaubhaft. Für uns stand also fest: Sedar hatte Armin V. den Mord an Dr. Manfred W. gestanden.

Meine Theorie, dass es in 99 Prozent aller Mordfälle Mitwisser gibt und dass sich selbst die kaltblütigsten Mörder irgendwann irgendjemandem anvertrauen, hatte sich wieder einmal eindrucksvoll bestätigt.

Zwei Jahre waren vergangen, von Sedar hatten wir nichts mehr gehört. Immer wieder nahmen wir Kontakt auf mit unseren Zeugen sowie mit Personen aus seinem Umfeld, aber niemand wusste etwas. Mit einer Ausnahme. Seiner Freundin Nina hatte er geschrieben. Dass es ihm schlecht gehe in der Türkei, stand in dem Brief. Er müsse arbeiten, um überhaupt leben zu können. Aber es seien alles nur »Scheißjobs« und der Verdienst sei gleich null. Er halte es nirgends lange aus und sei auf die Unterstützung der Familie angewiesen. Aber so viel Geld könnten ihm seine Eltern auch nicht schicken. Und von den Behörden bekäme er nichts. Außerdem werde er ständig kontrolliert und könne sich nichts erlauben. Man würde ihn sofort einsperren. Er wolle wieder weg. Am liebsten zurück nach München. Aber das gehe nicht, weil dort die Bullen auf ihn lauern, wie er gehört habe. Er habe schon bereut, dass er mit ihr gestritten habe und dass sie auseinandergegangen seien. Er sei einfach schlecht drauf gewesen damals. Heute würde er das nicht mehr machen, versicherte er. Er sei vernünftiger geworden und habe eingesehen, dass es falsch war, was er getan habe.

Obwohl in seinem Brief kein Wort der Entschuldigung, kein Wort des Bedauerns und nicht einmal die Frage stand, wie es ihr eigentlich gehe, schrieb ihm Nina zurück. Sie ließ ihn wissen, dass die Zeit mit ihm »Gott sei Dank« vorbei sei, aber sie sei ihm nicht mehr böse. Sie sei in psychologischer Behandlung gewesen und habe die Folgen dessen, was er ihr angetan habe, inzwischen einigermaßen verarbeitet. Allein schon deshalb solle er nicht einmal daran denken, dass sie sich jemals wiedersehen würden. Trotzdem wünsche sie ihm für die Zukunft alles

Gute. Nach dieser klaren Ansage erhielt sie keinen Brief mehr von ihm.

Doch eines Morgens traf sie dann doch noch ein, die gute Nachricht. Und zwar in Form einer Mitteilung des Landeskriminalamtes über die Festnahme eines gewissen Sedar M. in Hamburg. Bei einer Schlägerei in einer Diskothek war er vorläufig festgenommen worden, weil er sich nicht ausweisen konnte. Bei der Überprüfung seiner Fingerabdrücke stellte sich schnell heraus, dass er aufgrund eines Haftbefehles der Staatsanwaltschaft München I zur Festnahme ausgeschrieben war. Damit hatten wir ihn. Innerhalb von drei Tagen war er in München.

Kaum war er eingetroffen, suchte ich ihn in der Justizvollzugsanstalt Stadelheim auf. Und dabei sollte mir ein grober Fehler unterlaufen, den ich schon beim Verlassen des Gefängnisses bitter bereut habe. Natürlich war mir sofort klar, was ich falsch gemacht hatte, aber da war es schon zu spät. Nur einen Moment hatte ich mich von meinen Emotionen leiten lassen und die Kontrolle verloren, und schon war es passiert. Was hatte ich falsch gemacht?

Als Sedar in die Vernehmungszelle geführt wurde, lächelte er sogar ein bisschen, als er mich sah, und gab mir artig die Hand. Er hatte eine Schreibmappe mit Unterlagen bei sich, unter anderem den Haftbefehl, in dem natürlich stand, aufgrund welcher Personenbeweise und Indizien er als überführt galt.

»Was sagst du zum Haftbefehl?«, fragte ich ihn.

»Das stimmt alles nicht, ich war das nicht«, antwortete er wie aus der Pistole geschossen.

»Erzähl mir keine Märchen! Wie du ja lesen konntest, bist du überführt. An deiner Täterschaft gibt es für uns keine Zweifel. Über Schuld oder Unschuld müssen wir also nicht mehr reden.«

Sedar sprang auf, klappte seine Schreibmappe zu, schnaubte wie ein Stier, drehte sich um und verließ wortlos den Raum. Nicht ohne mir noch einen bösen Blick zuzuwerfen. »Du Idiot«, dachte ich sofort. Wobei ich aber nicht ihn meinte, sondern mich. Ich hatte ihn vor vollendete Tatsachen gestellt und damit jeden Versuch einer Rechtfertigung im Keim erstickt. Ich hatte einen Aussagewilligen abgewürgt. Der schlimmste, dilettantischste Fehler, den ein Vernehmer machen kann. Und das mir. Anstatt ihn reden und lügen zu lassen, wenn es sein musste stundenlang, reagierte ich wie eine Mimose. Wahrscheinlich, so meine spätere Analyse, hatte ich innerlich gehofft, dass er aufgrund der erdrückenden Beweislage sofort ein Geständnis ablegen würde. Als dies erkennbar nicht der Fall war, reagierte ich beleidigt oder enttäuscht und machte diesen Anfängerfehler. Ich hatte einen Moment lang vergessen, dass es nicht auf meine Wahrheit ankommt, sondern auf seine. Und wenn seine Wahrheit aus Lügen besteht, was übrigens sein gutes Recht ist, dann habe ich die gefälligst entgegenzunehmen. Noch dazu, wo eigentlich jeder erfahrene Vernehmer wissen müsste, dass Lügen oft besser sind als so manche Halbwahrheiten. Lügen können nämlich dann zum Bumerang werden, wenn sie nur dadurch erklärbar sind, dass jemand von seiner Täterschaft ablenken will. Hätte Sedar beispielsweise bestritten, jemals ein Messer namens »Freddy« besessen zu haben, obwohl dies anhand mehrerer Zeugenaussagen belegt war, wäre das ein starkes Indiz dafür gewesen, dass es sich tatsächlich um das Tatmesser gehandelt haben dürfte, dessen Besitz er natürlich in Abrede stellen will. Andernfalls hätte er eine plausible Erklärung dafür abgeben können, wo es verblieben ist.

Sechs Monate waren vergangen und die Gerichtsverhandlung stand an. Die Witwe wohnte dem Prozess als Nebenklägerin bei. Eine unglaubliche Belastung für diese Frau, die jedes Detail hören wollte. Das war für sie Teil des Aufarbeitungsprozesses, den sie erst als abgeschlossen betrachtete, wenn der Täter verurteilt sein würde. Auch ihrer Kinder wegen sah sie sich in der Pflicht, die Gerichtsverhandlung zu verfolgen. Sie wolle ihnen Auskunft geben können, sollten sie einmal wissen wollen, wie der Prozess gegen den Mörder ihres Vaters abgelaufen sei.

Die junge Frau konnte freilich noch nicht ahnen, wie schlimm das werden und wie lange sich diese Prozesse hinziehen würden. Der Fall löste nämlich heftige Diskussionen darüber aus, ob die Anwendung von Jugendstrafrecht bei Heranwachsenden noch zeitgerecht ist und in diesem Fall gerechtfertigt wäre.

Sedar wurde von zwei Verteidigern vertreten. Von Anfang an gingen diese auf Konfrontationskurs mit der Staatsanwaltschaft und insbesondere mit meiner Person, die sie als den für die polizeilichen Ermittlungen verantwortlichen Beamten sahen. Die Bezahlung der beiden Wahlverteidiger hatte übrigens Sedars Vater übernommen. Er verlor dadurch seine gesamten Ersparnisse.

Dann kam der Tag, an dem Robert H. aussagen musste. Tagelang vorher hatte ich ihn gesucht und nicht gefunden. Seine Mutter, zu der ich inzwischen einen guten

Kontakt hatte, wusste nicht, wo er sich herumtrieb. Dass er Angst davor hatte, in Anwesenheit von Sedar all das zu wiederholen, was er vor der Polizei ausgesagt hatte, war mir bewusst. Es war auch verständlich. Also hatte ich ihm versprochen, ihn ins Gericht zu begleiten. Aber erst einmal musste ich ihn finden. Von ihm hing alles ab. Würde er nicht aussagen oder würde er seine Aussage vor Gericht nicht glaubhaft vortragen können, wäre ein Freispruch unvermeidlich. Das war uns allen klar. Einen Tag vor dem Termin fand ich ihn. Am Hauptbahnhof, gleich gegenüber unserer Dienststelle. Dort, wo sich Junkies gewöhnlich ihren Stoff besorgen.

Wir schafften ihn zu seiner Mutter, die überglücklich war, ihn wiederzusehen. Gott sei Dank war er so müde, dass er sich sofort ins Bett legte und einschlief. Da war es kurz nach 21.00 Uhr. Spätestens um 6.00 Uhr würde er wieder aufwachen, meinte seine Mutter, und dann wäre es schwer, ihn zu halten. Also war ich morgens um 5.00 Uhr wieder zur Stelle. Gerade noch rechtzeitig, bevor er die Wohnung verlassen wollte. Ich nahm ihn mit zur Dienststelle, wo bereits ein Arzt wartete, der ihn schon kannte und der ihn entsprechend substituierte, um das Auftreten von Entzugserscheinungen zu verhindern. Das war übrigens der Beginn einer Therapie, die zwar lange dauern, aber erfolgreich verlaufen sollte. Selbstverständlich wurden unser Staatsanwalt und über ihn das Gericht und auch die Verteidiger über alle Maßnahmen informiert. Da gab es nichts zu verbergen und da wird auch nichts verborgen.

Vor Gericht lieferte Robert H. einen souveränen Auftritt ab. Er wirkte vor allem absolut ehrlich und aufrichtig in seiner Aussage und verwickelte sich auch nicht in

Widersprüche. Obwohl er von den Anwälten hart rangenommen wurde, wie man das wohl ausdrücken kann. Aber gegen Offenheit und Ehrlichkeit helfen selbst die raffiniertesten Fangfragen nichts. Robert H. hat sich, was seine Person und seinen Zustand betraf, nicht geschont. Er hat glaubhaft dargelegt, warum er so lange gelogen und warum er dann doch noch die Wahrheit gesagt hat. Selbst Sedar blickte einen kurzen Moment irritiert zu Boden, als Robert H. schilderte, wie treu er ihm ergeben war und dass er ihn nie und nimmer verraten hätte. Als Sedar aber außer Landes und in Sicherheit gewesen sei, habe er sich schweren Herzens entschieden, die Wahrheit zu sagen, weil ihm die Familie des Arztes leid getan hätte und immer noch leid tue. Sedar habe diesen Mann getötet, weil er in dieser Nacht jemand töten wollte. Egal wen. Er habe selbst Angst gehabt vor ihm, so wie der damals drauf gewesen sei.

Wenn Blicke wirklich töten könnten, dann müsste Robert H. in diesem Moment tot vom Zeugenstuhl gefallen sein. Denn Sedar M., der nur ein paar Schritte von ihm entfernt saß, durchbohrte ihn förmlich mit seinen Blicken. Ich saß mit Genehmigung des Vorsitzenden Richters in der ersten Reihe noch vor der Zuschauertribüne und fürchtete fast schon, Sedar M. würde gleich aufspringen und auf Robert H. losgehen. Fast zwei Stunden war dieser im Zeugenstand. Seine Angaben wurden später vom Gericht als absolut glaubhaft eingestuft. Sogar die Anwälte gaben irgendwann auf und mussten einsehen, dass dieser Zeuge in seiner ehrlichen, fast schon naiven Art nicht zu erschüttern war.

Ich freute mich wie ein Schneekönig, weil sich meine Theorie von der Wahrheit, die keine Widersprüche zulässt, wieder einmal bestätigt hatte. Als Robert H. aus dem Gerichtssaal kam, war er schweißgebadet. Ich klopfte ihm anerkennend auf die Schulter, und auch der Staatsanwalt lobte ihn für seine offene, ehrliche, konstante Aussage. Zum ersten Mal in seinem Leben hatte Robert H. etwas wirklich Schwieriges gemeistert. Er war diesmal nicht weggelaufen und hatte dafür auch noch Anerkennung bekommen. Darauf war er ganz stolz. Für ihn war es der Anfang einer guten Entwicklung. Als ich an diesem Tag nach Hause ging, dachte ich mir, dass unser Beruf doch auch schöne Seiten hat.

Die Enttäuschung traf uns alle wie ein Faustschlag. Als der Richter sagte, dass der Angeklagte schuldig ist des Mordes, fiel allen Aufrechten im Saal ein Stein vom Herzen. Dann aber folgte sofort die schockartige Enttäuschung. Sedar M. wurde zu sechs Jahren Jugendstrafe verurteilt. Eine schallende Ohrfeige für die junge Witwe, die in Tränen aufgelöst aus dem Gerichtssaal stürzte.

In seiner Urteilsbegründung hob der Vorsitzende Richter hervor, dass das Gericht an Sedar M.s Täterschaft nicht die geringsten Zweifel habe. Und dann erklärte der Richter, warum das Strafmaß dennoch so und nicht anders ausfallen musste. Das Gericht war nämlich den Ausführungen des psychiatrischen Sachverständigen gefolgt, der den Angeklagten zwar nicht untersuchen konnte, weil der sich damit nicht einverstanden erklärte, der ihn aber schon damals vor vier Jahren, als er wegen versuchten Totschlags angeklagt war, begutachtet hatte. Also wisse er, wie Sedar M. damals gewesen sei, und könne ihn mit seinem »Jetzt-Zustand« vergleichen. Letzteren habe er sich anhand seiner Beobachtungen während der Hauptverhandlung erschlossen. Dabei sei er zu dem Ergebnis gekommen, dass Sedar M. heute reifer sei als damals. Und wenn er heute reifer sei als er es damals war, dann müsse er damals noch unreif gewesen sein, wie er ja seinerzeit auch schon festgestellt hatte. Insofern sei diese »Nachreife« eine Bestätigung dafür, dass Sedar M. damals noch auf der Stufe eines Jugendlichen stand, also noch unreif war. Und deshalb sei auch hier Jugendstrafrecht anzuwenden gewesen.

Die Staatsanwaltschaft München I legte Revision gegen dieses Urteil ein, das zu einer Welle der Empörung in der Öffentlichkeit geführt hatte. Der Richter erhielt Morddrohungen, der Bundesgerichtshof hob das Urteil auf. Nach Meinung der obersten Strafrichter war die Frage der Anwendung von Erwachsenenrecht nicht ausreichend geprüft worden.

Es folgte die zweite Auflage. Sedar M. erhielt nun zwar volle zehn Jahre Haft, die er auch vollständig absitzen muss, aber auch dieser Richter folgte dem Gutachter, sprach von einer Nachreife und sah keine Möglichkeit, Erwachsenenstrafrecht anzuwenden, was zu lebenslanger Haft geführt hätte. Besonders in Erinnerung blieb die Begründung, Sedar M. habe ja schließlich niemanden mehr getötet, obwohl das doch auch im Gefängnis möglich sei. Das beweise doch, dass er nachgereift sei. Mir wurde schlecht.

Eine nachträgliche Sicherungsverwahrung wäre zwar inzwischen auch bei nach Jugendrecht Verurteilten möglich, aber die Voraussetzungen dafür sind derart weltfremd, dass damit nicht zu rechnen ist. Einziger Trost: Nach seiner Entlassung wird Sedar ja abgeschoben werden. Komisch ist nur, dass dies niemanden so richtig beruhigt. Warum wohl?

PERVERSITÄTEN

Als die Frau die Treppe vor mir hinaufging, hörte ich die Glocken läuten. Besser gesagt, waren es Glöckchen. Mehrere vermutlich. Wie ich sie vom Weihnachtsbaum her kannte, als ich noch ein Kind war. Die dicke, ca. 50-jährige Frau vor mir sah aber nicht aus wie ein Weihnachtsbaum. Trotzdem bimmelte es unter ihrem weiten, langen Rock. Ich ahnte natürlich, was da zwischen ihren Schenkeln herumbaumeln dürfte. Schließlich hatte ich auch einige Zeit beim Sittendezernat Dienst verrichtet und lernen müssen, dass es Menschen gibt, die Dinge schön finden, die für Normalos wie mich unbegreiflich sind. Die Dame hatten wir samt ihrem gleichgesinnten Ehemann kurz vorher in ihrem Haus außerhalb der Stadt festgenommen. Weil der Verdacht bestand, dass sie die Grenzen ihrer sexuellen Freiheit und Selbstbestimmung überschritten hatten oder zumindest beabsichtigten, sie zum Schaden anderer Menschen zu überschreiten.

Ich ahnte noch nicht, dass die Einblicke, die mir dieser Fall zumuten sollte, alles in den Schatten stellen würde, was ich auf diesem Gebiet bisher gehört, gesehen und selbst miterlebt hatte. Dass es Liebhaberinnen sogenannten Intimschmuckes gibt und all seiner Variationen, bis hin zu verschieden großen und schweren Glocken, die man in die Schamlippen einhängt, damit sie bei jedem Schritt läuteten wie bei einer Almkuh auf der Weide, war mir seit der Auswertung eines Computers bekannt, der einem Ingenieur bei einem großen Elektrokonzern gehörte. Der Mann stand im Verdacht, seine Frau ertränkt zu haben, was sich dann aber nicht bestätigte. Die Arme hatte sich selbst umgebracht, was wiederum bei einem Mann wie diesem kein Wunder war. Jedenfalls war im Rahmen der Ermittlungen sein Büro durchsucht worden, wobei sich auf seinem Rechner Hunderte von Bildern fanden, die ausschließlich Intimschmuck in den unglaublichsten Ausführungen an lebenden Objekten zeigten. Abgesehen davon, dass ich mir überlegte, ob der Mann nebenher auch noch Zeit zum Arbeiten fand – immerhin hatte er ein Monatsgehalt von fast 6000 Euro –, fragte ich mich natürlich auch, wie es möglich ist, dass sich Menschen völlig freiwillig so etwas antun können. Mir war fast schlecht geworden bei dem Gedanken, mit welchen Schmerzen es verbunden sein dürfte, sich derart verstümmeln zu lassen. Aber das sollte geradezu harmlos sein gegen das, was wir im aktuellen Fall auf jenen Bildern und Videos sehen sollten, die wir bei unserem »Sado-Maso-Ehepaar« beschlagnahmt hatten. Es hat mich mehr entsetzt als manches Tötungsdelikt. Eigentlich kann ich bis heute nicht glauben, was ich da sah und wohl auch nie mehr aus meinen Gedanken löschen kann.

Angefangen hatte es mit einem Inserat, das im Internet auffällig geworden und deshalb der Polizei gemeldet worden war. Da suchte doch tatsächlich jemand nach einer geeigneten »Blutwanne« und auch noch nach »schlachtungswilligen« Personen. Wie sich später herausstellte, war das Ehepaar, welches das Inserat ins Netz gestellt hatte, durch den »Kannibalen von Rothenburg« angeregt worden. Dieser hatte schließlich auch einen Partner über das Internet gefunden, der bereit war, sich seinen Penis abschneiden zu lassen, den man anschließend gebraten hat, um ihn zu verspeisen. Angeblich soll er den Herren nicht geschmeckt haben, wie ja inzwischen hinreichend bekannt ist. Inzwischen soll es ja Foren und Chatrooms im Netz geben, in denen sich Menschen über unvorstellbar ekelige, grausige Perversitäten austauschen können, bis hin zum Kannibalismus. Informationsfreiheit!

In unserem Fall hatten wir es also mit sogenannten Trittbrettfahrern zu tun. Jedenfalls war das Ehepaar erst durch den Fall in Rothenburg darauf aufmerksam geworden, dass es spezielle Blutwannen gibt und vor allem die Möglichkeit, Schlachtwillige übers Internet zu finden. Um es vorwegzunehmen: Tatsächlich hatten sich einige Personen aus dem Bundesgebiet und dem benachbarten Ausland gemeldet und ihr Interesse daran bekundet, sich gegebenenfalls »schlachten« zu lassen. Dass die Polizei in solchen Fällen, sofern sie davon Kenntnis erlangt, eingreifen muss, bedarf wohl keiner gesonderten Begründung.

Das Ehepaar lebte zusammen mit dem zehnjährigen Sohn in einem abseits gelegenen kleinen Einfamilienhaus vor den Toren Münchens. Ihre Werkstatt hatten sie im schallisolierten Keller eingerichtet, sodass das Kind wenigstens nichts hören konnte, wenn sie gelegentlich auch mit Gästen dort zur Sache kamen. Hin und wieder ging es auch ziemlich laut zu, weil das schmerzerfüllte Brüllen und Schreien irgendwie dazu gehört und Teil der Inszenierung ist. Auf mehreren Videos konnte man sehen, wie der Hausherr seine Frau mittels eines Flaschenzuges nach oben zog – allerdings an ihren Brüsten! Diese waren außerordentlich ausgeprägt und ließen sich vermutlich deshalb leicht mit den Stricken umwickeln, an denen sie dann – wirklich nur an den Brüsten, und ohne dass sie sich irgendwo festhielt – hochgehievt wurde. Das schmerzverzerrte Gesicht gehörte wahrscheinlich zur Prozedur oder war sogar beabsichtigt. Interessant war, dass der Mann auf allen Bildern ausschließlich als Folterknecht fungierte. Man sah ihn nie bei irgendwelchen anderen sexuellen Aktivitäten. Er war bis auf diverse Lederriemen, die er sich durch die Pobacken gezogen und um diverse Körperteile gewickelt hatte, stets nackt. Allerdings war er auf keinem einzigen Foto erregt. Als ob es ihm auf die eigene Sexualität gar nicht ankäme. Was auch zutreffend gewesen sein dürfte, wie die Auswertung weiterer Aufnahmen belegte. Noch nie hatte jemand von uns Derartiges gesehen. Nicht einmal langjährige Sittensachbearbeiter kannten Vergleichbares. Es war schockierend, ekelerregend, unfassbar und gleichzeitig faszinierend. Der Film zeigte folgende Szene: Die großen Brüste der Frau lagen auf einem Holzbalken. Dann kam er und nagelte beide Brüste an diesem Holzbalken fest. Und zwar mit großen Zimmermannsnägeln. Man konnte es klar und deutlich sehen. Die Nägel wurden mit wuchtigen Hammerschlägen durchs Fleisch bzw. Fettgewebe getrieben. Wer die Kamera geführt hat, wurde nicht bekannt. Ich schaute mir die Aufnahme nur ein einziges Mal an und verzichtete auf eine Wiederholung und auch auf die Zeitlupe.

Wie ist so etwas möglich? Weder der Festgenommene noch die Frau machten dazu irgendwelche Angaben. Das ginge uns »einen Dreck« an, schimpfte insbesondere die Frau. Es sei einzig und allein ihre Privatangelegenheit, und unser Einschreiten sei ein Eingriff in ihre Persönlichkeitsrechte. Ganz Unrecht hatte sie damit nicht. Wenn sich erweisen sollte, dass sie keine anderen Personen gegen ihren Willen in ihre Spielchen einbezogen hatten, würden wir ihnen auch ihre sämtlichen Folterwerkzeuge und widerlichen Bilder wieder aushändigen und sie könnten da weitermachen, wo sie aufgehört hatten. Allerdings würden wir vorher das Jugendamt verständigen und überprüfen lassen, ob Eltern wie sie geeignet wären, ein Kind zu erziehen. Sie waren geeignet. Sexuelle Perversitäten sind jedenfalls kein Grund, das Erziehungsrecht einzuschränken, so lange sie nicht zum Schaden des Kindes praktiziert würden und keine Auswirkungen auf dessen Entwicklung hätten. Würde man allen Eltern das Erziehungsrecht absprechen, nur weil sie perversen sexuellen Praktiken nachgingen, müsste man Hunderten oder Tausenden die Kinder wegnehmen. Und wer legt eigentlich fest, was pervers ist?

Es war noch nicht zu Ende. Denn das Ehepaar stand in Kontakt mit einem leibhaftigen Oberarzt einer Klinik außerhalb Münchens. Der Mann arbeitete dort als Chirurg. Als solcher hatte er dem Ehepaar seine Hilfe angeboten, sollte einmal eine akute Wundversorgung notwendig werden. Ansonsten tauschte man Bilder und wertvolle Tipps aus und der Herr Doktor fand die Sache mit den Brüsten »epochal«.

Als die Villa des Arztes durchsucht wurde, fanden sich Tausende von Bildern. Viele davon zeigten nackte Frauen in teils obszönen Posen. Die meisten waren in einem Wald an einen Baum gefesselt, und an einigen nahm der Herr Doktor sexuelle Handlungen vor, die näher zu beschreiben ich aus Gründen des Anstandes unterlasse.

Wie die Ermittlungen ergaben, handelte es sich bei vielen der Frauen um Krankenschwestern und Ärztinnen der Klinik, in welcher der Chirurg arbeitete. Der Mann übte anscheinend eine unglaubliche Anziehungskraft auf Damen aus. Lag es am Beruf? Oder am Vermögen, das allerdings einen familiären Background hatte? Oder lag es daran, dass er unverschämt gut aussah? Wahrscheinlich war es von jedem ein bisschen.

Er selbst gab sich in seiner Vernehmung ausgesprochen cool und lässig. Er war auch nicht unsympathisch und zeigte sich erstaunlich offen. Für unsere Maßnahmen hatte er sogar Verständnis, wenngleich er sie maßlos übertrieben fand. Zumal er sich in keiner Weise strafbar gemacht habe. Alle Frauen hätten freiwillig mitgemacht. Es liege bei ihm auch keine Störung seiner sexuellen Präferenz vor, erklärte der Herr Doktor, sondern er praktiziere lediglich eine andersartige, individuelle Sexualität. Kennzeichnend dafür sei die Einvernehmlichkeit der Beteiligten sowie der totale Verzicht auf Zwang, Unterdrückung und Ausbeutung. Insofern sei sein Verhalten ebenso wenig pathologisch wie das seiner einvernehmlichen Partnerinnen. Die Frauen hätten sich ihm ausgeliefert und hingegeben. Das sei eine Form der körperlichen Liebe, die weit über das hinausgehe, was man im Allgemeinen darunter verstehen würde. Es sei die totale Hingabe und damit die echteste, reinste und tiefste Liebe, die man erleben kann. Eine Frau, die sich freiwillig an einen Baum fesseln lasse und sich bedingungslos ausliefere, erbringe einen unglaublichen Vertrauens- und Liebesbeweis und schenke dadurch beiden Beteiligten die absolute Erfüllung. Es sei das Größte, was einem Mann in punkto Sexualität passieren könne.

Ich habe es immer vermieden, zu Hause etwas über meine Arbeit zu erzählen. An diesem Abend machte ich eine Ausnahme, und es entwickelte sich ein Dialog, ähnlich diesem:

»Liebst du mich eigentlich?«, fragte ich meine Frau.

»Ja, natürlich. Das weißt du doch«, antwortete sie und wunderte sich über diese Frage, die ich seit Jahren nicht mehr gestellt hatte.

»Okay, dann gehen wir jetzt hinauf in den Perlacher Forst.«

»Was wollen wir denn dort um diese Zeit?«

»Ich möchte, dass du dich vor Ort nackt ausziehst und dich an einen Baum fesseln lässt.«

»Sag mal, warst du beim Stammtisch? Könnte es sein, dass du ein Bierchen zu viel hast?«

»Nein, ich war nicht beim Stammtisch und ich bin völlig nüchtern. Aber ich möchte einen Beweis deiner Liebe. Denn nur wenn du dich von mir an einen Baum fesseln lässt und dich mir völlig auslieferst, kann ich sicher sein, dass du mich wirklich liebst. Das ist eine ärztliche Feststellung.«

»Aha, also doch Stammtisch. Am besten, du gehst gleich zu Bett, mein Schatz.«

Natürlich hatte ich nur Spaß gemacht. Aber mein Frauenbild hatte einen Knacks bekommen. Jedenfalls haben mich diese Bilder und das, was der Herr Doktor gesagt hat, lange Zeit gedanklich beschäftigt. Wie war es möglich, dass sich so viele bildhübsche, intelligente, junge Frauen, viele auch bereits fest gebunden oder verheiratet, zu so etwas hatten hinreißen lassen? Ein Dutzend der

Damen, die wir ermittelten, wurde vernommen. Das genügte, um zu begreifen, warum dem Oberarzt diese Exzesse wirklich gelingen konnten. Alle Frauen gaben an, sie hätten sich »wahnsinnig« in ihn verliebt und ein Verhältnis mit ihm begonnen, das anfänglich ganz normal gewesen sei. Und so wie die Liebe zu ihm immer stärker wurde, wurden auch seine sexuellen Praktiken und Wünsche immer bizarrer. Es war also ein schleichender Prozess, den er dazu nutzte, seine Gespielinnen – mehr waren die Frauen für ihn nicht –, sukzessive dazu zu bringen, seine Spielchen mitzumachen. Und nahezu alle machten mit, weil sie ihn nicht verlieren wollten. Nur ganz wenige hatten ihn durchschaut und sich geweigert. Die Szene im Wald war dann der Höhepunkt. Und für viele gleichzeitig das Ende dieser fatalen Beziehung, denn danach war der Herr Doktor rasch wieder auf der Suche nach neuen Herausforderungen. Es schien ihm also darauf anzukommen, Widerstände zu überwinden und immer wieder andere Frauen zu Dingen zu bewegen, die sie ansonsten nie und nimmer mitgemacht hätten. Wenn er sein Ziel erreicht hatte, waren die jeweiligen Frauen für ihn uninteressant geworden. Das schien wie eine Sucht gewesen zu sein. Im Grunde genommen war er also ein Mann, der gar nicht fähig war, jemanden zu lieben. Außer sich selbst vielleicht. So zumindest unser laienhaftes Fazit, das wir in einer sehr emotionalen und zugegebenermaßen nicht immer ganz ernsten Schlussbesprechung, bei der auch mehrere junge, hübsche Kolleginnen zugegen waren, zogen. Alle Kolleginnen versicherten übrigens im Brustton der Überzeugung, ihnen hätte so etwas nie und nimmer passieren können.

Die Ermittlungen gegen das Ehepaar dauerten noch

Wochen an, mussten aber ohne Ergebnis eingestellt werden. Ein strafbares Verhalten war ihnen nicht nachzuweisen. Also bekamen sie alle Glocken, Folterwerkzeuge, Wannen, Ketten, Riemen und Peitschen wieder zurück. Es blieb aber das ungute Gefühl, dass es tatsächlich Menschen zu geben scheint, die bereit wären, sich massakrieren zu lassen. Aus Spaß an der Freude? Oder weil sie krank sind?

Die Freiheit, seine sexuellen Vorlieben ausleben zu dürfen, endet natürlich dort, wo die Rechte anderer Menschen verletzt werden. Da diese Grenzen oft fließend und rechtlich sehr kompliziert sind, hat selbst die Staatsanwaltschaft hin und wieder Probleme, den Sachverhalt richtig einzuordnen. So erinnere ich mich an einen 50-jährigen Mann, der sich als extremer Masochist outete und dennoch Anzeige wegen gefährlicher Körperverletzung gegen seine Ehefrau erstatten wollte, weil diese sich von ihm getrennt hatte und er sich damit an ihr rächen wollte. Was war geschehen? Der Mann hatte seine Frau jahrelang gedrängt, ihn zu quälen. Weil es ihm gefiel, Schmerzen zu erleiden. Und die Frau war den Wünschen ihres Mannes nachgekommen. Widerwillig zwar, aber letztendlich doch immer wieder. Bis sie irgendwann nicht mehr konnte, weil seine Wünsche immer extremer wurden. Angefangen hatte es mit Auspeitschen und Ähnlichem, dann ging es weiter mit Sicherheitsnadeln, die sie ihm durch die Brustwarzen stechen musste, und besonders ekelig fand sie es, ihn in der Badewanne löffelchenweise mit seinem eigenen Kot füttern zu müssen. Am Ende verlangte er von ihr, ihm einen Trichter in den After einzuführen und Reißnägel einzufüllen. Während die unvorstellbaren Schmerzen ja gewünscht waren, betrachtete der Protagonist die gefährlichen Verletzungen und Entzündungen als nebensächlich. Gibt es doch bestimmte Ärzte, die Verständnis für derartige Patienten haben und sich ihrer auch außerhalb der Sprechstunden annehmen. Im Übrigen ist ja hinreichend bekannt, dass es nahezu nichts gibt, was Ärzte in Notaufnahmen nicht schon aus menschlichen Öffnungen herausoperieren mussten.

Die Staatsanwaltschaft stellte das Verfahren gegen die Frau ein. Mit der Begründung, dass Körperverletzungen dann nicht rechtswidrig seien, wenn die Einwilligung des Verletzten vorliege. Das gelte zwar nicht für Handlungen, die gegen die guten Sitten verstießen, ob allerdings das Einführen eines Trichters in den After und das Einfüllen von Reißnägeln in den Darm gegen das Anstandsgefühl »aller billig und gerecht Denkenden« verstoße, wie es juristisch heißt, ließ man dahingestellt. Wenn ich mich richtig erinnere, billigte man der wirklich bedauernswerten Frau, die ihr Schicksal in einem Protokoll schilderte, das jeden Horrorfilm in den Schatten gestellt hätte, einen sogenannten Verbotsirrtum zu. Damit blieb sie straffrei.

Nun wird man als Polizist vom Anfang bis zum Ende seiner Laufbahn immer wieder mit sexuellen Perversitäten konfrontiert. Und zwar deshalb, weil die Grenzen zwischen Straflosigkeit und Strafbarkeit oft sehr fließend sind. Das ist gewöhnungsbedürftig. Mein Weltbild wurde zum ersten Male erschüttert, als ich noch ein junger Anfänger war. Ich verrichtete Dienst beim Polizeirevier 6 in München-Schwabing, als eine Funkstreifenbesatzung zur Wache kam und einen größeren Karton auf den Tresen im Wachraum stellte. Außerdem hatte sie einen kleinen, dunkelhaarigen Mann im Schlepptau. In dem Karton raschelte es. Auf die Frage des Wachhabenden, was da drin sei, grinste der Funkstreifler und antwortete: »Zwei Nutten.« Tatsächlich waren es zwei Hühner, die nicht einmal gackerten, so erschöpft waren sie. Was war passiert? Auf einem großen Parkplatz war den Kollegen ein Fahrzeug aufgefallen, in dem Licht brannte und in dem sich offensichtlich jemand bewegte. Die Beamten schlichen sich an, in der Annahme, einen Autoaufbrecher erwischt zu haben, rissen die Türen auf und ertappten einen Südländer, der gerade eines der Hühner auf dem nackten Schoß hatte und es »vergewaltigte«. Das andere Huhn lag reglos im Fußraum vor dem Beifahrersitz. Es war aber nicht tot, sondern nur total erschöpft. Als der Kollege auch noch in aller Ausführlichkeit schilderte, dass der Penis des Mannes voller Hühnerkot war, als dieser ihn herauszog, wurde mir schlecht. Für mich, der ich streng katholisch erzogen und damals auf diesem Gebiet noch ziemlich naiv war, brach eine Welt zusammen. Die beiden »Damen« hatte der Mann übrigens gegen einen Liebeslohn von 10 D-Mark bei einer Art Zuhälter ausgeliehen. Was natürlich wesentlich günstiger war, als in ein Bordell zu gehen. Hinterher ließen wir uns darüber aufklären, dass diese Art der sexuellen Befriedigung in manchen Ländern weit verbreitet sein soll und dass sich Hühner dafür besonders eignen würden, da die Öffnung, durch die sie Eier legen, sehr dehnbar wäre. Was mir sogar einleuchtete, als ich mir ein Frühstücksei vorstellte. Zudem würden sich Hühner in einer Großstadt allein schon deshalb als die besseren Sexualpartner eignen, weil sie klein und handlich seien und nicht so sperrig wie Esel, Kühe oder Kamele. Letztere allerdings – als Lustobjekte übrigens nicht weniger begehrt – in einem Auto zu vergewaltigen, dürfte wohl sehr schwierig sein, feixte der Experte von der Sitte, als er uns über diese Art von Perversionen aufklärte. Außerdem, so fuhr er fort, soll es Gegenden auf diesem Planeten geben, wo den Hühnern während der Vergewaltigung auch noch der Kragen umgedreht oder zugedrückt wird, um den Effekt der Muskelkontraktion während des Todeskampfes auszunutzen. Anschließend würden sie dann als Suppenhühner auf den Tisch kommen. Wann immer ich von diesem Vorfall erzähle, stelle ich folgende Reaktionen fest: Zuerst wollen die Zuhörer nicht glauben, dass es so etwas wirklich gibt. Dann lachen alle darüber und verziehen gleichzeitig angewidert das Gesicht. Aber für einen verachtenswerten Verbrecher hat den »kleinen Hühnerficker« niemand gehalten. »Wenn's ihm Spaß macht«, meinten die meisten und brachten dadurch zum Ausdruck, worauf es wirklich ankommt. Nämlich darauf, ob man durch das Ausleben seiner sexuellen Bedürfnisse anderen Menschen schadet oder nicht. So einfach ist das. Oder sollte ich lieber sagen, »anderen Lebewesen«, um auch den Tierschutz nicht zu vernachlässigen? Körperlichen Schaden hatten die beiden Hühner jedenfalls nicht genommen, weil sie alsbald wieder gackerten. Ob sie seelischen Schaden genommen haben könnten und vielleicht einen Tierpsychologen gebraucht hätten, vermag ich nicht zu beurteilen. Der »kleine Hühnerficker« ging übrigens straffrei aus, da Sodomie seit 1969 nicht mehr strafbar ist. Allenfalls wegen Sachbeschädigung hätte er angezeigt werden können, wenn die Hühner verletzt oder gequält worden wären. Aber das war, wie schon gesagt, eher nicht der Fall, handelte es sich doch bei den beiden »Damen« um »Professionelle«.

Während also meine Laufbahn mit dieser eher heiteren Geschichte in Sachen Perversitäten begann, waren wir kurz vor meiner Pensionierung mit einem Fall befasst, der das krasse Gegenteil bedeutete und alles andere als zum Schmunzeln war: eine sexuelle Perversion, bei der ein Kind zu Tode gekommen sein soll, weil man es möglicherweise mit Kaffee klistiert hatte. Angeblich wirkt Kaffee in Form von Einläufen besonders heftig. Gott sei Dank erwies sich der Hinweis, der von einem verantwortungsbewussten Arzt kam, in Bezug auf den Tod eines Kindes als falsch, wie aber erst langwierige und intensive Ermittlungen ergaben. Er stand aber im Zusammenhang mit einem Kreis von Leuten, die tatsächlich solche Dinge praktizieren und deshalb gelegentlich ärztliche Hilfe brauchen. Ja, es gibt Zusammenschlüsse von Menschen, die sich Einläufe verpassen, um sich dann an den daraus resultierenden Schmerzen aufzugeilen. Jeder, der schon einmal an einer Magen-Darm-Erkrankung litt, kann in etwa nachvollziehen, welcher Art diese Schmerzen sind. Doch diese sind weitaus geringer als die, die sich jene Leute freiwillig zufügen. Ein Held ist, wer »den Drang« möglichst lange erträgt und die explosionsartige Entladung auf der Toilette am längsten hinauszögern kann. Natürlich – das gebe ich offen zu – haben wir uns halb totgelacht über verschiedene schriftliche Gebrauchsanweisungen, die uns in die Hände gerieten und in denen sich Leute darüber austauschten, welche Mittelchen besonders intensiv wirken und unter welch unglaublich intensiven Schmerzen es der eine oder andere geschafft hat, möglichst lange nicht in die Hose zu machen.

Sexualpraktiken und Perversitäten scheint es in immer neuen Auflagen und Variationen zu geben, obwohl doch die Anzahl der Körperöffnungen beim Menschen begrenzt ist. Irgendwann, so fragte ich mich oft, müsste man doch alles schon einmal praktiziert haben, oder? Aber selbst Kolleginnen und Kollegen, die jahrzehntelang bei der Sitte arbeiteten, lernten in all den vielen Jahren nie aus. Selbst diese Spezialisten wurden und werden immer wieder mit Perversitäten konfrontiert, die sie so noch nicht kannten. Wer würde beispielsweise auf die Idee kommen, dass es Männer gibt, die ihren Penis in den Ansaugstutzen eines Staubsaugers stecken und sich auf diese Weise befriedigen. Einer von denen, so las ich in einem internen Polizeibericht, hatte übrigens beim »Vögeln seines Staubsaugers« das kleine scharfe Rädchen übersehen, das sich im Innern dreht und das seinen größer werdenden »Zebedäus« touchierte. Der Mann war schwer verletzt, wusste nicht, wie er das seiner Frau erklären sollte, die gerade beim Einkaufen war, und erhängte sich deshalb in der Toilette. Damit war es ein Fall für die Polizei und ein Beispiel dafür, dass viele dieser Praktiken nur dadurch bekannt werden, weil hin und wieder jemand verletzt oder gar getötet wird.

Die Dunkelziffer in diesem Bereich ist gigantisch. Man denke nur an autoerotische Unfälle, von denen vielleicht jeder tausendste schiefgeht. Wie der spektakuläre Tod eines Rechtsanwaltes, der in die Kriminalgeschichte einging, weil das ganze Drama vier Stunden lang durch eine Videokamera aufgezeichnet wurde. Als wir den Film anschauten, mussten etliche Kollegen den Raum verlassen. Sie konnten und wollten dann doch nicht miterleben, einen Menschen sterben zu sehen. Zumal wir nicht wussten, wann es passieren und wie es aussehen würde. Würde es ein quälend langsamer Tod werden, dessen wir ansichtig werden würden?

Man sah den Mann immer wieder auf die Stehleiter steigen. Bekleidet war er nur mit Strapsen und hochhackigen Stöckelschuhen. Dazu war er geschminkt wie eine Frau und trug eine blonde Perücke. Dass es ein Mann war, sah man natürlich trotzdem. Am haarigen Körper und am ziemlich ausgeprägten Penis, der mal hing und dann mal wieder aufgerichtet war. Die Stehleiter war aus Aluminium. Mit beiden Beine stellte er sich auf eine der mittleren Sprossen. Dann griff er nach der Schlinge, die von der Decke baumelte. Das Seil war dort an einem Haken befestigt, der während der Bürostunden durch eine Lampe getarnt war. Er legte sich die Schlinge um den Hals. Dann ergriff er mit beiden Händen den Strick oberhalb seines Kopfes und schwang sich nach vorne, ähnlich wie man es aus Tarzanfilmen kennt. Er ließ sich also in die Schlinge fallen, konnte den Drosselvorgang aber dadurch dosieren, dass er mit beiden Beinen auf der Leiter stehen blieb, sich mit den Händen am Seil festhielt und dadurch auch wieder zurückschwingen konnte. Das wiederholte er einige Male, wobei er zwischendurch immer wieder kurz onanierte. Dann stieg er wieder einmal herunter, machte sich an der Kamera zu schaffen, und schließlich ging es weiter.

Nach schätzungsweise einer Stunde war es dann so weit. Wieder einmal schwang er sich nach vorne. Doch diesmal rutschte er von der Leiter ab, verlor den Halt mit den Füßen, zappelte kurz, ließ das Seil los, wollte sich an den Hals greifen und hing plötzlich reglos in der Schlinge. Völlig unspektakulär. Es ging ganz schnell. Wenn es nicht so traurig gewesen und um ein Menschenleben gegangen wäre, hätte man sagen können, man habe Schlimmeres erwartet. Aber der eigentliche Schock sollte noch kommen. Die Kamera mit Ton war ja noch drei Stunden weitergelaufen. Man hörte im Hintergrund die Geräusche von der Straße. Und dann passierte Folgendes: Plötzlich vernahmen wir im Treppenhaus lautes Geschrei und Fußgetrappel von Kindern, die die Holztreppe hinauf- oder hinunterrannten. Wie von Geisterhand hob sich daraufhin der linke Arm des Mannes deutlich in die Höhe und senkte sich dann langsam wieder. Obwohl er schon mindestens zwei Stunden völlig reglos in der Schlinge gehangen hatte und garantiert schon mausetot war. Es sah aus wie ein letzter Gruß. Als ob noch Leben in ihm gewesen sei. Für mich war dieser Anblick schockierender als der Augenblick des Todeseintrittes. Auch wenn die Mediziner eine natürliche Erklärung fanden und etwas von Reflexen und irgendwelchen Nerven sagten, die durch die Lärmeinwirkung ausgelöst oder im Sinne eines letzten Zuckens aktiviert worden sind. Es war irgendwie unheimlich und hat mich noch lange gedanklich beschäftigt. Gefunden worden war der Mann übrigens anderntags von seiner Sekretärin, die einen Schock erlitt, als sie ihren Chef in dieser Aufmachung von der Decke hängen sah. Ob die arme Frau dieses Erlebnis je überwunden hat?

VERDECKUNG

Die Bäuerin Maria O. fuhr fast täglich von ihrem Einöd-
hof zum Dorf, um dort einige Kunden mit frischen Eiern
zu beliefern. Der nicht befestigte Privatweg führte ein
Stück an der etwas tiefer liegenden Autobahn A 8 entlang. Als sie auf Höhe eines Parkplatzes war, sah sie einen blauen Müllsack mitten auf dem Weg liegen. »Die
alten Dreckbären!«, dachte sie. Es war nicht das erste
Mal, dass Mülltüten oder ähnlicher Unrat auf dem Weg
lagen, weil Parkplatzbenutzer ihren Abfall einfach durch
die Büsche hindurch den kleinen Hang hinaufwarfen,
wenn die Müllbehälter am Parkplatz überquollen. Meist
blieb der Müll in den Bäumen und Büschen hängen, aber
dieser Sack hatte seinen Weg durch das Gestrüpp gefunden und war auf dem Weg oberhalb gelandet.

Maria O. hielt an und hob den Müllsack auf. Er war
ziemlich schwer, obwohl er nicht prall gefüllt war. Da er
oben fest zugeknotet war, konnte sie ihn nicht gleich öffnen, um hineinzuschauen. Deshalb lud sie ihn in den
Kofferraum und nahm sich vor, ihn daheim im großen
Container zu entsorgen. Dann fuhr sie ins Dorf und ver-
kaufte ihre Eier.

Als sie wieder zu Hause war und den Müllsack aus
dem Kofferraum hob, fiel ihr abermals auf, dass das Ge-

wicht nicht zur offensichtlich geringen Menge des Inhaltes passte. Er musste wohl einen ziemlich schweren Gegenstand enthalten. Sie entschloss sich, den Sack zu öffnen, und holte eine Schere aus dem Haus, weil der Knoten zu fest zugezurrt war, und schnitt damit die Folie auf. Dann schaute sie hinein und ließ den Müllsack fallen, als ob er giftig wäre. Sie rannte in den Kuhstall und schrie nach ihrem Mann. Sie faselte irgendetwas von Beinen und zeigte nur nach draußen auf den Hof. Der Bauer ging hinaus, schaute in den Sack, lief ins Haus und rief die Polizei.

Die beiden jungen Beamten schauten ebenfalls nur kurz in den Müllsack und ließen ihn dann liegen. Eine Sache für die Kripo, meinten sie, beide kreidebleich. Denn im Sack lag das Bein einer Frau, in zwei Teile zerhackt. Der Fuß mit Unterschenkel bis unterhalb des Knies und der Rest des Beines, an dessen oberem Ende noch der Ansatz einer Schamlippe erkennbar war. Noch relativ frisch und blutig, aber anscheinend das fast komplette rechte Bein einer Frau.

Der Polizeiapparat lief an. Die Leichenteile wurden in einem offiziellen Leichenwagen zum Institut für Rechtsmedizin transportiert. Denn auch Leichenteile, und selbst wenn es sich nur um einen Finger handeln würde, sollten allein schon aus Gründen der Pietät nicht im Kofferraum eines Pkw transportiert werden.

Der Auffindeort des Müllsacks lag im Zuständigkeitsbereich der Kripo Traunstein, die sofort reagierte. Bereits eine Stunde später war eine ganze Hundertschaft der Bayerischen Bereitschaftspolizei vor Ort, die mit der Absuche sämtlicher Parkplätze entlang dieses Autobahnabschnittes begann. Mit großem Erfolg – und verbunden mit einer schockierenden Überraschung: Das waren nicht nur die Leichenteile von einer Frau. Es waren zwei! Am Ende hatte man nämlich zwei Köpfe, zwei Torsos, vier Arme, aber nur drei Beine. Eines fehlte also noch.

Die Leichenteile waren in zwölf blauen Müllsäcken verpackt gewesen und auf verschiedenen Parkplätzen zwischen München und Bad Reichenhall, also fast bis zur österreichischen Grenze, in dichtem Buschwerk versteckt worden. Daraus ließ sich schon einmal schließen, dass der oder die Täter auf der A 8 in Richtung Ausland unterwegs gewesen waren.

Dass die Suchhunde vieler Hundeführer aus ganz Südbayern an diesem und den darauffolgenden Tagen Höchstleistungen vollbrachten, bedarf wohl keiner Erwähnung. Hunde sind ein unverzichtbares Einsatzmittel, weil diese netten Tiere nun einmal die millionenfach besseren »Schnüffler« sind als die besten Ermittler. Inzwischen gibt es sogar Hunde, die noch nach Tagen Geruchsmoleküle in der Luft identifizieren, eine Spur aufnehmen und nach einer bestimmten Person suchen können. Man nennt sie »Mantrailer«. So konnte ich selbst einmal miterleben, wie solche Hunde nach einem vermissten kleinen Buben suchten. Nachdem sie an einem Hemdchen den Geruch des Kindes aufgenommen hatten, liefen mehrere Hunde unabhängig voneinander zu einer S-Bahn-Station. Damit lag nahe, dass das Kind mit der S-Bahn weggefahren sein dürfte. Aber damit waren die Hunde noch nicht am Ende. Man fuhr mit einem Hund zur nächsten Station und zur übernächsten, und dort nahm das Tier die Spur wieder auf. Also wusste man, wo das

Kind wieder aus dem Zug ausgestiegen war. Tatsächlich konnte der kleine Ausreißer bei einem Schulfreund in dieser Ortschaft gefunden werden. Niemand konnte ihm böse sein, auch der gestrenge Vater hatte anscheinend vergessen, dass er vorher angekündigt hatte, mit dem Lausbuben ein ernstes Wörtchen reden zu wollen. Also war mir die Aufgabe zugefallen, den Siebenjährigen zu belehren. Ich knöpfte mir den Ausreißer in einem unserer Einsatzwagen vor. Und was passierte? Der kleine Hosenscheißer schaute mich derart treuherzig und schuldbewusst an, dass ich dahinschmolz. Als ihm auch noch ein paar Tränchen aus seinen großen braunen Augen kullerten, kaufte ich ihm ein Eis, anstatt ihm die Leviten zu lesen. Dabei gipfelte die pädagogische Katastrophe auch noch darin, dass ich ihm sagte, es sei ja alles gar nicht so schlimm gewesen. Als ich den Eis schleckenden Buben den Eltern übergab, noch einmal über seinen Kopf streichelte und dazu auch noch freundlich lächelte, anstatt grantig zu schauen, wurde mir wieder einmal bewusst, dass man sich niemals nur von seinen Emotionen leiten lassen sollte. Ich hatte versagt.

Hans-Peter W., Fitnesstrainer, 23 Jahre, vermisste seine 19-jährige Partnerin Yadranca V. Sie war den ganzen gestrigen Tag nirgends zu finden. Auch in der vergangenen Nacht war sie nicht nach Hause gekommen, ohne eine Nachricht zu hinterlassen. Am Handy war sie ebenso wenig erreichbar wie ihre 20 Jahre alte Freundin Christina H. Es war nur die Mailbox eingeschaltet. Ein Rückruf war nicht erfolgt. Da auch Christina wie vom Erdboden verschluckt schien und nicht erreichbar war, tröstete man sich damit, dass die zwei Freundinnen wohl gemeinsam etwas unternommen haben könnten, von dem vielleicht niemand etwas wissen sollte. Möglicherweise würden sie wieder einmal irgendwo einen Salon besichtigen. Die beiden bildschönen jungen Frauen kannten sich schon seit ihrer Realschulzeit und galten als unzertrennlich, auch wenn jede von ihnen einen Freund hatte, mit dem sie zusammenwohnte. Beide besuchten eine Kosmetikschule und träumten davon, nach Schulabschluss gemeinsam einen eigenen Kosmetiksalon übernehmen zu können. Jedenfalls war Hans-Peter W. zunächst nicht sehr beunruhigt, wenngleich ein solches Verhalten schon sehr ungewöhnlich war für seine Freundin. Auch die Eltern von Yadranca glaubten zunächst, dass die beiden jungen Frauen sicherlich irgendwo hingefahren seien. Obwohl es schon merkwürdig war, dass sie dem Unterricht in der Kosmetikschule ferngeblieben waren. Das war bisher noch nie vorgekommen, beide galten als äußerst motivierte und gute Schülerinnen. Vor allem aber war es absolut ungewöhnlich, dass keine von beiden über ihr so geliebtes Handy erreichbar war, ohne das sie gar nicht mehr hätten leben können. Dass sie tatsächlich nicht mehr lebten, ahnte zu der Zeit natürlich noch niemand.

Hans-Peter W. rief Damir J. an, den Freund von Christina. Der 30-jährige Kroate mit deutscher Staatsangehörigkeit, der in Vodice geboren und im Alter von zwölf Jahren nach München gekommen war, meinte, er wisse auch nicht, wo die beiden Frauen sein könnten. Allerdings räumte er ein, dass sich seine Freundin Christina am gestrigen Vormittag mit ihm treffen wollte. Zumindest hatte sie das ihrer Mutter mitgeteilt, mit der Hans-Peter W. auch schon gesprochen hatte. Außerdem war ihm natürlich bekannt, dass sich die beiden trennen wollten. Als Hans-Peter W. Damir daraufhin ansprach und über den Ausgang dieses letzten bekannten Treffens Genaueres wissen wollte, hatte er den Eindruck, als würde Damir herumfabulieren. Erst sagte er, er habe sich mit Christina aussprechen wollen. Dann meinte er, sie hätten gar nicht die Absicht gehabt, sich zu trennen. Und schließlich behauptete er, die beiden Frauen seien zu dem vereinbarten Termin nicht erschienen.

Hans-Peter W. entschloss sich gegen Mittag, selbst einmal zu Damir J. zu fahren, der im achten Stockwerk eines Hochhauses im Osten von München lebte. Eine schöne Wohnung hatte er dort, die auch nicht ganz billig eingerichtet war. Der hochintelligente Diplom-Kaufmann, der das Abitur in München mit der Note 1,2 abgelegt hatte, war Einkäufer und Disponent eines Münchner Metallverarbeitungsbetriebes und lebte auf großem Fuß. Er legte Wert auf Statussymbole und zeigte in der Öffentlichkeit gerne, dass er Geld hatte. Also fuhr er nicht nur einen BMW der 7er Klasse, er besaß auch noch ein Mercedes Cabrio, und ein Motorrad stand ebenfalls in der Tiefgarage. Was Hans-Peter W. jedoch nicht wusste, war die Tatsache, dass Damir J. seit Jahren einige Scheinfirmen unterhielt, auf deren Konten er Gelder aus seiner Firma transferierte – für Leistungen, die diese gar nicht erbracht hatten. Und seine Freundin Christina wusste nicht nur davon, sie partizipierte sogar und genoss das luxuriöse Leben an seiner Seite in vollen Zügen. Damir bezahlte ihr die Kosten für den Besuch der Kosmetikschule, die nicht unerheblich waren. Auch Damirs Vater, der außerhalb Münchens einen Schlossereibetrieb hatte, profitierte von den krummen Geschäften seines Sohnes, weil der ihm immer wieder lukrative Aufträge zuschanzte. Der ziemlich brutale, grobschlächtige Mann konnte Christina übrigens nicht leiden und beschuldigte sie, nur vom Geld seines Sohnes zu leben. Letztendlich aber akzeptierte er die Freundinnen seines Sohnes, von denen es nie eine länger als zwei Jahre bei ihm ausgehalten hatte. Denn der Vater dominierte den Sohn, und der Sohn tat in der Regel, was der Vater wollte. Nur eben in Bezug auf seine Freundinnen ließ er sich nicht dreinreden.

Damir J. öffnete nicht. Er war offensichtlich nicht zu Hause. Ausgeflogen? Hans-Peter W. gelangte ins Gebäude und bis an die Wohnungstür. Er schaute durch den Briefkastenschlitz. Es war im wahrsten Sinne des Wortes totenstill in der Wohnung, etwas Verdächtiges fiel ihm nicht auf. Trotzdem ging er zur Polizei. Immerhin war es jetzt schon der zweite Tag und von den beiden Frauen fehlte noch immer jedes Lebenszeichen. Der Polizeibeamte, der auf der Wache mit Hans-Peter W. sprach, beruhigte diesen erst einmal. Die Wahrscheinlichkeit, so erklärte er, dass zwei junge Frauen gleichzeitig einem Mörder in die Hände gefallen sein könnten, sei äußerst unwahrscheinlich. Trotzdem nahm er nach Telefonaten mit den Eltern der beiden jungen Frauen eine Vermisstenanzeige auf und stellte sie mit dem Hinweis, dass nunmehr auch der Freund von Christina H. nicht mehr erreichbar sei, in die Fahndungsliste. Denn komisch war das schon. Ein guter Polizist, dieser Kollege.

Die Identität der beiden Toten war schnell geklärt, denn es lagen bereits Vermisstenanzeigen vor, die auf zwei junge Frauen, 19 und 20 Jahre alt, hinwiesen. Da mit den

Leichenteilen aber keinerlei Kleidungsstücke aufgefunden wurden, musste die Identifizierung im Institut für Rechtsmedizin anhand anderer Merkmale wie DNA, Zahnstatus und sonstiger individueller Körpermerkmale erfolgen. Bei der 20-jährigen Frau handelte es sich um Christina H., bei ihrer 19-jährigen Freundin um die bosnische Staatsangehörige Yadranca V., die in München geboren und aufgewachsen war.

Die Zusammensetzung bzw. Zuordnung der einzelnen Gliedmaßen gestaltete sich sehr schwierig, da die Leichenteile vermischt worden waren. So bereitete die Zuordnung der Arme und Beine sowie der Köpfe, die allesamt getrennt verpackt waren, einige Probleme. Zumal entsprechende DNA-Analysen natürlich nicht sofort greifbar sind, sondern Zeit brauchen. Also musste man sich an linken und rechten Gliedmaßen sowie an sogenannten Passspuren orientieren, was einem komplizierten Puzzle gleichkam. Dann aber hatten die Mediziner die Leichenteile so zugeordnet, dass am Ende zwei fast vollständig wieder zusammengefügte Körper auf den Sektionstischen lagen. Das eine Bein der 19-Jährigen fehlte und es wurde auch nie gefunden. Mit hoher Wahrscheinlichkeit dürfte es von Tieren, zum Beispiel Füchsen, verschleppt worden sein. Die Überprüfungen durch DNA-Profile bestätigte später übrigens, dass die Rechtsmediziner um Prof. Dr. Wolfgang Eisenmenger die Leichenteile absolut fehlerfrei zugeordnet hatten. Eine weitere wichtige Erkenntnis bestand in der Aussage, dass die Zerteilung der Leiche wohl mit einem größeren Schneidewerkzeug oder scharfrandigen Schlagwerkzeug erfolgt sein müsste, möglicherweise etwas Ähnlichem wie einem Hackebeil. Bei der Abtrennung der einzelnen Beine,

Arme und Köpfe seien allerdings zahlreiche Hiebe erforderlich gewesen, was auf ein nicht mehr sehr scharfes Werkzeug hindeute. Die Torsos seien nicht geöffnet worden, sodass die inneren Organe noch komplett erhalten waren.

Die Handys der beiden toten jungen Frauen waren zuletzt genau dort eingeloggt, wo Damir J. wohnte. Beamte der Münchner Mordkommission ließen die Wohnungstür öffnen, und es dauerte nicht lange, bis sie genügend Blutspuren gefunden hatten, um zu wissen, dass hier ein Verbrechen stattgefunden haben dürfte. Auch wenn ganz offensichtlich versucht worden war, den Tatort zu reinigen. Teilweise waren sogar die Wände frisch gestrichen worden, zumindest in Küche und Badezimmer. Aber Blutspuren so zu beseitigen, dass sie nicht anhand bestimmter Chemikalien wieder sichtbar gemacht bzw. nachgewiesen werden können, ist natürlich unmöglich. Niemand schafft das angesichts der diffizilen Untersuchungsmethoden, die heutzutage üblich sind. Man denke nur an Kommissar DNA, der größten Revolution auf dem Gebiet der Forensik seit Entdeckung der Fingerabdrücke vor ca. 150 Jahren. So stand rasch fest, dass in dieser Wohnung ein Blutbad stattgefunden haben muss; ob hier allerdings auch Leichen zerstückelt wurden, stand gar nicht zur Debatte. Wer denkt denn gleich an so etwas?

Damir J. und sein Vater wurden zwei Tage später festgenommen. Auf einem Parkplatz an der A 8, nur eben auf der anderen Seite, nämlich aus Richtung Süden kommend. Sie waren aus Kroatien zurückgekehrt, wohin sie sich erst einmal in Sicherheit gebracht hatten. Der Vater mit dem Mercedes, Damir mit dem BMW, der natürlich gründlich gereinigt worden war. Allerdings nicht so gründlich, dass man nicht noch ausreichend Spuren finden konnte.

Vor der Münchner Mordkommission legte Damir J. nach gründlicher Beratung mit seinem Anwalt ein umfassendes Geständnis ab. Was auch klug war, denn die Beweislage war erdrückend. Nach diesem Geständnis und nach Abschluss der wesentlichsten Ermittlungen, die tatsächlich alles so bestätigten, wie es vorher niemand geglaubt hätte, waren die meisten Mordermittler und die Staatsanwälte der Kapitalabteilung bei der Staatsanwaltschaft München I erst einmal sprachlos. In dem Sinne, als sie wohl genau wie ich zu dem Schluss kamen, dass dies einer der Fälle ist, den jeder normal denkende Mensch mit den Worten »So etwas gibt es doch gar nicht!« kommentieren würde, hätte sich ein Autor diese Geschichte ausgedacht. Wieder einmal hatte die Realität unsere schlimmste Fantasie übertroffen.

Eine letzte Aussprache hätte es sein sollen an diesem Vormittag. Besser gesagt, ein nochmaliges Verhandeln. Sicherheitshalber hatte Christina H. ihre Freundin Yadranca mitgebracht, da sie wusste, wie aufbrausend Damir sein konnte. Außerdem ging es bei ihm um Alles oder Nichts. Nicht Liebe und Eifersucht standen im Vordergrund, sondern Mitwisserschaft, Gefahr des Verrates und Aufdeckung krimineller Handlungen, deren sich Damir J. jahrelang schuldig gemacht hatte. Sie galt es zu vertuschen. Deshalb musste die einzige Zeugin, die es gab und die ihn zudem auch noch erpresste, sterben. Abgesehen davon, dass ihre Forderungen nach weiterer finanzieller Unterstützung unverschämt hoch waren. Dummerweise hatte sie ihre Freundin mitgebracht, die er eigentlich ganz gut leiden konnte. Also würde ihm gar nichts anderes übrig bleiben, als auch diese zu töten.

Alle drei standen in der Küche. Die beiden Frauen am Küchentisch, er saß auf der Anrichte. Sie stritten erbittert. Christina drohte ihm mit Anzeige und damit, »alles auffliegen zu lassen«. In dem Moment sah er seine Befürchtungen bestätigt. Sie war eine Gefahr und würde es immer bleiben. Er konnte sich nicht darauf verlassen, dass sie nicht doch noch zur Polizei gehen würde. Dann wäre nicht nur er ruiniert, sondern auch sein Vater. Außerdem drohte ihm eine langjährige Gefängnisstrafe.

Mit einem großen, stabilen Küchenmesser, das er griffbereit hinter sich liegen hatte, leitete er den Angriff ein. Der erste Stich traf Christina in den Hals, sie schrie und ließ ihr Handy fallen. Yadranca floh aus der Küche. Sie riss die Wohnungstür auf, rannte schreiend auf den Flur. Das Schicksal wollte es, dass an diesem Tag keiner der Nachbarn zu Hause war. Kurz vorm Aufzug holte Damir die 19-Jährige ein, zog ihr mit voller Wucht eine Saftflasche über den Kopf. Blut spritzte an die Wand neben der Glastür. Ahnungslose Nachbarn würden die Spuren später stillschweigend abwischen. Damir schleifte Yadranca zurück in die Küche und vollendete sein grauenhaftes Werk. Wie besessen stach er auf die beiden am Boden liegenden Frauen ein.

Später zerrte er die leblosen Körper ins Badezimmer und warf sie in die Badewanne. Weil sie noch atmeten bzw. röchelten, fesselte er ihnen vorsichtshalber die Hände mit Kabelbindern auf den Rücken. Denn er war in

Eile. Er konnte nicht so lange warten, bis er sicher sein konnte, dass sie wirklicht tot waren. Im gefesselten Zustand würden sie nicht mehr aus der Wanne kommen, überlegte er. Langsam würden sie ausbluten. Denn jeden Moment würde sein Fahrlehrer anrufen und ihn zur nahegelegenen Fahrschule zitieren, wo er noch die praktische Prüfung für den Motorradführerschein ablegen musste. Die theoretische Prüfung hatte er schon vor dem Treffen mit den beiden Frauen bestanden. Mit null Fehlern.

Kaum hatte er sich umgezogen, als auch schon sein Handy klingelte. Der Fahrlehrer teilte ihm mit, es sei so weit. Zur Fahrschule hatte er nur drei Minuten Fußweg, trotzdem fuhr er mit seinem BMW. Hatte er doch hinterher noch einige Besorgungen zu erledigen. Die praktische Prüfung bestand er mit Bravour. Sowohl Fahrlehrer als auch Prüfer sagten hinterher aus, sie hätten selten einen so aufgeräumten, souveränen und ruhig wirkenden Fahrschüler gehabt. Nicht die kleinste Aufregung habe man ihm angemerkt und nicht den kleinsten Fahrfehler habe er gemacht. Er habe sich auch richtig gefreut und sei ausgesprochen gut gelaunt gewesen, als er sich verabschiedet habe.

Damir J. fuhr dann in einen großen Baumarkt und kaufte dort einen Fahrradanhänger. Eines der Gefährte, in das man kleine Kinder hineinsetzt, wenn Papi und Mami einen Fahrradausflug machen. Des Weiteren kaufte er weiße Wandfarbe, blaue Müllsäcke und diverse Reinigungsmittel. Dann fuhr er nach Hause. Das Fahrzeug stellte er wie immer in der Tiefgarage ab, die zu dieser Tageszeit kaum frequentiert war. Als er in die Wohnung zurückkam, lagen die beiden Körper nahezu unverändert in der Badewanne. Unten lag Christina, auf ihr Yadranca. Beide atmeten nicht mehr. Das Blut war weitgehend abgelaufen.

Zuerst lud er Yadranca in den Fahrradanhänger, fuhr damit ins Treppenhaus und mit dem Aufzug hinunter zur Tiefgarage. Niemand war ihm begegnet. Die Tiefgarage war menschenleer, und so konnte er die Leiche von Yadranca problemlos in den Kofferraum seines BMW wuchten, der groß genug war, um auch noch die Leiche von Christina aufzunehmen. Also fuhr er wieder hinauf und transportierte Christina auf demselben Wege nach unten. Den Fahrradanhänger, der sich zusammenklappen ließ, lud er auf die Rückbank. Dann ging er noch einmal nach oben, beseitigte die gröbsten Blutspuren und rief dann seinen Vater an. Er habe »Mist gebaut«, sagte er zu diesem und dass er ihm helfen müsse. Anschließend ging er zum Auto, fuhr zur Werkstatt des Vaters außerhalb der Stadt und verbarg dort die Leichen in einem Lagerraum, zu dem niemand Zutritt hatte. Angestellte bzw. Mitarbeiter hatte der Vater nicht und das barackenähnliche Gebäude lag ziemlich abseits in einem alten Gewerbegebiet, sodass dies der beste Ort war, an dem man die Leichen vorerst deponieren konnte.

Währenddessen war der Vater, der inzwischen darüber informiert war, welchen »Irrsinn« Damir angestellt hatte, in die Wohnung des Sohnes gefahren und hatte sich darangemacht, die blutverschmierten Decken und Wände neu zu streichen. Farbe, Rollen und Pinsel hatte der Junior ja bereits besorgt. In Küche und Bad waren Fliesenböden verlegt, deren Reinigung relativ einfach war. Am Ende sah rein oberflächlich betrachtet alles wieder ganz ordentlich aus.

Nachdem die Dunkelheit angebrochen war, trafen sich

Vater und Sohn in der Schlosserei. Damir holte die Leichen und legte sie auf den Betonboden der Werkstatt, wo ein Abfluss im Boden eingelassen war. Er hatte vor, sie mit einem Samuraischwert, das er schon seit Jahren besaß und das er von zu Hause mitgebracht hatte, zu zerteilen. Der Vater weigerte sich, ihm dabei zu helfen. Er habe sich die Schwierigkeiten selbst eingebrockt, belehrte er den Sohn. Jetzt solle er die Sache auch selber zu Ende bringen.

Das Samuraischwert war nicht mehr besonders scharf, sodass es mehrere Stunden dauerte, bis er die Extremitäten und die Köpfe abgetrennt hatte. Es war Schwerstarbeit und Damir schwitzte stark. Die Torsos eröffnete er nicht. Der Vater meinte, das würde eine »zu große Sauerei« geben. Er half dem Sohn aber beim Verpacken der einzelnen Teile und später beim Verteilen entlang der Autobahn. Noch in der Nacht waren sie losgefahren. Damir mit seinem BMW, der Vater mit dem Mercedes Cabrio hinterher. Sie wollten zunächst nach Rijeka fahren und dort abwarten, ob in den Nachrichten etwas käme über das Verschwinden der beiden Frauen. Außerdem sollte der Wagen gründlich gereinigt werden. Dann würde man überlegen, was weiter zu tun wäre.

In Rijeka kamen Damir J. und sein Vater zu der Überzeugung, dass man ihnen die Morde nicht so ohne Weiteres würde nachweisen können, falls man sie überhaupt entdecken würde. Bislang war in den Münchner Nachrichten kein Wort darüber zu hören gewesen. Dass die Staatsanwaltschaft eine Nachrichtensperre erlassen hatte und man ihnen längst auf der Spur war, ahnten sie natürlich nicht. Als sie auch noch zu der Einsicht kamen, dass Deutschland ihr Lebensmittelpunkt sei, wo sie ihr gesamtes Hab und Gut hätten, und dass sie sich verdächtig machen könnten, wären sie zu lange verschwunden, entschlossen sie sich, zurückzukehren. Das taten sie dann auch. Als sie den Grenzübergang bei Freilassing hinter sich hatten und zurück waren auf deutschem Boden, steuerten sie mit beiden Wagen den nächsten Rastplatz an. Dort fielen sie der Besatzung des Kontrollfahndungstrupps Süd auf, deren Aufgabe es ist, die früheren Grenzkontrollen zu ersetzen, was diese Truppe auch sehr erfolgreich tut. Und schon klickten die Handschellen.

Der Vater von Damir J. ging straffrei aus, da ihm weder eine Beteiligung an der Tat noch eine aktive Unterstützung bei der Zerstückelung der Leichen nachgewiesen werden konnte. Und wegen Strafvereitelung konnte er nicht belangt werden, weil er sie zugunsten eines Angehörigen begangen hatte. Denn niemand muss einen Verwandten oder nahen Angehörigen »ans Messer liefern«, wie man so schön sagt. Und das ist auch gut so.

Damir J. wurde zu lebenslanger Haft verurteilt. Als vorrangiges Mordmotiv sah das Gericht das Mordmerkmal »Verdeckung einer Straftat« als verwirklicht an. Mit anderen Worten: Er hatte zwei Menschen ermordet, um die Aufdeckung seiner kriminellen Machenschaften zu verhindern. Das nennt man Verdeckungsmord. Da auch die besondere Schwere der Schuld festgestellt wurde, erwartet ihn nach heute geltenden Maßstäben eine Haftdauer von etwa 22 bis 25 Jahren. Zumindest in Bayern. Denn hier gehen die Uhren bekanntlich (noch) etwas anders. Sollte der Herr Häftling allerdings auf die Idee kommen, beispielsweise eine Hessin oder Bremerin zu heiraten – sogenannte Mörder-Groupies gibt es ja genug – und sich daraufhin wegen der Nähe zur Ehepartnerin in eine der dortigen Strafanstalten verlegen zu lassen, hätte er gute Chancen, schon ein paar Jährchen früher wieder frei herumlaufen zu dürfen. Weil nämlich in einigen Bundesländern das Bestreben vorherrscht, auch Menschen wie ihm eine baldige Wiedereingliederung in die menschliche Gesellschaft zu ermöglichen. Und einer erfolgreichen Wiedereingliederung läuft eine allzu lange Inhaftierung nun einmal zuwider, oder? Jedenfalls nach Meinung all der vielen sogenannten Gutmenschen, die es in diesem unserem Lande inzwischen wie Sand am Meer gibt und die alle Polizisten als Hardliner betrachten, weil diese noch dem archaischen Gedanken der Sühne anhängen würden. Wo doch Sühne nichts anderes sei als die Befriedigung primitivster Rachegefühle. Jedenfalls beträgt auch die durchschnittliche Haftdauer für Mörder, die zu lebenslanger Freiheitsstrafe verurteilt wurden, in manchen Bundesländern nicht mehr als acht Jahre, während es im »rückständigen« Bayern noch immer ca. 18 Jahre sind, die man absitzen muss. Fragt sich nur, wie lange noch?

LEICHENZERSTÜCKELUNG

Das Zerstückeln von Leichen ist leider nicht so selten, wie man glauben mag. Im Laufe der Jahre hatten sich mehrere solcher Fälle allein im Zuständigkeitsbereich der Münchner Mordkommission ereignet. Diese schwer nachvollziehbare, abstoßende Handlungsweise hat in erster Linie rein logistische Gründe. Denn wenn das Corpus Delicti verschwunden ist, kann man nichts nachweisen. Vermuten zumindest diejenigen, die sich dazu entschließen, ihr Opfer in seine Einzelteile zu zerlegen. Das ist natürlich ein Irrtum, weil in Deutschland eine Verurteilung auch ohne Leiche möglich ist. Natürlich ist es schwieriger, ohne das Hauptbeweisstück das wahre Motiv und die tatsächliche Tathandlung nachzuweisen. Aber mir ist kein Fall bekannt, wo es nicht zu einer Verurteilung gekommen wäre. Es möge also niemand glauben, mit der Beseitigung der Leiche könne er auch eine Überführung verhindern und damit einer Verurteilung entgehen. Aber Täter verhalten sich eben manchmal wie kleine Kinder, die aus Angst vor Entdeckung und Strafe den Gegenstand, den sie kaputt gemacht haben, verstecken und meinen, dadurch würde ihnen niemand auf die Schliche kommen. Dass es große Überwindung kosten dürfte, derart Ekeliges durchzuführen, steht wohl außer Frage.

Manche tun es aus einer Art Panik heraus, andere aus kaltem Kalkül und ganz wenige, weil sie pervers sind.

Manche Täter haben gar keine andere Wahl, als die Leiche verschwinden zu lassen. Beispielsweise dann, wenn es sich beim Tatort um die eigene Wohnung handelt. Und das ist sehr oft der Fall. Die meisten Morde sind nun einmal Beziehungstaten, und die meisten Beziehungstaten werden in den eigenen vier Wänden begangen. Insofern ist die Feststellung, dass die eigene Wohnung in Bezug auf Tötungsdelikte der gefährlichste Platz auf der Welt ist, durchaus zutreffend. Rein statistisch jedenfalls ist der Ort, an dem wir Menschen uns am geborgensten und sichersten fühlen, viel gefährlicher als jede dunkle Tiefgarage, jeder menschenleere U-Bahnhof oder jede dunkle Gasse in einem verrufenen Viertel.

Also wohin mit dem toten Körper? Ihn in einem Stück wegzuschaffen, ist im wahrsten Sinne der Wortes oft zu schwer und/oder zu auffällig. Die Gefahr, entdeckt zu werden, ist natürlich ungleich größer, wenn man einen schweren Körper durch die Gegend schleppt, als ihn in transportable Teile zu zerlegen und diese einzeln zu entsorgen. So erinnere ich mich an einen Fall, bei dem der Täter die Leiche in einen Teppich eingerollt und zu einem Müllcontainer getragen hatte. Prompt wurde er beim Schleppen seiner sperrigen Last beobachtet. Die Polizei wurde gerufen und er wurde festgenommen. Tatort war die gemeinsame Wohnung gewesen.

Das Zerstückeln von Leichen geschieht also nur in ganz seltenen Fällen aus einer sexuellen Perversion oder einer psychischen Störung heraus. Obwohl es solche Fälle natürlich auch gibt. Hin und wieder sind solche Handlungsweisen auch verbunden mit dem Essen von Leichenfleisch. Wie zum Beispiel im Fall eines 32-jährigen Studenten, der seinen 82 Jahre alten Mentor, mit dem er jahrelang in einer homoerotischen Beziehung zusammengelebt hatte, erwürgte und zerteilte, um sich dann ein Stück frischer, noch warmer Leber einzuverleiben, wie er später genüsslich schilderte. Er tat dies aus Vergeltung für die Unterdrückung, die er von dem »alten Tyrannen« jahrelang hatte ertragen müssen. Von der kleinen Brotzeit im Anschluss an die Zerteilung berichtete der Beschuldigte in seinem umfassenden, schonungslos offenen Geständnis mit Genugtuung und fast triumphierend. Aber erst, nachdem er darauf angesprochen worden war. Bemerkt wurde dieser Akt von Kannibalismus übrigens im Rahmen der Obduktion und der Zusammensetzung der Leichenteile, die auf mehrere Mülltonnen in der Umgebung der Tatwohnung im Münchner Norden verteilt worden waren. Die Rekonstruktion gelang den Medizinern im Institut für Rechtsmedizin so vollständig, dass den Obduzenten das Fehlen dieses kleinen Stückchens Leber aufgefallen war. Sie meldeten den Befund sofort der Mordkommission, wo gerade die Vernehmung lief. Nur so kam dieses ekelige Detail überhaupt ans Tageslicht. Woran man nicht nur erkennen kann, wie gründlich Rechtsmediziner arbeiten, sondern auch erahnen kann, wie hoch die Dunkelziffer bezüglich solcher Handlungsweisen sein dürfte.

Die Tat war durch einen Anwohner entdeckt worden, dem sich beim Entsorgen seines Hausmülles ein Arm entgegengestreckt hatte, der aus einer der Tüten herausgerutscht war. Die Protokollführerin sagte übrigens nach dieser Vernehmung die Teilnahme an einer Leberkäse-Brotzeit ab und schwor, nie wieder Fleisch zu essen. Ob sie diesen Entschluss bis heute durchgehalten hat, entzieht sich aber meiner Kenntnis.

Besonders raffiniert in Bezug auf die »Entsorgung der Leiche« handelte ein Vertreter, der eines Morgens seinen Chef in dessen Tiefgarage mit einem Wagenheber erschlug, den Toten in den Kofferraum seines Pkw wuchtete und damit zum Arbeitsgericht fuhr, wo der Prozess wegen seiner Kündigung stattfinden sollte, gegen die er Widerspruch eingelegt hatte. Alle fragten sich, wo der Chef bleibt, der pünktlich seine Wohnung verlassen hatte, wie seine Frau auf telefonische Rückfrage bestätigte. Dass dessen Leiche draußen vor dem Gebäude im Kofferraum seines Angestellten lag, ahnte freilich niemand. Der fuhr dann durch halb Deutschland in seine Heimatgemeinde, zerstückelte in seinem Schrebergarten die Leiche, warf die Extremitäten in den nahen Fluss und legte den Torso in ein frisch ausgehobenes Grab des nahen Friedhofes, wo anderntags eine Beisetzung stattfinden sollte. Da er den Torso mit Erde bedeckt hatte, fiel niemandem etwas auf. Und so setzte man den Sarg darauf und schaufelte das Grab später zu.

Der Täter wurde natürlich gefasst und überführt, was zugegebenermaßen nicht einfach war. In seinem Geständnis offenbarte er schließlich auch den Ablageort des Torsos. Bei dessen Exhumierung, die wie üblich im Morgengrauen vor Friedhofsöffnung stattfand und bei der eine Atmosphäre wie in einem Edgar-Wallace-Thriller allein schon dadurch entstand, dass tatsächlich eine schwarze Katze fauchend aufschreckte und bei Vollmond im Nebel verschwand, versuchte er sich auf der Friedhofstoilette das Leben zu nehmen, indem er eine Kugelschreibermine in eine dummerweise dort vorhandene Stromdose steckte und die andere Hand ins Wasser der Kloschüssel hielt. Ein Kollege musste über die Klowand klettern, sprang auf den Lebensmüden drauf und krachte mit ihm samt der Toilettenschüssel in die darunter liegende Grube, die Gott sei Dank nicht so tief war wie das Grab, aus dem sie dann den Torso bargen. Damit rettete er dem lebensmüden Mörder das Leben, während er selber an Krebs erkrankte und später daran starb. Das nur nebenbei und in Anlehnung an die Frage, ob das Leben gerecht ist.

Immer wenn ich gefragt wurde, worin der Unterschied zwischen Fiktion und Realität besteht, habe ich diesen Fall erzählt und damit die Frage verbunden, was wohl Kritiker sagen würden, würde sich ein Autor oder Drehbuchschreiber diesen Sachverhalt ausdenken. Woraus man die Erkenntnis ziehen kann, dass die unwahrscheinlichsten, verrücktesten und skurrilsten Geschichten noch immer das Leben schreibt.

Einer der ekeligsten und schwierigsten Fälle in Bezug auf Mord ohne Leiche, der sich in unserem Zuständigkeitsbereich ereignet hatte, war der eines Asiaten. Der Mann wurde wegen Körperverletzung mit Todesfolge verurteilt, weil man nicht nachweisen konnte, wie und warum es zur Tat gekommen ist. Man wusste nur, dass er seine Frau vorsätzlich getötet hat. Darauf deuteten großflächige Blutspuren unter dem Teppich hin und Knochenreste im Siphon der Badewanne und des Spülbeckens in der Küche. Da mehrere Mitbewohner des Hauses über gelegentlichen bestialischen Gestank berichteten, der während eines bestimmten Zeitraumes aus der Wohnung kam, und da die Schwägerin des Beschuldigten bzw. die Schwester der Getöteten aussagte, es würde ein großer Fleischtopf fehlen, gelangten wir zur Überzeugung, dass er seine Frau zerstückelt und die Fleischteile so lange gekocht hatte, bis sie zu kleineren, transportablen Klumpen zusammengeschrumpft waren. Jede Hausfrau kennt das: Je länger man Fleisch kocht, desto kleiner und fester werden die Stücke. Und es stinkt widerlich.

Als man schließlich nahe der großen Häckselanlage jener Gärtnerei, in der unser Täter arbeitete, auffällige Plastiktüten aus seiner Wohnung mit DNA-Spuren seiner Frau fand, war allen klar, was er mit den Fleischklumpen gemacht hatte. Da aber das Zerstückeln und das Entsorgen von Leichen rein rechtlich allenfalls als Störung der Totenruhe strafbar ist, konnte dem eisern schweigenden Mann nur die mildeste Form eines Tötungsdeliktes, nämlich Körperverletzung mit Todesfolge, nachgewiesen werden. Dass er den Tod der Frau zumindest billigend in Kauf genommen haben könnte, dafür gab es keine Beweise und nicht einmal genügend stichhaltige Indizien, geschweige denn, dass ein Mordmerkmal wie Habgier, Heimtücke oder Grausamkeit nachzuweisen war. Der Täter wurde zu fünf Jahren Freiheitsstrafe verurteilt.

WOLLUST

Alexander W. lag schon eine ganze Stunde zwischen den weit gespreizten Beinen der Prostituierten und stierte in ihre Vagina. Er wartete darauf, in Erregung zu geraten. Aber es wollte nicht funktionieren. Obwohl die junge und hübsche Liebesdienerin sehr geduldig war. Sie hatte dem jungen Mann sogar angeboten, ihn zu stimulieren, als sie bemerkte, eine völlig unerfahrene »Jungfrau« vor sich zu haben. Alexander W. lehnte aber ab. Er wollte nicht, dass sie ihn anfasste. Er war überzeugt, nur auf seine Weise könne es endlich klappen. Er sei schließlich schon öfters erregt gewesen und habe onaniert, wenn er Bilder nackter Frauen angesehen habe. Nun, da er eine Vagina in Natura vor sich habe, müsste er doch erst recht erregt werden, um endlich einmal mit einer Frau schlafen zu können. Wie ein richtiger Mann eben. Das war sein sehnlichster Wunsch. Diesem Gedanken hatte er alles untergeordnet. Auch sein Studium. Und weil alle bisherigen Versuche, eine junge Frau kennenzulernen, mit der er Geschlechtsverkehr würde haben können, gescheitert waren, hatte er vor 14 Tagen mitten am helllichten Tage eine Bank in der belebten Schwabinger Leopoldstraße überfallen, um an das Geld zu kommen, das er brauchte, um Plan B umzusetzen: Erfüllung durch käuflichen Sex.

Mit einem Gasrevolver bewaffnet und mit Wollmütze getarnt, hatte er die Bank betreten, Kunden bedroht und den Kassierer aufgefordert, ihm »nur die großen Scheine« auszuhändigen. Das klappte und mit insgesamt 17 000 D-Mark flüchtete Alexander W. aus dem Schalterraum, versteckte sich gleich nebenan in einem Nachbarhaus, das er vorher ausbaldowert hatte, und wartete, bis er nach Stunden sicher sein konnte, dass nun auch der letzte Streifenwagen abgezogen war. Unbehelligt fuhr er dann samt seiner in einer Plastiktüte verstauten Beute mit U-Bahn und Bus nach Moosach, wo er ein Zimmer im Nebengebäude eines Einfamilienhauses angemietet hatte. Die Beute zählte er gar nicht. Geld interessierte ihn ohnehin nicht sonderlich. Und zum Leben reichten ihm eine Packung Toastbrot und ein Glas Marmelade eine ganze Woche lang. Dazu gab es nur Wasser.

An der Bar des Bordells in München-Moosach, das er noch am selben Abend aufsuchte, erklärte er der jungen Prostituierten, die ihn gefragt hatte, ob er etwas trinken wolle, er sei gekommen, um mit einer Dame den Geschlechtsverkehr auszuüben. Er legte 1500 D-Mark auf den Tresen und sorgte auf diese Weise dafür, dass die junge Prostituierte ganz plötzlich glänzende Augen bekam.

Er folgte ihr aufs Zimmer. Als sie Anstalten machte, ihn auszuziehen, wehrte er ab. Er verlangte, sie erst nackt betrachten zu dürfen, und zwar ihren »intimsten Bereich«, wie er sich ausdrückte. Also entledigte sich die Dame ihrer wenigen Kleidungsstücke, setzte sich aufrecht auf das Bett, den Rücken am Kopfende angelehnt, und spreizte die Beine. Damit hatte er genügend Platz, sich bäuchlings vor sie hinzulegen, mit dem Kopf zwischen ihren Schenkeln und das Gesicht ganz dicht vor der geöffneten Vagina. Nach einer Stunde reglosen Daliegens verspürte er noch immer keine Erregung. Er stellte sich die Frage, woran es liegen könnte. Wahrscheinlich, so mutmaßte er, müsse man dazu primitiv sein und dumm. Und das sei er eben nicht. Er wurde zornig. Wütend sprang er auf, schimpfte laut und rannte aus dem Zimmer. Anziehen musste er sich nicht, denn er hatte sich ja gar nicht ausgezogen.

Seit ca. zwei Monaten wohnte der 23-jährige Student in dem kleinen, aus nur einem Zimmer mit Dusche und Toilette bestehendem kleinen Nebengebäude, einer Art Gartenhaus, das allerdings ausgebaut und beheizt war. Hier war er völlig ungestört. Das Haupthaus, ein gepflegtes Einfamilienhaus, stand in einiger Entfernung auf dem großen Grundstück einer ruhigen Wohnsiedlung in München-Moosach. Als er zu Hause war, arbeitete es wieder einmal in ihm. Wie immer halt. Plan A war gescheitert, das stand fest.

Seit Alexander W. vor knapp einem Jahr von Ostfriesland nach München gekommen war, um hier zu studieren, hatte er vergeblich versucht, eine Kommilitonin als Freundin zu gewinnen. Zu mehr als oberflächlichen Kontakten mit jungen Frauen war es nie gekommen. Er traute sich einfach nicht, Privates anzusprechen. Einmal allerdings hatte ihn eine junge Mitstudentin zu einem Spaziergang im Englischen Garten eingeladen. Sie hatten nett geplaudert. Natürlich über nichts anderes als das Studium. Als sie ihn aber aufgefordert hatte, sich doch ein bisschen auf eine Bank zu setzen, weil es hier so schön ruhig wäre, war er überzeugt, diese Chance ergreifen zu müssen. Also schlang er blitzschnell seinen rechten Arm um ihren Hals und riss sie mit einem kräftigen Ruck zu sich heran. Dann versuchte er, seine Lippen auf die ihren zu pressen. Die Reaktion der jungen Frau war allerdings anders, als er es erwartet hatte. Sie sprang auf, schrie wie am Spieß um Hilfe und rannte weinend und völlig geschockt davon. Auch er suchte schleunigst das Weite.

Soziale Kontakte unterhielt er zu keinem einzigen Menschen. Verschiedentlich hatte er sich an der Isar, in Parks oder in vielbesuchten Waldgebieten herumgetrieben, um vom sicheren Dickicht aus Liebespaare oder nackte Frauen zu beobachten, die zumindest an sonnigen Tagen an der Isar reichlich anzutreffen waren. Fast wäre er einmal von Radfahrern erwischt worden, als er gerade onanierte und nicht aufgepasst hatte. Damals hatte er sich fest vorgenommen, nicht mehr in den Wald zu gehen.

Am Ostbahnhof, dort wo die Busse ankommen und abfahren, hatte er eine Alternative zu seinen Waldspaziergängen gefunden. Auch wenn es sehr mühsam war. Oft musste er stundenlang warten, bis sich eine günstige Situation ergab. Erst wenn eine junge Frau ganz allein in einem Bus saß und auf die Abfahrt wartete, der Busfahrer noch außerhalb war und keine weiteren Fahrgäste in der Nähe, konnte er es wagen. Er begab sich in den Bus, setzte sich kurz hinter die junge Frau und schaute sich noch einmal um. Dann stand er auf, trat vor sie hin, ließ seine Hosen bis zu den Knien herunter und onanierte vor ihren Augen. Es dauerte nur Sekunden, bis es zum Samenerguss kam, so erregt war er. Nun musste er nur noch darauf achten, dass das Ejakulat an die rückwärtige Sitzlehne des Vordersitzes direkt vor der jungen Frau spritzte, um es sogleich vor deren Augen wieder ablecken zu können. Dann rannte er wie vom Teufel gehetzt aus dem Bus, nicht ohne vorher noch einen ganz kurzen Moment die vor Entsetzen weit aufgerissenen Augen seiner wie gelähmt wirkenden Opfer genussvoll in sich aufzusaugen und mit nach Hause zu nehmen, wo er gleich nochmals onanieren konnte.

Nun saß er also wieder einmal am Tisch in seinem karg eingerichteten Zimmer und dachte intensiv über Plan C nach. Ihn galt es jetzt umzusetzen, nachdem alle anderen Versuche gescheitert waren. Letzte Möglichkeit, mit einer Frau Geschlechtsverkehr zu haben, sei wohl nur noch der Weg der Gewalt. Gewalt über eine Frau auszuüben, könnte eine Lösung sein. Er hatte darüber entsprechende Literatur gelesen und die Erkenntnis gewonnen, dass Sexualität und Gewalt kompatibel und praktikabel sind. Eine Alternative zur Kombination von Sexualität und Zärtlichkeit eben. Das könnte die Lösung sein, überlegte er. Es komme nur auf seine eigenen Bedürfnisse an. Die Frau müsse er als reines Objekt der Begierde betrachten, dessen man sich gewaltsam bemächtigt.

Weil er natürlich wusste, dass wohl keine Frau bereit sein würde, sich ihm freiwillig einfach so hinzugeben, bliebe wohl nur eine Lösung: Vergewaltigung. Obwohl er für körperliche Auseinandersetzungen einfach nicht geschaffen sei. Er hielt sich für einen Mann des Geistes, des scharfen Verstandes. Deshalb hatte er auch den Sportunterricht in der Schule gehasst, denn Sport war für ihn auch nichts anderes als körperliche Gewalt. Abgesehen davon, dass er beim Sportunterricht dem Hohn und Spott seiner Mitschüler in besonderem Maße ausgesetzt war, weil er sich so unbeholfen angestellt hatte.

Sein Plan stand also fest. Er musste nur noch eine geeignete Örtlichkeit finden, wo er eine Frau überfallen und vergewaltigen konnte. Hilfeschreie seines Opfers, so seine Überlegung, müsse er natürlich sofort im Keim ersticken. Am besten durch einen Überraschungsangriff. Zunächst mit Tränengas und dann durch den Einsatz eines Messers, überlegte er. Ja, so müsste es funktionieren. Er müsste ein Gebäude, ein Appartement finden, in dem eine Frau alleine lebt. Er würde läuten, sie würde öffnen. Er würde ihr Tränengas ins Gesicht sprühen. Und wenn sie schrie, würde er das Messer einsetzen, um sie schnell zum Schweigen zu bringen. Dann könnte er sie ohne die geringste Gegenwehr und ohne dass sie ihn und seine Unerfahrenheit überhaupt wahrnehme, in aller Ruhe vergewaltigen. Wie das genau funktionierte und wo er sein Glied einführen müsste, wusste er natürlich. Wenn auch nur rein theoretisch. Jetzt musste er nur noch das geeignete Objekt suchen und dort ein passendes Opfer finden. Allein der Gedanke daran erregte ihn. Er musste onanieren.

Christine S. öffnete die Augen. Sie wusste nicht, wo sie war, registrierte nur langsam, dass sie in einem Krankenzimmer lag. Panik erfasste sie. Was war geschehen? Dann sah sie ihre Mutter. Diese beugte sich über sie und sprach leise und zärtlich auf sie ein. Sie hatte verweinte Augen. Nach und nach erst kam die Erinnerung zurück. Das Letzte, woran sie sich erinnerte, waren ihre brennenden Augen. Sie sah den Mann vor sich, sein zur Fratze verzerrtes Gesicht. Sie wusste noch, dass sie schrie, und dann spürte sie nur noch Schläge gegen ihren Rücken. Aber keine Schmerzen.

Die 23-jährige Frau war vier Tage vorher, am Donnerstagabend, 8. Oktober, gegen 17.00 Uhr, blutüberströmt in ihrem Appartement im vierten Stock des Studentenwohnheimes im Olympiadorf gefunden worden. Sie lag am Boden, die Tür stand weit offen. Mitstudenten hatten ihre gellenden Schreie wahrgenommen und nachgesehen. Allerdings nur zögerlich, sodass sie auch den Mann nicht mehr bemerken konnten, der davonrannte. Die einzelnen Stockwerke des Hochhauses konnte man per Lift oder über die Treppe erreichen. Dort gingen dann jeweils links und rechts die langen Flure weg zu den beiderseits angeordneten Zimmerchen, ca. 20 auf jeder Seite. Es waren um diese Zeit nicht viele Bewohner zu Hause.

Das Appartement von Christine S. lag ganz am Ende des Flures auf der rechten Seite, wenn man den Gang betreten hat, der nur durch eine offenstehende Glastür vom Treppenhaus abgetrennt war. In den unmittelbaren Nachbarzimmern war zum Zeitpunkt der Tat niemand anwesend.

Der Notarzt war sehr schnell da. Er stellte zahlreiche Einstiche im Rücken fest. Die Frau hatte bereits viel Blut verloren. Sie war nicht mehr ansprechbar. Schon 20 Minuten später lag sie im nahen Schwabinger Krankenhaus auf dem Operationstisch. Sie benötigte Bluttransfusionen. Insgesamt zwölf Einstiche wurden gezählt, jeder einzelne davon hätte tödlich verlaufen können, wäre sie nicht so rasch ärztlich versorgt worden.

Christine S. studierte Medizin an der Münchner Ludwig-Maximilians-Universität (LMU). Sie wollte Kinderärztin werden. Noch zwei Semester und sie hätte es geschafft gehabt. Die junge, hübsche Frau kam aus Helmbrechts, einer kleinen Stadt in Oberfranken. In München hatte sie sich wohl gefühlt, auch wenn sie an den Wochenenden regelmäßig zu ihren Eltern nach Hause fuhr. Der Vater war Arzt, die Familie gut situiert. Sie hatte noch einen jüngeren Bruder, der das Gymnasium besuchte und in einem Jahr sein Abitur machen würde. Eine heile Welt also, die mit einem Male zerstört worden war. Ganz plötzlich und unerwartet. Aber es sollte noch schlimmer kommen, als es ohnehin schon war.

Mehrere Ärzte kamen in ihr Zimmer und überbrachten ihr im Beisein ihrer Mutter, die es schon wusste und die deshalb ihre Tränen nicht zu stoppen vermochte, eine gute und eine schlechte Nachricht. Die gute war, dass sie außer Lebensgefahr sei. Die schlechte war, dass sie dennoch nie mehr ganz gesund werden würde, weil sie leider eine kontaminierte Blutkonserve erhalten hatte. Anders ausgedrückt: Das Fremdblut, das ihr durch Transfusionen zugeführt worden war, sei mit Hepatitis B infiziert gewesen. Was das bedeutete, musste man ihr nicht erklären. Als Medizinstudentin wusste sie, dass es ein Leben mit stark eingeschränkter Lebensqualität bedeuten würde, wolle sie keinen schweren Leberschaden erleiden. Ein Diät-Leben also, ohne all das, was das Leben eigentlich lebenswert macht.

Obwohl die Münchner Mordkommission in den vergangenen Tagen auf Hochtouren ermittelt hatte, wurden keinerlei Hinweise auf einen möglichen Täter gefunden. Dutzende von Zeugen waren befragt worden, und die Spurensicherung war noch immer damit beschäftigt, Fingerspuren nicht nur am unmittelbaren Tatort, sondern im ganzen Haus zu suchen. Überall dort eben, wo nach menschlichem Ermessen der Täter solche hinterlassen haben könnte. Im Aufzug beispielsweise oder an der gläsernen, aber nie verschlossenen Zugangstür, die das Treppenhaus von den einzelnen Fluren abtrennte. Ein schier aussichtsloses Unterfangen angesichts der Tatsache, dass in dem Haus täglich Hunderte von Menschen aus- und eingingen. Aber vielleicht, so die Hoffnung, hätte sich ja eine Spur gefunden, die in der Verbrecherdatei schon registriert war. Auch die sofortige Fahndung nach dem Täter im gesamten Münchner Norden war erfolglos geblieben. Was natürlich auch daran lag, dass man gar nicht so recht wusste, wie die Person aussah, nach der man suchte. Nur eine einzige Zeugin hatte einen Mann über den Parkplatz wegrennen sehen und konnte sagen, dass es ein jüngerer Mann gewesen sein dürfte, der eine Art Parka trug. Nicht viel für eine Sofortfahndung.

Die erste Frage, die sich Ermittler in einem solchen Fall stellen: War es eine Beziehungstat oder war Christine S. ein Zufallsopfer? Rein statistisch wäre Ersteres wesentlich wahrscheinlicher. 80 Prozent aller Tötungsdelikte sind Beziehungstaten. Darunter versteht man, dass zwischen Täter und Opfer eine mehr oder weniger enge, aber gegenseitig wahrgenommene Vorbeziehung bestand. Angefangen vom rein nachbarschaftlichen Verhältnis bis hin zur Partnerschaft. Das bedeutete natürlich, dass man das gesamte Umfeld der jungen Studentin unter die Lupe würde nehmen müssen, und zwar nach dem alten kriminalistischen Grundsatz: Ermittlungen von innen nach außen. Beginnend bei den engsten Bezugspersonen und sich sukzessive ausdehnend bis an den äußersten Rand ihres persönlichen Umfeldes. Parallel dazu durften natürlich auch all die anderen Eventualitäten und Möglichkeiten nicht vernachlässigt werden, denn bei unbekannter Täterschaft ermittelt man in alle Richtungen.

Zwei Beamte der Mordkommission durften am 13. Oktober mit Christine S. reden. Es war unglaublich, aber sie war wieder voll ansprechbar. Eine tolle Leistung der Ärzte, sieht man von dem Unglück mit der Bluttransfusion ab. Die Beamten hatten einen Kollegen aus dem Bayerischen Landeskriminalamt mitgebracht. Einen Polizeizeichner, der nach den Angaben der Zeugin ein Phantombild fertigen sollte, korrekt Fahndungsporträt genannt.

Christine S. hatte das Bild des Täters vor sich. Wenn auch nur verschwommen. Aber in einem war sie sich absolut sicher: Er war noch sehr jung, hatte aber bereits eine Vollglatze mit Haarkranz. Zwei Stunden dauerte die Arbeit, dann war die Skizze fertig. Der Zeichner wollte das Bild noch einmal überarbeiten. Die Ermittler begannen mit der Vernehmung. Und Christine S. öffnete sich. Ihr war bewusst, sie würde diesen Vorfall nur verarbeiten können, wenn sie wüsste, wer ihr das angetan hat und warum. Deshalb würde sie den Beamten auch alles sagen, was es zu sagen gäbe. Auch wenn sie den Mann, der sie angegriffen hat, noch nie zuvor gesehen hatte. Dennoch breitete sie ihr gesamtes bisheriges Leben aus und erzählte von sämtlichen Liebschaften und Beziehungen, die sie bislang hatte. Sie habe derzeit keinen festen Freund, es gäbe niemand aus ihrem familiären Umfeld oder aus ihrem Freundes- und Bekanntenkreis, der auf sie eifersüchtig sein könnte oder der einen Grund habe, ihr so etwas anzutun.

Das Phantombild, das der Zeichner gefertigt hatte, löste bei ihr keine spontane Reaktion aus, wie beispielsweise den Ausruf: »Genau so sah er aus« oder »Das ist er«. Ein schlechtes Zeichen. Denn Phantombilder sind nur sinnvoll, wenn sie auch wirklich gut sind. Und ob sie gut sind, hängt wiederum von der Beobachtungs- und Wiedergabefähigkeit der jeweiligen Zeugen ab. Andernfalls sind sie eher kontraproduktiv und können in völlıg falsche Richtungen führen. Irgendwie stimmten die Haare nicht, meinte sie. Die Glatze sei zwar genau wie auf dem Bild dominierend gewesen, aber der Haarkranz sah irgendwie anders aus. Aber wie, wisse sie auch nicht. Es sei mehr ein Gefühl. Damit beließ man es bei der Zeichnung. Besser als nichts, hieß es. Was sich einerseits als nachteilig, andererseits aber als hilfreich erweisen sollte. So zwiespältig kann eben nur Kriminalistik sein.

Die Überprüfung des Umfeldes des Tatopfers hatte nichts erbracht außer der Gewissheit, dass es sich bei Brigitte R. um ein Zufallsopfer handeln musste. Was auch denkbar war in einem Wohnhaus dieser Größenordnung, in dem aufgrund der starken Fluktuation Fremde nicht auffallen und sich die Bewohner kaum kennen. Bis zum Jahresende kamen wir aber zu keinem konkreten Verdacht und auch nicht mehr zum Verschnaufen. Denn neben dem Mordversuch an Christine S. gab es noch eine Reihe weiterer Tötungsdelikte mit unbekannter Täterschaft, die noch nicht geklärt waren. Ein verflixtes Jahr, in dem wir weit unterhalb der sonst üblichen Aufklärungsquote von mindestens 90 Prozent bleiben würden.

Hunderte von Personen wurden überprüft, Dutzenden von Hinweisen war nachgegangen worden – ohne Ergebnis. Das mehrfach veröffentlichte Phantombild hatte zu zahlreichen Hinweisen auf verdächtige Personen geführt, was wohl daran lag, dass es anscheinend mehr Männer mit Vollglatze gab, als ich mir bis dahin vorstellen konnte. Das ging schließlich so weit, dass mir jeder Mann sofort ins Auge stach, der mir auf der Straße oder in der

U-Bahn begegnete und den nur noch ein dürftiger Haarkranz zierte. Nicht wenige hatte ich angehalten, mit zur nächsten Polizeiinspektion genommen und überprüft. Einige Male gab es auch Probleme bis hin zu Widerstandshandlungen.

Die Spurensicherung hatte keine einzige tatrelevante Spur finden können: keine Fingerspuren, kein fremdes Blut, keine Messer, keine detailliertere Personenbeschreibung. Nur eine Tränengassspraydose hatte der Täter zurückgelassen. Ohne Fingerabdrücke. Vermutlich hatte er Handschuhe getragen. Bei der Dose selbst handelte es sich um eine Allerweltsmarke, die es in jedem Fachgeschäft zu kaufen gab. Das war besser als nichts. Im Zusammenhang mit dem Phantombild hätten ja Hinweise aus einem Waffengeschäft kommen können. Was aber leider nicht der Fall war. Wir hatten also nichts, mit dem man einen zu Überprüfenden hätte ausscheiden oder überführen können und waren auf die klassischen kriminalistischen Methoden angewiesen. Also auf Hinweise aus der Bevölkerung, langwierige Alibiüberprüfungen, Überprüfungen des Leumunds und des Umfeldes, das sogenannte kriminalistische Gespür und die Vernehmungskunst. Wieder und wieder durchstreiften wir viele Stunden lang das Olympiadorf, hielten die Augen offen, sammelten Hinweise und gingen diesen nach. Es gab zwar interessante Spuren, die das berühmte Aha-Erlebnis auslösten, aber genauso schnell folgte jedes Mal wieder die Enttäuschung. Da begriff ich, dass Mordermittlungen mitunter einer Berg- und Talfahrt gleichen, ohne dass man weiß, ob der Zielbahnhof – sofern man ihn je erreicht – am Berg oder im Tal liegen wird. Und so ging das Jahr zu Ende, und vom Täter fehlte noch immer jede Spur.

Zum Jahreswechsel hatten die Medien ausführlich über die bislang noch ungeklärten Mordfälle in München berichtet und im Hinblick auf die schlechte Aufklärungsquote die Frage aufgeworfen: »Was ist los bei der Mordkommission?« Jedenfalls wurden im Rahmen dieses Jahresrückblickes auch Fotos von Opfern und verschiedene Phantombilder veröffentlicht. Darunter auch unseres. Und wieder gingen Hinweise ein. Aber diesmal waren zwei darunter, die nicht nur mich elektrisierten, sondern auch meine Kollegen in helle Aufregung versetzten. Beide Hinweise betrafen nämlich ein und dieselbe Person. Und es sah nicht nach Zufall aus.

Der erste Hinweis kam von einer jungen Studentin. Sie hatte in der Uni, unweit der Mensa, einen Mitstudenten beobachtet, der das von uns dort am Schwarzen Brett angebrachte Phantombild abgerissen und eingesteckt haben soll. Zugegeben, das alleine klang noch nicht so heiß. Schließlich gibt es nicht nur unter Studenten genügend Leute, die ein gestörtes Verhältnis zu den Strafverfolgungsbehörden haben und jede Unterstützung derselben ablehnen.

Interessanter klang aber der zweite Teil dieser Aussage. Der Kommilitone sei schon seit geraumer Zeit in keiner Vorlesung mehr gewesen. Abgesehen davon, dass er sich »merkwürdig« benehme, habe er richtig gehetzt gewirkt, habe sich mehrfach umgeschaut, bevor er das Plakat abriss, habe es dann aber nicht einfach in den Papierkorb geworfen, der daneben stand, sondern habe es eingesteckt. Das allerdings war ungewöhnlich. Warum warf er es nicht einfach weg? Weil es zum Spurenträger geworden war, den er anderweitig entsorgen wollte?

Nun kam auch noch der dritte Teil der Aussage, der

mich endgültig euphorisch werden ließ. Es war die Beschreibung. Ein noch ziemlich junger Mann mit einer auffallenden Vollglatze sei es gewesen. Mein erster Gedanke: Er wollte das Bild möglicherweise entfernen, weil es ihm ähnlich war und er damit nicht in Zusammenhang gebracht werden wollte. Oder glaubte er sich in dem Bild selbst zu erkennen?

Der Rest war Routine. Die Studentin konnte den Kursus benennen, in dem der junge Mann bis vor einigen Monaten war, und zwei Stunden später kannten wir den Namen und die Adresse. Alexander W., 23 Jahre, gemeldet in München-Moosach.

Bevor wir ihn an diesem Tag aber aufsuchen konnten, ging noch ein zweiter Hinweis ein. Von einer völlig anderen Person. Wenn's läuft, dann läuft's, freuten wir uns. Der Hinweis betraf nämlich ebenfalls jenen Alexander W. Diese Zeitungsveröffentlichungen bringen halt doch was, dachte ich mir.

Es war ein vertraulicher, aber kein anonymer Hinweis. Die Anruferin betonte, sie sei sich darüber im Klaren, dass sie die ärztliche Schweigepflicht verletze, auch wenn sie nur die Sprechstundenhilfe sei. Aber sie könne ihr Schweigen nicht mehr länger mit ihrem Gewissen vereinbaren. Sie hätten einen Patienten gehabt, der ihrer Meinung nach für den Überfall auf die Studentin im Olympiapark in Frage kommen könnte. Es sei ein junger Mann mit Vollglatze, der zwar nicht ganz dem Phantombild in der Zeitung entspreche, aber vom Krankheitsbild her halte sie diesen ehemaligen Patienten einer solchen Tat für fähig. Er sei auch seit Ende Oktober nicht mehr in die Praxis gekommen. Ihre Chefin habe Angst vor diesem Patienten gehabt. Er heiße Alexander W., sei 23 Jahre, Student. Mehr wolle und könne sie nicht sagen. Das genügt ja auch, dachte ich mir. Mein Ärger über eine Psychiaterin, die ihre ärztliche Schweigepflicht über die Gefahr für Menschenleben stellte, wich der Bewunderung für die mutige Sprechstundenhilfe.

Es war bereits 16.00 Uhr, als mein Kollege Horst W. – ein fast zwei Meter großer Koloss – und ich vor dem Anwesen in Moosach vorfuhren. Im vorderen Bereich des Grundstückes stand eines dieser hübschen Siedlungshäuser, im hinteren Teil befand sich ein kleineres, separates Häuschen, das Alexander W. angemietet hatte. Am Haupthaus fanden gerade Bauarbeiten statt. Wegen des Baulärms war zwischen dem jungen Ehepaar, welchem das Anwesen gehörte, und dem neuen Mieter ein heftiger Streit im Gange. Der Lärm störte den Mieter und er drohte mit Klage, wenn nicht eine dreistündige Mittagspause eingehalten würde. Das wiederum hätte eine erhebliche finanzielle Mehrbelastung und zeitliche Verzögerung des Umbaues bedeutet und das war für die jungen Vermieter deshalb inakzeptabel. Das junge Ehepaar war verzweifelt. Zumal eine Klage auf Einhalt der Mittagspause mit hoher Wahrscheinlichkeit Erfolg gehabt hätte und sie nicht wussten, wie sie ihren unliebsamen Mieter loswerden könnten.

Wir läuteten. Alexander W. öffnete und schaute uns an, als kämen wir von einem anderen Stern: »Sie wünschen bitte?«, fragte er in reinstem Hochdeutsch. Wir stellten uns als Kriminalbeamte vor und zeigten unsere Ausweise. Die wollte er gar nicht sehen, sondern schien uns auch so zu glauben, dass wir Polizisten sind. Was auch gar nicht so schwer war, denn irgendwie amtlich sahen wir beide schon aus. Mir jedenfalls war schon öfter gesagt worden, dass man mir den »Bullen hundert Meter gegen den Wind« ansehen würde. Für verdeckte Ermittlungen war ich also nicht geeignet.

»Sind Sie Herr W.?«

»Ja.«

»Dürfen wir reinkommen, wir hätten ein paar Fragen an Sie?«

»Haben Sie einen Durchsuchungsbefehl?«

Ganz schön frech, dachte ich mir. Dabei stand ihm die blanke Angst im Gesicht, als er die imposante Erscheinung meines Kollegen von oben bis unten musterte. Mich, den Normalo, schien er gar nicht wahrzunehmen.

»Wieso? Brauchen wir denn einen?«, fragte ich scheinheilig. »Eigentlich wollten wir nur mit Ihnen reden.«

»Dann möchte ich Sie bitten, mir zu sagen, worum es geht.«

»Dürfen wir jetzt reinkommen, oder fahren Sie lieber mit zur Dienststelle?«

»Ja gut, kommen Sie herein.«

Wir betraten den ca. 15 Quadratmeter großen Raum. Ein großer Holztisch in der Mitte, auf dem eine Menge Bücher, Schreibmaterial und allerlei Papierkram lagen. Ein Holzstuhl, über dem eine Jacke hing. Eine kleine Küchenzeile. Ein Bücherregal. Ein Kleiderschrank. Ein Bett. Das war's. Karg, einfach, aber sauber.

Wir schauten uns um, und er schaute uns erwartungsvoll an.

»Wir hätten gerne unser Fahndungsplakat wieder, das Sie in der Uni abgerissen haben«, begann ich ganz plötzlich, stellte mich dicht vor ihm auf und schaute ihm direkt in die Augen. Er wich meinem Blick aus und lief hochrot an. Er war überrumpelt und hatte keine Zeit zum Überlegen. Spontan antwortete er: »Das habe ich weggeworfen.«

»Wo genau? Vielleicht finden wir es ja wieder.«

»In irgendeine Mülltonne. Wo genau, weiß ich nicht mehr.«

Aha, dachte ich, Lüge. Wenn er es noch hätte, könnte er es uns jederzeit geben, das würde ja an seiner Lage nichts ändern. Und wenn er es weggeworfen hätte, müsste er noch wissen, wo. Aber warum will er uns das nicht sagen?

»Wieso wissen Sie nicht mehr, wo Sie es weggeworfen haben? Das können Sie doch nicht vergessen haben, es war doch erst vor ein paar Stunden.«

»Ich habe es in irgendeinen Müllcontainer geworfen auf dem Weg zwischen Schwabing und meiner Wohnung hier, und ich weiß beim besten Willen nicht mehr, in welchen.«

»Sicher können Sie uns erklären, warum Sie es abgerissen haben.«

»Weil ich nicht in Verdacht geraten wollte und will, die gesuchte Person zu sein.«

»Sie meinen also, das Phantombild ähnelt Ihnen?«

»Nein, das nicht. Es ist mir überhaupt nicht ähnlich, wie Sie ja sicherlich längst schon selbst festgestellt haben. Aber es zeigt einen jungen Mann mit schütterem Haar, und damit stimmt es in den wesentlichsten und augenfälligsten Merkmalen mit meiner Person überein und könnte die Leute auf den Gedanken bringen, dass ich die gesuchte Person sein könnte. Deshalb habe ich es entfernt.«

»Es ist aber nicht erlaubt und kann eine Sachbeschädigung darstellen«, fuhr ich fort.

»Ich sehe es als Verletzung meiner Persönlichkeitsrechte, und deshalb habe ich in Notwehr gehandelt.«

»Donnerwetter! Studieren Sie Jura?«, fragte ich.

»Nein, Germanistik. Aber momentan ruht mein Studium, weil ich in einer schwierigen psychischen Phase bin.«

»Wie das?«, fragte ich.

»Ich habe sehr große Konzentrationsschwierigkeiten. Ständig sind meine Gedanken in Unruhe, ständig bin ich gedanklich abgelenkt, und je mehr ich versuche, mich zu konzentrieren, desto weniger gelingt es mir.«

»Haben Sie ärztliche Hilfe?«

»Ich habe schon einige Neurologen und Psychiater konsultiert, aber niemand konnte mir bislang wirklich helfen.«

»Haben Sie das Fahndungsplakat gelesen?«

»Nur flüchtig.«

»Es hat sie nicht interessiert, was dieses Phantom verbrochen hat?«

»Wegen irgendeines Überfalles auf eine Frau. Genau habe ich es nicht gelesen.«

»Haben Sie gelesen, dass die Frau Studentin war?«

»Nein, wie gesagt, ich habe es nicht genau gelesen.«

Lüge, dachte ich. »Was glaubten Sie denn, warum das Plakat ausgerechnet in der Uni aushängt?«

»Damit habe ich mich gedanklich nicht auseinandergesetzt.«

»Sie lesen die *Süddeutsche Zeitung*, sehe ich.« Auf dem Tisch lag die heutige Ausgabe.

»Nicht täglich, nur gelegentlich. Ich habe auch kein Abonnement.«

»Das Phantombild war auch in der *Süddeutschen* abgebildet, und über das Verbrechen wurde mehrfach ausführlich berichtet. Außerdem ist es unter Studenten Tagesgespräch gewesen. Das alles wollen Sie nicht mitbekommen haben?«

»Ich sagte schon, dass mein Studium ruht. Deshalb habe ich derzeit keine Kontakte zu meinen Kommilitonen.«

»Und was haben Sie dann heute an der Uni gemacht?«

»Gelegentlich gehe ich in die Mensa zum Essen.«

Der hat auf alles eine Antwort, überlegte ich. Hochintelligent und äußerst wachsam. Wird nicht leicht werden, ihn in Widersprüche zu verwickeln. Aber in einem Punkt war ich mir ziemlich sicher: Wir waren auf dem »richtigen Dampfer«.

»Haben Sie etwas dagegen, wenn wir uns bei Ihnen umsehen?«

»Nein, überhaupt nicht, Sie können alles ansehen.«

Ich war überrascht. Vorhin hatte er noch einen Durchsuchungsbefehl verlangt, und jetzt zeigte er sich plötzlich kooperativ. Mein Kollege öffnete den Kleiderschrank. Eine Durchsuchung war hier nicht erforderlich, denn es waren nur zwei oder drei Kleidungsstücke, die dort verloren herumhingen. Eine Hose, ein Pullover, eine Jacke, höchstens zwei oder drei Hemden, ein paar Unterhosen und sonst nichts. Keine Auffälligkeiten, keines der Kleidungsstücke wies augenfällige Blutspuren oder Beschädigungen auf.

Die Küchenzeile war sauber und vor allem leer. Kein Geschirr, kein Kaffeeautomat, nichts. Ich öffnete den Kühlschrank und erschrak. Außer zwei Packungen Toastbrot und einem Glas Marmelade war nichts vorzufinden. Nicht einmal eine Flasche Bier, keine Wurst, kein

Käse, nichts, was das Leben lebenswert macht. O mein Gott! Was für ein armer Schlucker!

»Sie leben ja ziemlich bescheiden«, wandte ich mich an ihn.

»Ich brauche nicht mehr«, sagte er.

Der Typ spinnt ja ganz schön, dachte ich mir und schaute mich auf dem Tisch um. Fast alle Bücher hatten mit »Psycho« zu tun. Werke über Psychologie, Psychiatrie und vor allem über psychische Krankheiten. Nur wenige Bücher hatten einen Bezug zu seinem Germanistikstudium. Es schien, als ob er anhand der Bücher so etwas wie eine Selbstdiagnose zu stellen versuchte.

Eigentlich konnte der Überfall auf Christine S. durchaus die Tat eines psychisch Kranken gewesen sein, überlegte ich. Jedenfalls würde kein echter Vergewaltiger oder erfahrener Verbrecher so blöd sein und sein Opfer erst einmal mit Tränengas zum Schreien bringen. Ganz im Gegenteil: Erstes Ziel würde sein, das Opfer am Schreien zu hindern. Wir suchten also eher einen Dilettanten, einen Anfänger. Einen, dessen Gefährlichkeit sich aus seiner Naivität ableitete.

»Wir würden Sie bitten, mit zur Dienststelle zu kommen, zu einer schriftlichen Vernehmung.«

»Jetzt gleich?«

»Ja, jetzt gleich. Oder haben Sie etwas vor?

»Nein, ich habe nichts vor.«

»Na schön, dann fahren wir zu uns. Zurück müssen Sie allerdings die öffentlichen Verkehrsmittel benutzen, was ja kein Problem sein dürfte, oder?«

»Nein«, antwortete er.

Da wir gegen ihn keinerlei Beweise hatten und die wenigen Indizien natürlich nicht ausreichten, um ihn als Beschuldigten zu behandeln, mussten wir ihn als Zeugen vernehmen.

In meinem Büro angekommen, boten wir ihm ein Getränk an, und er bat um ein Glas Wasser. Mein Kollege holte eine Flasche Mineralwasser, worüber er sehr erfreut zu sein schien. Ich war bemüht, eine ruhige Atmosphäre zu schaffen und ihm den Eindruck zu vermitteln, als habe er in mir einen verständnisvollen, väterlichen Freund gefunden, wenn auch einen strengen. Das funktionierte tatsächlich. Er bat mich nämlich plötzlich, ihn zu duzen. Wegen des Altersunterschiedes sei das in Ordnung, meinte er. Aha, dachte ich, so alt sehe ich also schon aus. Na gut, dann spiele ich halt den guten, aber strengen Papi.

Eine Schreibkraft kam, bereitete das Protokoll vor, und ich belehrte ihn schließlich als Zeugen: »Alexander, du sollst im Zusammenhang mit der versuchten Tötung an einer Studentin im Olympiadorf als Zeuge vernommen werden. Du bist verpflichtet, wahrheitsgemäße Angaben zu machen, andernfalls könntest du dich strafbar machen. Ich weise dich aber ausdrücklich darauf hin, dass du dich nicht selbst oder Angehörige belasten musst und auf entsprechende Fragen die Antwort verweigern kannst. Wenn du aber antwortest, musst du die Wahrheit sagen. Du darfst auch nichts verschweigen, denn auch Verschweigen ist Lüge. Lügen dürftest du nur, wenn du Beschuldigter wärst. Das bist du aber nicht. Also denk daran. Hast du das verstanden und bist du bereit, wahrheitsgemäß auszusagen?«

»Ich habe die Belehrung verstanden und werde Ihre Fragen wahrheitsgemäß beantworten.«

Sein lupenreines Hochdeutsch und seine geschliffene Ausdrucksweise ließen ihn noch seltsamer wirken, als er ohnehin schon war. Er antwortete immer in ganzen, grammatikalisch korrekten Sätzen. Jeder Satz, den er von sich gab, war druckreif. Er achtete strikt darauf, dass ich der Protokollführerin den Wortlaut 1:1 in die Maschine diktierte. Die geringste Abweichung wurde sofort reklamiert, mit der Bemerkung, das sei nicht korrekt wiedergegeben und müsse abgeändert werden. Er nervte mich so lange, bis ich ihm sagte, er solle seine Antworten gefälligst selber diktieren. Das tat er dann auch. Zum Leidwesen der Protokollführerin und auch meiner Person. Denn seine Sätze wurden immer länger und länger, und schließlich bildete er nur noch Schachtelsätze, die kein Normalbegabter wie ich mehr verstehen konnte. Irgendwann hatte ich die Nase voll. Und so kam es zum ersten Kräftemessen: »Hör zu! Für diesen Satz kriegst du Note 6. Jeder Deutschlehrer würde sie dir geben. Das versteht doch kein Mensch, was du hier für einen Mist zusammendiktierst. Und du willst Germanistik studieren? Was hast du eigentlich in Deutsch gehabt?«

Das hatte gesessen. Ich hatte seine Ehre angekratzt. Entsprechend reagierte er. Er schlug mit der flachen Hand auf den Schreibtisch, sprang auf, beugte sich in meine Richtung und wurde erstmals richtig laut. Er konnte also ausrasten. Das war eine interessante Erkenntnis. Aus dem Nickelbrillen tragenden Studentchen war plötzlich ein scheinbar selbstbewusster, aggressiver junger Mann geworden. Wobei mir klar war, dass dieses zornige Bürschchen extrem gefährlich sein dürfte. Schließlich verdächtigte ich ihn einer schweren Gewalttat.

Er schrie mich an: »Das können Sie gar nicht beurteilen, Herr Wilfling! Ich bezweifle, dass Sie den nötigen Intellekt besitzen, um mich korrigieren zu können. Haben

Sie überhaupt Abitur? Ich muss mir solche Kritik von einem wie Ihnen nicht gefallen lassen!«

»Natürlich bin ich nicht so intelligent wie du. Wie könnte ich auch? Ich bin ja schließlich nur ein dummer Polizist. Aber wenn schon ein dummer Polizist wie ich bemerkt, dass deine Sätze grammatikalischer Schrott sind, weil sich niemand, der einigermaßen Deutsch kann, so ausdrücken würde, dann sollte dir das zu denken geben, Mister Superschlau.«

Er gab sofort nach und wurde ruhiger. Mit dieser spontanen Gegenwehr hatte er offensichtlich nicht gerechnet. Zumindest bemühte er sich einige Zeit, kürzere Sätze zu formulieren, die auch tatsächlich etwas verständlicher waren, aber nicht sehr.

Er schilderte, dass er nach München gekommen sei, um möglichst weit weg vom Elternhaus in Norddeutschland zu sein. Er wollte frei sein, sein eigenes Leben aufbauen. Anfangs klappte das ganz gut. An der Uni machte er Fortschritte, das Studium machte ihm Spaß. Bis er sich plötzlich nicht mehr richtig konzentrieren konnte. Er wisse nicht, warum. Derzeit ruhe sein Studium. Er beziehe Sozialhilfe, komme gut damit zurecht. Wegen Konzentrationsstörungen sei er in ambulanter ärztlicher Behandlung, aber bislang habe er keine Besserung erfahren.

Zum Olympiagelände habe er keinen Bezug. Dort sei er noch nie gewesen. Auch nicht in der dortigen Disco oder sonstigen studentischen Einrichtungen. Das sei ohnehin nicht sein Fall. Er habe zu niemandem näheren Kontakt, lese viel und suche tagsüber vor allem Bibliotheken auf, um sich hinsichtlich seiner Krankheit fortzubilden. Nur wenn er die Ursache kenne, würde er wieder in der Lage sein, ein normales Leben führen zu können.

Bislang habe er sich seine Unterkünfte immer selbst gesucht. Da es ihm aber meist zu laut war, sei er innerhalb Münchens schon ein Dutzend Mal umgezogen. Dadurch verbrachte er einen Großteil seiner Zeit mit Wohnungssuche. Da er weder ein Auto noch einen Führerschein habe, bewege er sich mit den öffentlichen Verkehrsmitteln. Nein, eine Monatskarte habe er sich in diesem Monat noch nicht besorgt, deshalb könne er auch keine vorzeigen.

Abends sei er spätestens bei Anbruch der Dunkelheit zu Hause. Er gehe nicht weg, besuche keine Lokale und gehe nicht ins Theater oder Kino. Eine feste Freundin habe er noch nicht, zu Hause habe er aber schon Mädchen näher gekannt. Sein Verhältnis zu Frauen würde er dennoch als ganz normal bezeichnen. Er habe mit niemandem in München Kontakt, lebe völlig alleine. Das sei ihm auch recht so, er wolle gar keine Bekanntschaften.

Er trinke nicht, rauche nicht, lebe spartanisch. Seine Welt seien die Bücher. Demnächst hoffe er, sein Studium wieder aufnehmen zu können, dann sähe es wieder anders aus. Er habe noch nie Waffen besessen, wüsste damit auch gar nichts anzufangen. Er sei Rechts- und Linkshänder, schreiben würde er mit der linken Hand. Körperlich sei er gesund, sehe man von seinen Konzentrationsstörungen ab.

Auf die Frage, warum er ausgerechnet noch nie im Olympiagelände auf Wohnungssuche gewesen sei, wo doch dort die Angebote für Studenten am ehesten zu bekommen wären, meinte er, das studentische Leben sei nichts für ihn. Er wolle lieber außerhalb leben und deshalb habe er gerade das Olympiagelände gemieden.

Dass er seit eineinhalb Jahren in München lebe und

ausgerechnet noch nie im Olympiagelände gewesen sein will, konnte ich nicht glauben. Er klammerte den Tatort aus, war ich überzeugt. Was Täter oft tun, wenn sie nicht erklären können, was sie dort genau zu verrichten hatten.

Die Vernehmung war beendet. Sie war nicht sehr ergiebig gewesen. Nichts, womit man ihn hätte festnageln können. Alles wachsweich, aber nicht widerlegbar.

Alexander W. zog sich seine beige Jacke an, verabschiedete sich und wollte gerade mein Büro verlassen, als ich einen kleinen dunklen Fleck direkt an der rechten Seitentasche entdeckte. »Moment mal!«, rief ich und stand auf. »Was ist das denn?«, sagte ich und schaute mir die stecknadelgroße Verfärbung genau an. »Ist das Blut?«, fragte ich mich mehr selbst halbblaut. Die Antwort gab Alexander W. Ganz schnell, beflissen und verneinend.

»Ach was«, meinte er, »das ist Kakao.«

»Ich dachte, du trinkst nur Wasser. Jedenfalls habe ich in deinem Zimmer keinen Kakao gesehen«, sagte ich bestimmt.

»Hin und wieder habe ich schon welchen getrunken«, antwortete er und wirkte verlegen.

»Ausziehen!«, befahl ich. Sofort und ohne Wiederrede zog er die Jacke aus. »Bist du mit der Sicherstellung einverstanden?«, fragte ich und hatte die Jacke schon an mich genommen.

»Ja, natürlich. Wenn Sie es für nötig halten«, antwortete er und verließ nun hemdsärmelig das Büro. Es war Januar und draußen herrschten Minusgrade. Aber die ihm angebotene Strickjacke lehnte er ab und verschwand.

Alexander W. hatte uns eine Reihe von Namen der Ärztinnen und Ärzte aufgeschrieben, die er zuletzt aufgesucht hatte und die er allesamt von ihrer ärztlichen

Schweigepflicht entband. Darunter auch die Psychiaterin, deren Sprechstundenhelferin uns den Tipp gegeben hatte. So konnte ich die Praxis aufsuchen, ohne dass dadurch ein Verdacht gegen ihre Mitarbeiterin aufkam. Die Psychiaterin, die selbst einen psychisch auffälligen Eindruck machte, sperrte sich und wollte mir nicht behilflich sein. Erst nach längerem Zögern teilte sie mir mit, dass sie noch nie Angst vor einem Patienten gehabt habe, außer vor diesem Alexander W. Er sei insgesamt drei Mal in ihre Praxis gekommen, wegen seiner Konzentrationsschwierigkeiten, Angstzuständen und sexuellen Fantasien, die er nicht abzustellen vermochte. Als er Anfang Oktober zum letzten Mal erschienen war, wollte er nur noch Psychopharmaka verschrieben haben, und zwar Lexotanil. Nach ihrer Meinung sei er bereits abhängig davon. Als sie sich weigerte, ihm für dieses Medikament ein Rezept auszustellen, reagierte er aggressiv, beschimpfte sie und rannte davon. Sie würde ihn nicht mehr behandeln. Möglicherweise passe die Tat, wegen der wir ermittelten, sehr gut zu seinem Krankheitsbild. Mehr konnte und wollte sie nicht sagen.

Ich klapperte in den folgenden Tagen noch einige andere Psychiater ab, und alle Aussagen deckten sich im Wesentlichen. Ein misstrauischer Patient, der anscheinend selbst zu wissen glaubte, unter welcher Krankheit er litt und was ihm fehlte: nämlich Lexotanil. Das Bild eines psychisch Kranken also, der wie ein einsamer Wolf durch diese Stadt streifte und in dessen Kopf Dinge vor sich gingen, die ihn von einer Sekunde zur anderen zur Gefahr werden lassen konnten. Ein unberechenbarer Mensch, dessen Gefährlichkeit darin bestand, dass man ihm diese nicht anmerkte.

Manchmal glaubt man der Lösung näher zu sein, als man es tatsächlich ist – wie wir schon bald erfahren sollten. Doch zunächst wurde uns ein Volltreffer gemeldet. Das Laborergebnis war da. Bei dem winzigen Tröpfchen an seiner Jacke handelte es sich tatsächlich um menschliches Blut. Aber nicht nur das. Es war die seltenste Blutgruppe, die es gibt, nämlich AB Rhesus negativ. Genau die, wie sie auch unser Opfer Christine S. hatte. Und zwar war das Blut bis in die noch feststellbaren Untergruppen mit dem Opferblut identisch. Das konnte kein Zufall mehr sein. Unser Staatsanwalt war derselben Meinung. Um keine rechtlichen Fehler zu machen, ordnete er auch sogleich an, Alexander W. ab sofort als Beschuldigten zu behandeln. Das war in meinem Sinne. Denn gegen Beschuldigte sind eine Reihe strafprozessualer Maßnahmen möglich, die gegen Tatverdächtige, die sich noch im Zeugenstatus befinden, nicht möglich sind: Festnahmen, Durchsuchungen, Telefonüberwachung, Blutentnahmen usw. Andererseits hatten Beschuldigte natürlich weitreichendere Rechte. Sie können die Aussage verweigern und dürfen lügen. Aber das hat Alexander W. als Zeuge auch schon getan.

Wir überlegten, ob wir ihn gleich überrumpeln und mit dem Ergebnis konfrontieren sollten, entschieden uns dann aber dafür, erst Alexanders Blutgruppe feststellen zu lassen und lieber subtil vorzugehen. Da er kein Telefon besaß, schickten wir einen Beamten der zuständigen Inspektion zu ihm und ließen ausrichten, er solle sofort zur Dienststelle kommen. Das funktionierte, und eine Stunde später war er da. Worauf diese Beflissenheit zurückzuführen war, war mir noch nicht ganz klar. War es Obrigkeitshörigkeit? Kaum. Denn er trat eigentlich sehr selbstbewusst auf. Oder Neugierde? Schon eher. Angst vor der Überführung? Für mich am naheliegendsten.

Ich tat recht geheimnisvoll. Meine Absicht war, den Eindruck zu erwecken, als ob uns der große Durchbruch gelungen wäre. Er sollte zumindest nervös und verunsichert werden. Also eröffnete ich ihm, dass er ab sofort Beschuldigter sei. Die Wirkung war gleich null. Er nahm es zur Kenntnis, als sei es ohne jede Bedeutung für ihn. Er verzichtete sogar auf sein Aussageverweigerungsrecht, hielt nicht das Geringste von einem Anwalt und erklärte frech, er stehe für weitere Fragen jederzeit zur Verfügung. Seine bisherigen Angaben, die er als Zeuge gemacht habe, halte er in vollem Umfange aufrecht, sie könnten auch zum Gegenstand seiner Beschuldigtenangaben gemacht werden. Mit anderen Worten: Er sei für die Bluttat an Frau Christine S. nicht verantwortlich, habe nichts zu verbergen und damit auch nichts zu befürchten. Punkt.

Ich fasste es nicht. War der so oder tat er nur so? Er verhielt sich wie ein wirklich Unschuldiger. Natürlich wusste ich, dass man bei psychisch auffälligen Tätern andere Maßstäbe anlegen muss, aber er war ja keiner, der irgendwelche Stimmen hörte oder irgendeinem Wahn folgte, sondern er war im Vollbesitz seiner intellektuellen Fähigkeiten. Er wusste, was er tat und sagen musste.

Er sollte schmoren und nervös werden. Ich ließ ihn zum Institut für Rechtsmedizin bringen, wo er sich bereitwillig Blut abnehmen ließ. Unmittelbar danach sollten ihn die Kollegen entlassen, wobei sich vor dem Gebäude schon Observationskräfte postiert hatten, die ihn übernahmen. Leider ohne Erfolg. Er fuhr geradewegs in sein Hexenhäuschen zurück und verließ es die ganze Nacht nicht mehr.

Am späten Vormittag des nächsten Tages lag das Ergebnis aus dem Labor vor. Es machte nicht nur mich sprachlos. Ich wollte nicht glauben, was mir die Dame aus dem Institut für Rechtsmedizin durchsagte: Alexander W. hatte dieselbe seltene Blutgruppe wie unser Opfer, nämlich AB Rhesus negativ. Aber nicht nur das: Aufgrund der geringen Blutmenge an der Jacke waren die Untergruppen nur bis ins vierte Glied zu analysieren. »Das gibt's doch nicht!«, rief ich, als sie ergänzte, dadurch könne das Blut an der Jacke sowohl von Christine S. als auch von ihm selbst sein oder sogar von einer dritten Person. Nur wenn noch mehr Untergruppen hätten analysiert werden können, hätte es irgendwann eine Abweichung gegeben. Aber wie gesagt, dazu war die Blutmenge an der Jacke zu gering.

Ich sah trotz dieser niederschmetternden Nachricht noch eine letzte Chance. »Ich werde bluffen«, nahm ich mir vor. Die kriminalistische List ist schließlich erlaubt. Nur die Täuschung ist verboten. Und die Lüge natürlich. Aber das hatte ich auch nicht vor. Ausschließlich eine Sache der Formulierung bzw. Fragestellung. Ich entschied mich für die sogenannte Überrumpelungsmethode, ausgehend von der Überzeugung, dass er mit Sicherheit angstvoll zu Hause sitzen und darauf warten würde, was auf ihn zukäme.

Alexander W. hatte noch nicht ausgeschlafen, als ein Streifenwagen direkt vor sein Hexenhaus vorfuhr. Mit dem Vermieter war vereinbart worden, dass er das Zufahrtstor in den frühen Morgenstunden öffnete, wozu der sehr gerne bereit war. Nichts wäre dem jungen Ehepaar lieber gewesen als die Verhaftung ihres schwierigen Mieters.

Die beiden großgewachsenen Beamten klopften heftig an die Tür, bis Alexander W. schließlich öffnete. »Sie sind festgenommen«, sagten sie zu ihm, forderten ihn auf, sich anzuziehen, und legten ihm Handschellen an. Auf der Fahrt zu unserer Dienststelle redeten sie kein Wort, und auch Alexander W. gab keinen Ton von sich.

Er wurde in mein Büro gebracht, wo ich an meinem Schreibtisch saß und ihn fast entschuldigend anschaute. Ich wollte wirken wie einer, dessen Ahnungen Wirklichkeit geworden seien. Er sollte den Eindruck gewinnen, als ob es mir um seinetwillen leid täte, was nun auf ihn zukommen würde. Auf mein Geheiß wurden ihm die Handschellen abgenommen. Dann wandte ich mich ihm zu und sagte:

»Tut mir leid, Alexander. Aber jetzt ist es so weit. Ich musste dich leider festnehmen lassen. Auch auf Anordnung der Staatsanwaltschaft.«

Er schaute mir direkt in die Augen, als ob er herausfinden wollte, ob ich Spaß machte oder ob das ein Trick sei. Er traute mir nicht. Das spürte ich ganz genau. Aber er war auch zutiefst verunsichert.

»Ich habe heute noch nicht gefrühstückt und bin wegen der von Ihnen veranlassten Festnahme äußerst erregt, Herr Wilfling!«

Noch immer fragte er nicht, warum er festgenommen worden sei. Also verlor ich keine Zeit und griff frontal an.

»Das Blut, das wir an deiner Jacke gefunden haben, ist identisch mit dem Blut von Christine S. Da muss ich dir wohl nicht mehr viel erklären, oder?«

Er schwieg mindestens eine halbe Minute und schaute mir scheinbar unbewegt ins Gesicht. Es arbeitete in ihm. Um ihm nicht allzu viel Zeit zum Nachdenken zu lassen, fuhr ich mit ganz weicher, ruhiger, väterlicher Stimme fort: »Meinst du nicht, Alexander, dass es jetzt an der Zeit ist, dass du die Wahrheit sagst?«, und rückte ganz dicht an ihn heran mit meinem rollenden Bürostuhl.

Er antwortete immer noch nicht, sondern schaute mir direkt ins Gesicht. Er wirkte immerhin verunsichert, so, als ob er mit sich kämpfen würde.

»Alexander, du wirst sehen, dass es dir besser geht, wenn du die Wahrheit sagst. Vor allem brauchst du Hilfe. Die würdest du dann bekommen. Da kannst du sicher sein. So kann es doch nicht weitergehen in deinem Leben, oder?«

Jetzt hob er an, etwas zu sagen, und ich war mir sicher, dass es jetzt kommt, das Geständnis.

»Es tut mir leid, Herr Wilfling. Aber ich habe die Bluttat an Frau Christine S. nicht begangen«, antwortete er mit einer für mich erschreckenden Gelassenheit.

Ich war perplex. Damit hätte ich nicht gerechnet. Der Bluff war misslungen.

Was hatte ich falsch gemacht? Gleich würde er sagen, er habe irgendwann einmal Nasenbluten gehabt oder sich geschnitten und dabei vermutlich etwas Blut an die Jacke gebracht. Dann ist es aus, dachte ich.

Aber es kam nicht ganz so schlimm. So schlau war er also doch nicht, stellte ich erfreut fest. Denn er wählte die dritte Variante, die unwahrscheinlichste und damit unglaubwürdigste. Da er nicht wusste, ob man möglicherweise zwischen dem Blut von männlichen und weiblichen Personen unterscheiden könne, konnte er nicht das Risiko eingehen, sich selbst als Verursacher zu nennen. Deshalb tischte er die nachfolgende Geschichte auf:

»Ich habe vor etwa vier Wochen am U-Bahnhof Münchner Freiheit einer jungen Frau geholfen, die von einem Mann geschlagen worden war. Die junge Frau hatte eine aufgeplatzte Lippe, und ich reichte ihr ein Taschentuch. Nachdem sie das Blut abgetupft hatte, gab sie mir das Taschentuch zurück, und ich steckte es ein. Ich gehe davon aus, dass dabei etwas Blut auf meine Jacke übertragen worden sein könnte.«

»Hör zu!«, sagte ich in einem gefährlich ruhigen Ton und schaute ihm tief in die Augen. »Du bist ein gottverdammter Lügner. Außerdem bist du ein Sturkopf und willst offensichtlich gar nicht, dass man dir hilft. Diese Geschichte glaubt dir jedenfalls kein Mensch und schon gar nicht irgendein Staatsanwalt. Ich bin mir sicher, jetzt wanderst du in Untersuchungshaft.«

Womit ich mich wieder einmal getäuscht hatte. Der Staatsanwalt wand sich. Sicher, das sei zutiefst unglaubwürdig, aber allein aufgrund dieser Blutspur reiche es einfach nicht für einen Haftbefehl. Ohne Geständnis wäre er bei der ersten Haftprüfung in acht Tagen wieder auf freiem Fuß und dann würde es noch schwerer werden, gegen ihn abermals einen Haftbefehl zu bekommen. Da hatte er nicht ganz unrecht, dachte ich. Und wenn er im Knast sitzt, kann er keine Fehler mehr machen. Andererseits ist er gefährlich, überlegte ich. Was ist, wenn er wieder zuschlägt? Und nachdem mit der Ablehnung des Haftbefehls auch die Veröffentlichung eines Lichtbildes von ihm ausgeschlossen war – aus Gründen des Persönlichkeitsschutzes und der in unserem Lande so bedeutungsvollen Unschuldsvermutung – würde ich mir halt etwas anderes einfallen lassen müssen.

Alexander W. kehrte in seinen Alltag zurück, und die Tage gingen dahin. Da ich mir nicht vorstellen konnte, dass er ausgerechnet im riesigen Olympiadorf nie auf Wohnungssuche gewesen war, entschloss ich mich für eine großangelegte Befragungsaktion. Überall im ganzen Stadtgebiet hatte er sich herumgetrieben, nur das Olympiagelände war wie ein weißer Fleck auf seiner Wohnungslandkarte. Also gingen wir dort zum Klinkenputzen. Von Haus zu Haus und von Tür zu Tür. Dabei zeigten wir sein Lichtbild vor und hofften, dass sich jemand an ihn erinnern konnte. Es war zermürbend. Niemand konnte einen konkreten Hinweis geben.

An einem dieser Nachmittage machten wir erschöpft Pause und gönnten uns im »Dorfkrug« eine Tasse Kaffee und ein Stück Kuchen. Wir waren zu viert unterwegs an diesem Tag. Wie Hausierer. Durch ein großes Fenster konnte ich nach draußen sehen. Plötzlich ging Alexander W. vorbei. Er trug seine beige Jacke, hatte die Hände tief in den Taschen vergraben und schaute sich ständig um, während er mit wippendem Schritt zügig vorbeilief. Ich rief: »Da ist er!«, und rannte nach draußen. Meine Kollegen wussten zwar nicht, was in mich gefahren war, folgten mir dann aber. Alexander W. war bereits etliche Meter entfernt, und weil er sich umschaute, sah er mich und fing an zu laufen. Er wollte vor mir flüchten. Ich verkürzte den Abstand auf ca. zehn Meter und schrie: »Alexander, bleib stehen! Ich bin's, Wilfling.«

Er hörte mich und verlangsamte sein Tempo. Er wusste offensichtlich nicht, ob er so tun sollte, als habe er mich nicht gehört. Als ich nochmals nach ihm rief, blieb er dann doch stehen.

»Was machst du da?«, schnaufte ich.

»Nichts«, sagte er, und zum ersten Mal war es kein ganzer Satz, den er von sich gab.

»Ich dachte, du warst noch nie hier?«

»Ich bin heute zum ersten Mal im Olympiagelände«, antwortete er, diesmal wieder in einem ganzen Satz.

Inzwischen waren meine Kollegen eingetroffen und staunten, als sie ihn sahen. Sie umringten ihn und mich und schirmten uns vor den neugierigen Blicken der Leute ab, die inzwischen aufmerksam geworden waren.

»Das glaubst du doch selber nicht«, raunzte ich ihn an. »Warum bist du hier?«

»Weil ich sehen wollte, wo das passiert ist und weswegen Sie mich verdächtigen. Es hat mich einfach interessiert, mehr nicht.«

Ich kochte innerlich. Dem fällt einfach auf alles eine Antwort ein. Und das Schlimme ist, dass die Antworten so durchsichtig, so unglaubhaft und trotzdem nicht zu widerlegen sind. Zumindest nicht auf Anhieb.

»Ach so, du bist also bloß ein bisschen spazieren gegangen, oder? Was hast du eigentlich in deinen Taschen?«, fragte ich und begann ihn zu durchsuchen. Bereitwillig breitete er die Arme aus, und ich griff in seine Jackentaschen, in denen er vorher seine Hände vergraben hatte. Und ich wurde fündig. In der linken Jackentasche steckte eine Tränengassspraydose. Ich zog sie heraus und schaute triumphierend. Sie war offensichtlich ganz neu, und es war eine andere Marke als diejenige, die bei der Tat verwendet worden war. Bevor ich etwas sagen konnte, meinte er: »Diese Tränengassspraydose habe ich mir zu meinem eigenen Schutz zugelegt. Sie ist ganz neu.«

Ich war am Ende. Die Antwort auf die Frage, vor wem oder was er sich schützen müsse, konnte ich mir selbst zusammenreimen: vor den gefährlichen Leuten in dieser gefährlichen Gegend. Wir fuhren zur Dienststelle, wo ich ihn noch einmal mehrere Stunden zu überzeugen versuchte, dass der Zeitpunkt gekommen sei, die Wahrheit zu sagen. Ich baute ihm eine goldene Brücke nach der anderen, aber er wollte keine überschreiten. Statt dessen beklagte er sich immer wieder über seine psychischen Probleme und darüber, dass er nirgends Hilfe finden würde, weil alle Ärzte Ignoranten seien.

Die Tränengassspraydose hatte er tatsächlich am Tag vorher in einem renommierten Waffengeschäft am Stachus erworben. Der Verkäufer konnte sich sogar noch an den »jungen Mann mit der wilden Frisur« erinnern, allerdings auch daran, dass er ihn vorher noch nie gesehen hatte. Hier konnte er also die Tatwaffe nicht gekauft haben. Wieder mussten wir Alexander W. laufen lassen. Es war zum Verzweifeln! Aber Aufgeben kam natürlich nicht in Frage, und so überlegte ich den nächsten Schritt.

Christine S. und ihre Mutter waren natürlich laufend über den Fortgang der Ermittlungen informiert worden und wussten auch von meinem Tatverdacht. Bei einer Lichtbildvorlage konnte Christine Alexander W. nicht identifizieren. Sie meinte zwar, dass er es durchaus hätte gewesen sein können, aber sie könne es eben nicht mit der Sicherheit sagen, die erforderlich war, um doch noch einen Haftbefehl gegen ihn zu bekommen. Aber immerhin war sie nun zu einer persönlichen Konfrontation bereit. Wir beabsichtigten, Christine S. als Schreibkraft zu tarnen und Alexander zur Vernehmung vorzuladen. Weil wir wissen wollten, wie er reagiert, wenn er sie wiedersieht – falls er sie wiedererkennen würde.

Alles war vorbereitet. Christine S. saß am Schreibautomaten, war eingewiesen und sollte nichts anderes tun, als ihn beobachten. Ich würde ein Vorgespräch mit ihm führen, und sie solle nach einigen Minuten das Zimmer verlassen, so als ob sie zur Toilette ginge.

Ohne zu murren war Alexander W. pünktlich wie immer bei der Dienststelle erschienen. Ich saß in meinem Büro an meinem Schreibtisch, als er hereingeführt wurde. Er schaute mich an, grüßte und schaute zu Christine S. Verdammt, dachte ich, wenn die bloß nicht so blass wäre. Man sah ihr an, dass sie unglaublich aufgeregt war.

»Hallo, Alexander«, sagte ich. »Setz dich bitte. Das ist übrigens Frau Aberl, eine neue Schreibkraft.« Dann fügte ich lachend und ihr aufmunternd zunickend hinzu: »Sie ist noch ein bisschen nervös, weil sie heute zum ersten Mal bei einer Vernehmung schreibt.«

Christine S. und auch Alexander W. quälten sich ein mühsames, verlegenes Lächeln ab, und ich versuchte seinem Gesichtsausdruck zu entnehmen, ob sich Verlegenheit, Angst oder wenigstens Nervosität ablesen ließen, aber ich vermochte es nicht zu sagen.

Schon nach drei Minuten stand Christine S. auf und verließ den Raum. Ich unterbrach die Vernehmung und ging ebenfalls hinaus. Sollte Alexander W. unser Spielchen durchschaut haben? Falls ja, wäre es mir auch recht gewesen. Eigentlich muss er ja gewusst haben, wer sie war, immerhin war er zweifelsfrei der Täter. Konnte es sein, dass auch er sie nicht wiedererkannte? Sie hatte sich äußerlich nicht sehr verändert und trug dieselbe Frisur wie damals und auch bewusst zumindest ähnliche Kleidung.

Christine S. war kreidebleich. Obwohl sie gar nicht wusste, ob das der Mann war, der sie niedergestochen hatte. Sie hatte zwar »etwas gespürt« sagte sie, und noch nie seit dem Vorfall sei sie wieder so unruhig, innerlich angespannt und voller Angst gewesen wie in diesem Moment, sodass sie es durchaus für möglich hielt, dass er es gewesen sein könnte. Aber sie konnte es nicht beschwören. Vor allem die Haare habe sie anders in Erinnerung. Da fiel es mir wie Schuppen von den Augen: Das Phantombild hatte zwischenzeitlich die Erinnerung an den Täter überlagert. Anders ausgedrückt: Das Phantombild hatte das reale Bild des Täters, das bei ihr abgespeichert war, im Laufe der Zeit überdeckt. Mehr und mehr hatte sich ihre Vorstellung vom Aussehen des Täters dem Phantombild angeglichen. Wieder mussten wir Alexander W. auf freien Fuß setzen.

Dann kam mein Osterurlaub. Er passte mir gar nicht ins Konzept. Aber schließlich war ich nicht nur mit meinem Beruf verheiratet, sondern auch noch mit einer Frau aus Fleisch und Blut und die freute sich nun einmal auf unseren Badeurlaub in Kroatien. Und so gingen zwölf Tage von insgesamt 14 geplanten Tagen vorbei. Täglich las ich am Strand die einzige dort erhältliche deutsche Zeitung mit den vier Buchstaben. Am vorletzten Tag geschah es dann. Ein Artikel in der Zeitung veranlasste mich zuerst zu einem Aufschrei und dann zur Verkündung der vorzeitigen Rückreise am nächsten Morgen. Trotz des Protestes meiner Frau.

Aus der Zeitung sah mich nämlich Alexander W. an. Und zwar in Form eines Phantombildes. Aber eines, das wie eine Fotografie war und mich zu dem Ausruf veranlasst hatte: »Das ist doch der W.!« Er war es, wie ein sofortiger Anruf bei der Dienststelle bestätigte. Ich wollte fast nicht glauben, was ich zu hören bekam.

Im Sozialamt der Stadt München am Orleansplatz war eine Bombe deponiert worden. Und zwar in einer Damentoilette. Es war ein scharfer Sprengsatz mit enormer Wirkung. Dass er nicht losgegangen ist, war der frühzeitigen Entdeckung zu verdanken. Er hätte verheerende Wirkung gehabt in dem Gebäude mit hohem Publikumsverkehr. Eine Angestellte hatte die Bombe gerade noch rechtzeitig entdeckt und auch den Mann gesehen, der aus der Damentoilette herausgekommen war. Es war derselbe Mann, der genau eine Woche vorher bei einer Kollegin war und sich derart aggressiv benommen hatte, dass sie fast schon die Polizei hatten rufen wollen. Der junge Mann mit der Glatze hatte nämlich unverschämte Forderungen gestellt, insbesondere habe er eine spezielle Behandlung in einer Psychiatrischen Klinik am Chiemsee gefordert. Als ihm erklärt worden war, dass dies nicht so ohne Weiteres bewilligt werden könne, wurde er wütend, verließ das Amtszimmer und kündigte an, er würde sich eine derartige Behandlung nicht länger gefallen lassen. Bei dem Mann hatte es sich um Alexander W. gehandelt, wie anhand der Akten leicht nachvollziehbar war. Zudem wurde nach Angaben der Angestellten, die den Attentäter gesehen hatte, jenes Phantombild erstellt, das einem Foto von Alexander W. gleichgesetzt werden konnte. Auf diesem Bild hätte ihn jedenfalls jeder erkannt.

Beamte der Brandfahndung hatten Alexander W. daraufhin festgenommen. Die Sache schien klar zu sein. Auf dem Sprengsatz war eine Fingerspur gesichert worden, die Alexander W. zweifelsfrei zugeordnet werden konnte. In seiner Vernehmung bestritt er die Tat. In seiner Wohnung konnten zwar keine Materialien gefunden werden, die mit dem Bau der Bombe in Zusammenhang hätten stehen können, aber es wurde ein Buch sichergestellt, in dem entsprechende Anleitungen zum Bau solcher Sprengsätze enthalten waren. Auf die Frage, wie er sich seine Fingerabdrücke auf dem Sprengsatz erkläre, der in der Damentoilette deponiert war, gab er zu Protokoll, er sei versehentlich auf die Damentoilette gegangen, habe dort seine Notdurft verrichtet und beim Griff nach dem Toilettenpapier könne er durchaus an den Sprengsatz gekommen sein, der hinter der Toilettenschüssel deponiert war, wie er der Zeitung entnommen habe. Das glaubte ihm natürlich niemand – außer dem Ermittlungsrichter. Dieser meinte, schließlich habe eine Zeugin bestätigt, dass er aus der Damentoilette gekommen sei, und damit seien seine Einlassungen nicht zu widerlegen. Darüber hinaus sei der Besitz von Büchern, in denen Anleitungen zum Bau von Sprengsätzen enthalten sind, nicht ungewöhnlich für Studenten. Der Beschuldigte sei deshalb umgehend auf freien Fuß zu setzen. Für diese Fehlentscheidung sollte der Herr Ermittlungsrichter später zwar eine gewaltige Rüge des damaligen bayerischen Ministerpräsidenten Franz Josef Strauß erhalten, vorerst aber hatte der Fall für mächtigen Wirbel gesorgt und entsprechende Resonanz in den Medien gefunden, weshalb natürlich auch das Phantombild noch einmal gezeigt worden war. In der Hoffnung, doch noch weitere Zeugen zu finden.

Als ich am nächsten Morgen nach der Rückkehr aus dem Urlaub wieder im Büro war, besprachen meine Kollegen und ich zusammen mit den Brandfahndern das weitere Vorgehen. Wir waren uns alle einig, dass wir diese im wahrsten Sinne des Wortes tickende Zeitbombe aus dem Verkehr ziehen mussten.

Alexander W. war nicht zu Hause. Seine Vermieter, die zwischenzeitlich tief verzweifelt waren und einen Anwalt eingeschaltet hatten, wussten nicht, ob er die Nacht zu Hause verbracht hatte. War er untergetaucht?

Am Nachmittag gegen 15.00 Uhr meldeten die Observationskräfte, dass Alexander W. heimgekommen sei. Zusammen mit meinem Kollegen Raimund E., dem damals ersten und einzigen dunkelhäutigen Kriminalbeamten Münchens, rasten wir mit Blaulicht und Martinshorn nach München-Moosach. Alexander W. öffnete, und als er mich erkannte, wirkte er fast erleichtert. Erst als er meinen Kollegen sah, erschrak er. Er schaute ihn derart ungläubig an, als habe er noch nie in seinem Leben einen Schwarzen gesehen. Dann merkte ich, dass er Angst vor ihm hatte.

»So, Alexander, das Spiel ist jetzt vorbei. Jetzt reicht's, ja? Du kommst mit zur Dienststelle, bist vorläufig festgenommen.«

Mein Kollege legte ihm Handschellen an, und Alexander schien in die Hose zu machen, so erschreckt schaute er diesen an. Er traute sich kein Wort zu sagen.

Es sollte die anstrengendste, langwierigste und schwerste Vernehmung meines gesamten dienstlichen Lebens werden. Obwohl ich noch viele schwere Vernehmungen vor mir haben sollte. Aber eine solche Gott sei Dank nie mehr. Sie begann um 15.00 Uhr nachmittags und sollte anderntags nach 17 Stunden um 8.00 Uhr morgens enden. Davon würde das Vorgespräch fünf Stunden beanspruchen und zwölf Stunden würde die schriftliche Vernehmung dauern. Der Kollege von der Brandfahndung würde aussehen wie ein alter Mann, grau und eingefallen. Und ich auch nicht viel besser. Am Ende würde Alexander W. erschöpft zusammenbrechen und die Schreibkraft würde einen Nervenzusammenbruch erleiden, obwohl sie einen Rekord aufgestellt hatte. Und ich würde mich ernsthaft fragen, warum ich mir das eigentlich antue.

Es begann nicht damit, dass Alexander W., nachdem wir auf der Dienststelle waren, in sich gegangen ist und gestanden hat. Es war wie immer. Ich zeigte ihm alle belastenden Indizien auf, die ihn in keiner Weise interessierten. Ich machte ihm klar, dass es auch eine Chance sei, von sich aus und aus freien Stücken die Wahrheit zu sagen. Das könne sich strafmildernd auswirken. Es interessierte ihn nicht. Ich versuchte ihm klar zu machen, wie wichtig es für die Opfer von Gewalttaten sei, Gewissheit zu bekommen. Dabei gehe es nicht um Rache, es gehe um Aufarbeitung. Es tropfte an ihm ab. Ich kam auf Christine S. zu sprechen, erzählte ihm ihr Pech mit der Bluttransfusion und versuchte sein Mitleid mit der jungen Frau zu wecken. Es war vergebens. Ich sagte ihm, dass ich sehr wohl registriert hätte, dass er die Schreibkraft vor einiger Zeit, die ich ihm als neu vorgestellt hatte, als Christine S. erkannt habe. Er habe es sich nur nicht anmerken lassen, weil er ein Meister der Beherrschung sei. Insofern sei er nicht mit normalen Maßstäben zu messen. Er sei einfach zu schlau. Deshalb habe er auch gewusst, dass ihn Christine S. nicht wiedererkannt habe, sonst hätte ich ihn ja festgenommen.

Zum ersten Mal lächelte er und schien geschmeichelt zu sein. Aha, dachte ich, da liegt also der Hase im Pfeffer. Ich setzte nach. Christine S. hätte ihn nicht wiedererkannt. Sie habe sehr geweint, weil sie so gehofft hatte, er würde ein Einsehen haben, wenn er sie erkenne, und würde sich vielleicht entschuldigen. Und er habe sie erkannt, hielt ich ihm vor. Er gab keine negative Antwort, stritt es also zumindest nicht ab. Wir hätten keine Chance, ihn zu überführen, fuhr ich fort. Das müsse ich jetzt und hier offen und ehrlich zugeben. Es sei denn, er würde sich öffnen. Er habe es jetzt in der Hand, sein Leben zu ändern.

Und während ich wie ein Pfarrer auf ihn einredete, wurde mir plötzlich klar, dass dieser Mensch, der da vor mir saß, für andere Menschen nichts empfinden konnte – weder Mitgefühl noch Verständnis noch Mitleid. Der Typ war allen anderen Menschen gegenüber gefühlsmäßig tot. Deshalb lebte er völlig isoliert. Der konnte nur noch an eines denken: an sich selbst. Sein ganzes Leben, sein ganzes Handeln und Tun drehte sich ausschließlich um ihn selbst und seine eigenen Befindlichkeiten. Er war das Wichtigste und Einzige, das Nonplusultra, das alles Übertreffende.

Ab diesem Zeitpunkt sprachen wir nur noch über ihn. Kein Wort mehr über das Opfer, kein Wort mehr über die Indizien, kein Wort mehr über Strafmilderungsgründe oder Ähnliches. Nur er war wichtig, und im Mittelpunkt stand seine Krankheit. Mindestens zwei Stunden trug er mir vor, welche Krankheitsbilder er bei sich selbst diagnostiziert hatte. Er behauptete allen Ernstes, dass er sich zwischenzeitlich besser auskenne als all die Psychologen und Psychiater, die er schon aufgesucht habe. Es seien allesamt Scharlatane oder Versager gewesen. Kein Einziger sei in der Lage gewesen, die richtige Diagnose zu stellen, geschweige denn die richtige Therapieform vorzuschlagen.

Langsam begriff ich, warum kein von ihm konsultierter Arzt Gnade in seinen Augen gefunden hatte. Wahrscheinlich hatte ihm keiner nach dem Munde geredet. Er war wie manche Strafgefangenen, die sich nur solche Verteidiger aussuchen, die ihnen das Blaue vom Himmel versprechen, nur um an ein Mandat zu kommen. Egal, wie es für den Mandanten ausgeht.

Plötzlich hatte ich eine Idee. Ich redete ihm nach dem Munde. Ja, meinte ich, ich könne mir gut vorstellen, dass solche Psychiater, die frei arbeiten, nicht gerade die besten sein könnten. Die wirklichen Koryphäen seien natürlich in den großen, renommierten Kliniken tätig. Das sei ja auch logisch, weil nur dort die schweren Fälle zu finden wären. Und für jeden anderen hochqualifizierten Arzt seien es nun einmal die schwersten Fälle, die eine wirkliche Herausforderung darstellten und anhand derer man sich profilieren könne. Das sei doch einleuchtend, oder?

Er nickte nachdenklich.

»Soll ich dir mal was sagen?«, fragte ich ihn.

Er nickte.

»Es ist zwar verrückt, aber es stimmt. Weißt du, wer die besten Ärzte auf diesem Gebiet hat?«

»Nein«, antwortete er, und diesmal wieder ohne ganzen Satz.

»Mörder. Mörder haben die besten Psychiater. Was ja auch logisch ist, weil das Gericht natürlich eine exakte Begutachtung braucht, und da wird es sich nicht unbedingt unerfahrene Ärzte aussuchen, sondern die besten. Ist doch klar, oder?«

»Ja, das leuchtet mir auch ein. Aber ich kann schließlich niemand ermorden, nur um an einen guten Psychiater zu kommen.«

»Das musst du auch nicht. Du hast es ja schon getan. Zumindest versucht. Aber dir ist ja nicht zu helfen. Du schreist zwar einerseits nach Hilfe, bist aber andererseits nicht fähig, zuzugeben, wozu du aufgrund deiner Krankheit fähig warst. So lange du nicht in der Lage bist, dich zu öffnen, so lange wirst du weiterhin wie ein Zombie durch die Gegend laufen. Kapierst du das denn nicht?«

Er war jetzt sehr nachdenklich geworden. Ich spürte, dass er kurz vor dem Zusammenbruch war.

»Aber ich kann Ihnen doch jetzt nicht etwas gestehen, das ich nicht getan habe, nur um eine Einweisung zu erhalten.«

Sätze wie dieser signalisieren, dass jemandem die Argumente ausgegangen sind. Meist dauert es dann nicht mehr lange bis zum Geständnis. Man muss nur noch die nötige Initialzündung geben.

»Weißt du was? Ich mag nicht mehr. Ich rede mir hier den Mund fusselig, ich kümmere mich um dich seit vielen Monaten, alles umsonst. Rutsch mir den Buckel runter, Alexander! Dann bring halt irgendwann wieder jemanden um. Vielleicht wirst du dann erwischt und wanderst dorthin, wo du eigentlich gar nicht hingehörst, nämlich in den Knast. Dann jedenfalls hast du endgültig die Chance vertan, jemals wieder kompetente Hilfe zu bekommen. Du bist alt genug, mach was du willst!«

Ich schrie diese Worte und knallte ihm einen Block hin und einen Bleistift. Dann raunzte ich ihn an, dass er bis zur Entscheidung der Staatsanwaltschaft in Haft bleiben würde, von mir aus könne er ja in der Zelle aufschreiben, was er mir nicht sagen wolle. Ich jedenfalls würde jetzt nach Hause gehen. Ich stand auf und machte Anstalten, das Gespräch abzubrechen, als er plötzlich wie aus heiterem Himmel diesen Satz sagte:

»Es war das letzte Zimmer auf der rechten Seite am Ende des Ganges. Das Zimmer von Frau Christine S., in dem ich diese Bluttat begangen habe. Es war der Versuch, sie zu vergewaltigen, und dieser Versuch ist missglückt. Deshalb habe ich sie mit einem Messer niedergestochen. Es war zunächst nicht meine Absicht, sie zu töten, dann aber war es mir gleichgültig ...«

Stille. Kollege H. saß wie versteinert auf seinem Stuhl. Sogar ich war sprachlos. Wie lange, weiß ich nicht mehr. Es war, als ob ein Film vor meinen Augen abliefe und Bilder aus den vergangenen Monaten zeigte. Dann hatte ich das Gesicht von Christine S. vor Augen, von ihren Eltern, den vielen Studentinnen und Studenten, die jetzt erleichtert würden aufatmen können, und natürlich auch von den Kollegen und Vorgesetzten, die des Lobes voll sein würden. Man kann es nicht beschreiben, dieses Gefühl. Ein unglaublich schönes Erfolgserlebnis. Vielleicht sogar gerade deshalb, weil ein solch schlimmer Hintergrund bestand.

Am liebsten hätte ich den Verbrecher vor mir umarmt. Plötzlich war er mir richtig sympathisch. Er war nämlich gerade im Begriff, uns ein Geschenk zu machen mit seinem Geständnis. Aber natürlich durfte ich mir dieses Gefühl des Triumphes nicht anmerken lassen. Das wäre kontraproduktiv gewesen und hätte die Gefahr in sich geborgen, dass er einen Rückzieher machte. Also tat ich so, als ob ich erleichtert darüber wäre, dass er endlich vernünftig geworden sei. Ich sagte ihm noch einmal, dass er die richtige Entscheidung getroffen habe, und versicherte ihm, dass wir seinen Anspruch auf rechtliches Gehör achten und alles so aufschreiben würden, wie er es zu Protokoll gebe. Wort für Wort. Was das bedeuten sollte, ahnte ich jedoch nicht. Es sollte eine lange, schlimme Nacht werden. Besonders für die Protokollführerin namens Elisabeth.

Ich wusste zu diesem Zeitpunkt noch nicht, dass psychisch auffällige Menschen, haben sie sich erst einmal entschlossen, zu reden, zur schonungslosen Offenheit neigen. Ohne Rücksicht auf ihre intimsten Geheimnisse, ohne Beschönigung und Rechtfertigung, wie man es von normalen Beschuldigten gewöhnt ist. Warum das so ist, wurde mir im Verlaufe dieser Vernehmung immer bewusster: Es gab für ihn keinen Grund, irgendetwas beschönigen oder rechtfertigen zu müssen, weil er sich nicht verantwortlich fühlte für das, was er getan hat. So einfach war das. Es war vielmehr eine Art Anklage gegen sein Umfeld und die gesamte Umwelt, die ihn gezwungen hatte, so zu handeln, wie er gehandelt hat. Die anderen und die Umstände waren schuld. Nicht er. Und so wie ich ihn verstand, schien er sich auch um sein Recht auf freie sexuelle Betätigung betrogen gefühlt zu haben. Denn ihm stünde genau wie allen anderen Männern der Geschlechtsverkehr mit einer Frau zu. Und notfalls müsse er sich dieses Recht mit Gewalt nehmen.

Alexander W. bestand darauf, selbst diktieren zu dürfen. Bis ins kleinste Detail schilderte er sein bisheriges Leben, beginnend bei der Kindheit bis hin zum heutigen Tage. Schwerpunkt war in allen Phasen seine sexuelle Entwicklung. Alles in seinem Leben schien sich nur um Sex gedreht zu haben und noch immer zu drehen, obwohl er nie Sex mit einem anderen Menschen hatte. Dabei hatte er keinerlei Hemmungen, auch unappetitliche

Einzelheiten zu schildern. Wenn ich zwischendurch einmal meinte, die ein oder andere Phase könnte man etwas kürzer fassen, belehrte er mich sofort dahingehend, dass man die Gesamtzusammenhänge nur verstehen könne, wenn man nichts auslasse. Es sei sein Recht, seine Sicht der Dinge darzulegen, das hätte ich selbst gesagt. Außerdem erachte er es als wichtig, den Ärzten, die ihn künftig behandeln sollten, auf diese Weise Anhaltspunkte für eine Therapie vorzugeben.

Aber die Nacht sollte außer seines langwierigen Diktates noch weitere Schwierigkeiten bringen. Wenn er beispielsweise irgendwelche lauten Geräusche wahrnahm, musste mein Kollege loslaufen und die Quelle der Störung suchen. Nachts um 23.00 Uhr. In einem Fall war es der Hausmeister, der irgendwo mit einem Schlagbohrer arbeitete und gezwungen werden musste, unverzüglich damit aufzuhören. Ein anderes Mal waren Betrunkene zu hören, die aus dem im Erdgeschoss befindlichen türkischen Imbiss kamen und im Treppenhaus herumgrölten. Es war nicht einfach, für Ruhe zu sorgen. Andernfalls aber hätte Alexander W. kein Wort mehr gesagt bzw. diktiert. Dann kam allerdings noch ein weiteres Problem hinzu. Er hatte keine Tabletten mehr bei sich und forderte, ich solle ihm sofort Lexotanil besorgen. Ohne diese könne er sich nicht mehr konzentrieren und müsse die Vernehmung abbrechen. Also rief ich das Institut für Rechtsmedizin an und erkundigte mich über die Wirkungsweise und vor allem darüber, ob die Einnahme dieser Tabletten die freie Willensentscheidung beeinträchtigen könnte. Das war nicht der Fall. Wie mir der Arzt erklärte, wäre die Einnahme dieser Tabletten auch in größeren Mengen der geistigen Leistungskraft nicht abträglich und sie sei auch nicht lebensbedrohlich, sie würden lediglich müde machen. Aber verschreiben oder besorgen könne er mir dieses Medikament natürlich nicht. Was also tun?

Ich erklärte Alexander W., ich würde jetzt in die Haftanstalt hinuntergehen und vom dortigen Sanitäter ein Beruhigungsmittel besorgen, wie es nur die Polizei habe und wie es auf dem freien Markt gar nicht zu bekommen sei. Das glaubte er mir, war er doch auch in gewisser Weise ziemlich naiv und hielt mich zwischenzeitlich für den ehrlichsten und aufrichtigsten Menschen, der ihm je begegnet war. Daraufhin begab ich mich in unsere Kaffeeküche und entnahm aus einem Spender ein Dutzend Süßstofftabletten, die ich in ein Tütchen legte, das ich aus unserem Materialschrank entnommen hatte und welches zur Sicherung von kleineren Beweismitteln vorgesehen war. Auf dem Schriftfeld an der Außenseite schrieb ich mit Kugelschreiber »Polamitonil«, wobei es sich um eine reine Fantasiebezeichnung handelte. Die Tabletten brachte ich ihm und erklärte bedeutungsvoll, mehr als eine pro Stunde dürfte er keinesfalls einnehmen. Daran versprach er sich zu halten. Er nahm die erste und schluckte sie mit Wasser hinunter. Gott sei Dank, denn so bemerkte er nicht den süßen Geschmack. Der Plan funktionierte. Nach 15 Minuten meinte er, die Tabletten seien wirklich gut, er fühle sich jetzt ruhiger. Dass ihm dabei der Schaum aus dem Mund quoll, hatte er als unerfreuliche, aber unschädliche Nebenwirkung hingenommen. Er müsse eben viel trinken, riet ich ihm, wobei ich innerlich natürlich lachen musste. Besonders über das fassungslose Gesicht meines Kollegen, der ja nicht wusste, dass es sich um ein Placebo handelte.

Noch nie vorher hatte ich einen Beschuldigten erlebt, der ein so phänomenales Gedächtnis hatte. Er schien sich an jede Phase seines noch jungen Lebens erinnern zu können, auch wenn diese schon jahrelang zurücklagen. Minutiös schilderte er, was er in der Zeit, seit er sich in München aufhielt, getan und erlebt hatte.

Gewalt habe ihn schon immer fasziniert. Auch wenn sie ihn in Angst und Schrecken versetzte. Als er 18 Jahre war und einen kleinen Fernsehapparat in seinem Zimmer benutzen durfte, schaute er heimlich die Sendung »XY-ungelöst« an. Die dort gezeigten Verbrechen lösten Angstzustände in ihm aus und gleichzeitig eine unerklärliche Faszination. Die ganze Nacht konnte er dann nicht schlafen. Besonders wenn Mordfälle gezeigt wurden. Danach ging er zur Toilette und onanierte, so erregt war er jedes Mal. Er selbst hatte bisher nur einmal den Mut aufgebracht, eine Art Gewalt anzuwenden: durch Feuer. Im Alter von 16 Jahren zündete er die Turnhalle seiner Schule an. Sie ist restlos abgebrannt. Auf ihn als Täter ist niemand gekommen. So wie Jahre später in München, als ihn ein Vermieter beleidigt und als nicht ganz normal bezeichnet hatte. Mit der Folge, dass er Monate später, als ihm diese Schmach wieder einmal in den Sinn gekommen war, den spontanen Entschluss fasste, den Mann für diese Demütigung zu bestrafen. An einer Tankstelle füllte er nächtens zwei Kanister mit Benzin, fuhr mit der S-Bahn hinaus zu dem schmucken Einfamilienhaus des Mannes am Rande der Stadt, goss dort das Benzin auf der Terrasse aus und zündete es an. Das Haus brannte lichterloh. Gott sei Dank waren die Eigentümer rechtzeitig aufgewacht, sodass Menschen nicht zu Schaden kamen. Der Sachschaden aber war beträchtlich. Geklärt wurde der Fall damals ebenfalls nicht. Zum Glück für seine Eltern, denn die wären daran zerbrochen. Weil sie nämlich beide tiefgläubig waren und nach den Buchstaben der Bibel lebten. In Einklang mit ihren Mitmenschen, wenn auch in sehr distanzierter Form.

Die Eltern waren schon im Rentenalter, die Mutter bekam die beiden Buben erst, als sie schon fast 40 Jahre alt war und der Vater schon fast 50. Er war Schrankenwärter, die Mutter Hausfrau. Sie wohnten äußerst bescheiden in einem kleinen Schrankenwärterhäuschen, aber er und sein jüngerer Bruder wurden gut versorgt. Es fehlte ihnen rein materiell an nichts. Sie wurden zwar nie geschlagen. Doch Zärtlichkeit und Liebe gab es nicht bei ihnen zu Hause. Gesprochen wurde nicht viel, und gelacht wurde nie. Nur viel gebetet. Und in der Familie wurde das Thema Sexualität selbstverständlich komplett ausgegrenzt. Aber ab einem gewissen Alter verspürte er eine unstillbare Sehnsucht nach sexueller Betätigung mit einer Frau. Und die war von Jahr zu Jahr stärker geworden.

Stundenlang sei er in dem Haus im Olympiagelände herumgelaufen an diesem 8. Oktober. Von einem Stockwerk zum nächsten. Das Haus sei fast menschenleer gewesen an diesem Nachmittag. Wenn jemand gekommen sei, habe er sich an eines der vielen Schwarzen Bretter gestellt und so getan, als würde er die Aushänge lesen. Er habe nach einem Zimmer gesucht, an dem nur ein einzelner Mädchenname verzeichnet gewesen sei. Bis er schließlich zu dem Zimmer der Christine S. kam, deren Namen auf dem Türschild stand und die offensichtlich alleine in dem Appartement wohnte.

»Ich hörte ein Klimpern und Klappern aus dem Zimmer, das sich anhörte, als würde die Person im Innern des Zimmers mit Geschirr hantieren. Das Zimmer am Ende des Ganges schien mir günstig gelegen, weil links daneben kein weiteres Zimmer mehr war. Nur rechts schlossen sich die Zimmer an, aus denen ich aber keine Geräusche vernehmen konnte und deshalb davon ausging, dass dort niemand zu Hause war. Mindestens 20 Minuten stand ich vor der Zimmertür, ging aber zwischendurch immer wieder auf und ab. Ich war unentschlossen. ›Geh nach Hause‹, sagte ich mir immer wieder. ›Nein, du wirst die Bluttat, die du vorhast, nicht ausführen.‹ Ich war nahe daran, das Haus wieder zu verlassen. ›Du wirst die Tat jetzt begehen!‹, gab ich mir den Befehl. Mein Herz schlug bis zum Halse, ich war in höchstem Maße erregt, als ich schließlich mit der rechten Hand die Klingel betätigte. In der linken Hand hatte ich die Tränengasspraydose, die rechte Hand steckte ich zurück in die Jackentasche und umklammerte das Messer, bei dem die Klinge herausgeklappt war.

Als die junge Frau die Tür geöffnet hatte und mich fragte, was ich wünsche, sprühte ich ihr sofort mit dem Tränengas ins Gesicht. Sie schrie, drehte sich um, beugte sich nach vorne und hielt sich die Hände vors Gesicht. Sie schrie immer lauter. Da stach ich zu. Immer und immer wieder in ihren Rücken. Bis sie zu Boden sank und still war. Dann rannte ich wie von Sinnen aus dem Haus. Beim Wegrennen merkte ich, dass ich die Tränengasdose verloren hatte, und wollte fast schon umkehren, lief dann aber doch weiter. Da ich bei der Tat Handschuhe getragen hatte, wusste ich, dass ich keine Fingerabdrücke auf ihr hinterlassen haben konn-

te. Erst als ich in Höhe der Olympia-Schwimmhalle war, stellte ich fest, dass meine rechte Hand stark blutete. Ich hatte mich wohl beim Zustechen mit dem Messer selbst verletzt. Da ich mich ohnehin verbergen musste, ging ich in die Olympia-Schwimmhalle, löste mir eine Eintrittskarte und lieh mir auch eine Badehose und ein großes Handtuch aus. Mit dem Handtuch stillte ich dann auf der Toilette die Blutung. Es war am Ende vollgesogen und ich warf es in einen Abfalleimer. Dann wartete ich, bis das Bad schloss. Bis dahin waren Stunden vergangen, und ich konnte gefahrlos nach Hause fahren.«

In der Olympia-Schwimmhalle hatte er sich also versteckt. Und dort hätten wir sogar ein mit Täterblut durchtränktes Handtuch gefunden. Wenn man es halt immer vorher wüsste, dachte ich. Immerhin eine weitere Bestätigung dafür, dass sich Täter meist in unmittelbarer Umgebung des Tatortes verstecken. Wichtig für künftige Fahndungen, merkte ich mir.

Aber das war noch nicht das einzige Ärgernis. Noch ärgerlicher war, was er über unsere erste Begegnung sagte. Demnach hatte er eine halbe Stunde, bevor mein Kollege und ich erstmals bei ihm vorsprachen, sämtliche Beweismittel vernichtet, die er bis dahin in seiner Wohnung aufbewahrt hatte. Aufgeschreckt von der Veröffentlichung dieses Fahndungsporträts in der *Süddeutschen Zeitung* und dem Aushang in der Uni, war er nach Hause geeilt und hatte ein vollständiges, schriftliches Geständnis über alle seine Straftaten, sämtliche Zeitungsartikel über die Bluttat, das Tatmesser und einen Gasrevolver sowie alle Utensilien, die mit den von ihm begangenen Straftaten im Zusammenhang standen, in einem Müllcontainer in der Nähe entsorgt. Wären wir seinerzeit nur eine halbe Stunde früher gekommen, hätten wir ihn anhand all dieser Beweisstücke sofort überführen können. Als er dies zu Protokoll gab, grinste er sogar etwas, und seine Schadenfreude sowie ein gewisser Triumph waren deutlich spürbar.

Es ging bereits auf die Morgenstunden zu, als ich ihn fragte, ob er zu einer Rekonstruktion im Hinblick auf die Messerattacke gegen Christine S. bereit sei. Er war damit einverstanden. Ich wollte, dass er mir zeigt, wie er das Messer gehalten hat und wie er zustach. Mein Kollege H. sollte diese Demonstration mit einer Polaroidkamera festhalten.

Als ich ihm ein Lineal in die Hand gab, war er beleidigt. Er verlangte ein echtes Messer, andernfalls würde er sich weigern. Ich lehnte ab, das sei gegen die Vorschrift, erklärte ich wahrheitsgemäß. Daraufhin meinte er, wenn ich kein Vertrauen zu ihm hätte, wäre eine weitere Kooperation sinnlos. Da ich aber unbedingt diese Rekonstruktion als Verfestigung seines Geständnisses wollte, schlug ich ihm einen Kompromiss vor und bot ihm ein Speise- bzw. Tafelmesser an. Andere hätten wir nicht, log ich. Das ist vorne rund, dachte ich, da kann dir nicht viel passieren.

Mein Kollege schüttelte hinter Alexander W.s Rücken heftig mit dem Kopf und deutete mir an, ich solle das auf keinen Fall tun, und die Schreibkraft verließ das Zimmer. Sie konnte und wollte diese Demonstration nicht sehen. Alexanders Gesichtsausdruck wirkte plötzlich zufrieden und triumphierend, als ich ihm das Küchenmesser, das ich vorher aus unserer Küche geholt hatte, in die Hand gab. Dann stellte ich mich an die Tür, und er trat vor mich hin, das Messer in der linken Hand. Mein Kollege im Hintergrund hatte die Hand an seiner Dienstpistole und zog sie etwas aus dem Halfter, um schnell schießen zu können, sollte er wirklich versuchen, zuzustechen. Ich selbst trug natürlich wie immer keine Waffe. Ich wartete darauf, dass mich Alexander W. anwies, mich umzudrehen, wusste ich doch, dass er das Opfer in den Rücken gestochen hatte. Aber das tat er nicht. Stattdessen hob er ganz plötzlich die Hand mit dem Messer, holte in hohem Bogen aus und machte eine Stichbewegung in Richtung meines Kopfes. So schnell, dass ich gar nicht mehr reagieren konnte. Schätzungsweise drei bis fünf Zentimeter vor meinen Gesicht stoppte die Messerspitze. Dazu schrie er aus vollem Leib: »Paff!« Der Kollege im Hintergrund hatte seine Waffe nun ganz gezogen, aber da hatte Alexander W. die Stichbewegung schon wiederholt, und es wurde klar, das er testen wollte, ob ich Angst hätte. Mindestens fünf Mal führte er diese imaginären Stiche aus und jedes Mal schrie er: »Paff! Paff! Paff!« Dann hörte er ganz plötzlich auf, schaute mich wortlos an und schien beeindruckt und gleichzeitig irgendwie erleichtert zu sein, weil ich weder gezuckt noch die Augen geschlossen hatte.

Ich bin zwar kein ängstlicher Typ, aber lebensmüde oder wahnsinnig war und bin ich natürlich auch nicht. Deshalb weiß ich bis heute nicht, warum ich ganz ruhig stehen geblieben war. Da ahnte ich noch nicht, wie oft ich noch die Erfahrung machen sollte, wie gefährlich und unberechenbar gerade psychisch kranke Menschen reagieren können. Als meine Vorgesetzten später von dieser Rekonstruktion erfuhren, erhielt ich den Anschiss meines Lebens. Zu Recht. Ob ich verrückt wäre, fragte mich unser Kommissariatsleiter Norbert M., der gleichzeitig mein Vorbild und Lehrmeister war. Hätte nicht der Erfolg im Vordergrund gestanden, hätte ich wahrscheinlich mit disziplinären Maßnahmen rechnen müssen, zumindest mit einer Missbilligung. Und meine Eignung für die weitere Verwendung bei der Mordkommission wäre fraglich worden. »Wir brauchen keine Pseudo-Helden bei der Mordkommission«, musste ich mir vorwerfen lassen, »wir brauchen Leute mit Verstand.« Recht hatte er.

Es ging bereits auf 8.00 Uhr zu. Längst hatte der normale Dienstbetrieb begonnen, und es herrschte rege Betriebsamkeit auf den Gängen. Kollege H. informierte unseren Chef, und wir waren am Ende angekommen. Es waren fast zweihundert Seiten geworden, die Alexander diktiert hatte. Zwölf Stunden lang, fast ununterbrochen. Am Ende schloss er hin und wieder die Augen, diktierte aber weiter. Leise zwar, aber grammatikalisch noch immer perfekt. Und plötzlich rutschte er ganz langsam vornüber vom Stuhl und »tauchte« unter den Tisch der Protokollführerin, dieser direkt vor die Füße. Die schrie auf und rannte aus dem Zimmer. Kollegen berichteten mir, sie habe einen Nervenzusammenbruch erlitten und musste zum Arzt gebracht werden. Drei Tage später, als sie sich erholt hatte, schenkte ich ihr einen großen Blumenstrauß. Sie war wieder die Alte.

Es sollte noch eine Reihe weiterer Vernehmungen geben. Er führte uns in das Waffengeschäft am Hauptbahnhof, in dem er das Tatmesser gekauft hatte, und zeigte uns ein Artgleiches. Der Inhaber behauptete, er könne sich nicht an diesen Kunden erinnern, aber dafür konnte sich Alexander W. umso besser erinnern und die Unterhaltung bis ins kleinste Detail wiedergeben. Mit Sicherheit hatte der Mann die in den Medien wiederholt gezeigte Tränengassspraydose in Verbindung mit dem gesuchten glatzköpfigen jungen Mann gebracht, aber aus unerklärlichen Gründen wollte er uns keinen Hinweis geben. Dabei war das Tatmesser kein verbotener Gegenstand. Dass die Klinge nur acht Zentimeter lang war, hatte Christine S. übrigens das Leben gerettet. Stiche mit einer längeren Klinge hätte sie in dieser Anzahl niemals überlebt.

Tief beeindruckend war die Tatrekonstruktion vor Ort. Eine Kollegin mimte das Opfer. Die Rekonstruktion wurde von Alexander W. selbst kommentiert und rief bei allen, die sie sahen, eine Gänsehaut und tiefe Betroffenheit hervor. Es war die Art und Weise, wie er sprach und mit welchem Pragmatismus er schilderte, wie es im Grunde genommen jede andere Frau auch hätte treffen können.

Der Vorfall war natürlich in seiner Heimatgemeinde bekannt geworden und hatte dort für Aufsehen gesorgt. Die Eltern von Alexander W. wurden von der örtlichen Polizei vernommen. Sie konnten oder wollten nicht begreifen, wie es so weit kommen konnte, und distanzierten sich von ihm, weil er schwer gesündigt hatte. Aber sie wollten für ihn beten. Ebenso wie sein Bruder, der auch eine Glatze hatte.

Der psychiatrische Gutachter hatte in Alexander W. einen sehr interessierten, aber auch kritischen, schwierigen und neugierigen Patienten. Die Begutachtung dauerte entsprechend lange, und am Ende war nicht klar, wer jetzt wen mehr ausgefragt hatte. Wie mir berichtet wurde, schien die Exploration mehr einer Diskussion zu gleichen, bei der der Patient alles besser wusste als der Arzt. Der Sachverständige kam zu dem Ergebnis, Alexander W. leide unter einer schweren krankhaften seelischen Störung, wobei aber seine Schuldfähigkeit im gesamten Tatzeitraum weder eingeschränkt noch aufgehoben gewesen sei. Insgesamt sei er eine dissoziale Persönlichkeit mit paranoiden, stark narzisstischen Zügen, unfähig, sich in die Gesellschaft einzufügen. Das Urteil: Einweisung in eine geschlossene psychiatrische Klinik auf unbestimmte Zeit.

Als ich etwa ein Jahr später in anderer Sache im Hochsicherheitstrakt dieser Psychiatrischen Klinik zu tun hatte, in der Alexander W. untergebracht war, suchte ich ihn auf. Ich erschrak, als ich ihn sah. Das war nicht mehr der Alexander W., wie ich ihn kannte, sondern ein Zombie. Mit roboterartigen Bewegungen kam er daher und blickte mich mit leeren Augen an. Ich weiß heute noch nicht, ob er mich erkannt hat. Wahrscheinlich nicht. Denn außer dass er »Guten Tag« sagte, sprach er kein Wort. Er war völlig apathisch. Vermutlich war er bis unter die Haarspitzen vollgepumpt mit irgendwelchen Psychopharmaka. Ruhig gestellt, nennt man das wohl.

In den Jahren 2002/2003 wurde an der Universität Essen zum Thema »Geständnismotivierung« ein Forschungsvorhaben durchgeführt, in dessen Rahmen die Wissenschaftler auch den Fall Alexander W. einbezogen und zu dem auch ich ausgiebig befragt worden war. Das Ergebnis war für mich verblüffend. War ich doch bis dahin davon ausgegangen, der ausschlaggebende Punkt, warum Alexander W. doch noch ein umfassendes Geständnis abgelegt hatte, seien die von mir in Aussicht gestellten guten Ärzte gewesen, die er zu bekommen hoffte, würde er erst einmal in amtlicher Verwahrung sein. Ich sollte eines Besseren belehrt werden. Der wahre Grund war, dass er mich nicht verlieren wollte. Man stelle sich das vor! Im Laufe der Zeit soll ich für ihn mehr und mehr zu einer Bezugsperson geworden sein. Die einzige, die er je hatte, respektierte und mit der er reden konnte. Wenn auch nur über sich selbst. Und jetzt kommt das Verrückte: Weil ich Anstalten gemacht hätte, den Kontakt zu ihm abzubrechen, habe er gestanden. Weil er in einem Geständnis die einzige Möglichkeit gesehen habe, den Kontakt zu mir zumindest noch eine Zeit lang aufrechterhalten zu können. Also beschenkte er mich mit seiner umfassenden Lebensbeichte. Ein für mich hoch interessantes Ergebnis, das sich in den kommenden Jahren übrigens mehrfach bestätigen sollte. Eine gute Vertrauensbasis und eine von gegenseitiger Achtung getragene Beziehung zwischen Ermittlern und Tatverdächtigen sind die Schlüssel jedes Geständnisses. Auch wenn man es mit noch so schrecklichen Verbrechern zu tun hat. Niemals darf man ihnen ihre letzte Würde nehmen. Ich muss gestehen, dass ich das damals so noch nicht gesehen hatte.

Alexander W. konnte trotz anfänglichen Verfalls zumindest einigermaßen wiederhergestellt werden. Er lebt heute wieder auf freiem Fuß, allerdings in einer offenen Einrichtung für seelisch instabile Menschen in Norddeutschland. Auf freiwilliger Basis. Zu einem normalen Leben in unserer Gesellschaft wäre er noch immer nicht fähig und wird es wohl auch niemals mehr werden. Seit vielen Jahren unterhält er eine eheähnliche Beziehung zu einer Mitpatientin. Ich gehe davon aus und würde es ihm auch wünschen, dass er zwischenzeitlich auch das getan bzw. gefunden hat, weswegen er über eincinhalb Jahre lang eine Vielzahl schlimmer Verbrechen begangen hat – bis er, angeblich um mir einen Gefallen zu tun, gesagt hat: »Ja, ich war's.«

GEMEINGEFÄHRLICH

Die Krankenschwester zitterte wie Espenlaub. Der Mann vor ihr war zwar nicht groß, aber er hatte ein Messer und wirkte entschlossen. »Los«, zischte er, »nimm mir Blut ab, oder ich steche dich ab!« Er hielt ihr eine Spritze hin. Mein Gott, woher weiß der, dass ich Krankenschwester bin, schoss es ihr durch den Kopf. Sie nahm die Spritze und stach mit zitternden Händen in die Armvene, die er ihr hinhielt, als wäre er bei der Blutentnahme im Arztzimmer. Stattdessen standen sie hier in der kalten Herbstnacht auf offener Straße. Ein Wunder, dass es klappte, so aufgeregt wie die junge Frau war. Sie war zwar direkt von der Arbeit im Krankenhaus Schwabing gekommen, aber sie hatte nicht bemerkt, dass ihr jemand gefolgt sein könnte. Wie immer hatte sie ihr Fahrrad im riesigen Gelände der Klinik bestiegen und war dann auf den Radwegen in Richtung Innenstadt gefahren, ohne dass ihr etwas aufgefallen wäre. Auch auf der Fahrt hierher war sie weitgehend alleine unterwegs, zumal es kalt und regnerisch war. Es war bereits nach 22.00 Uhr und stockdunkel. Plötzlich war der Mann hinter einem Alleebaum mitten auf den Radweg gesprungen und hatte sie gezwungen, anzuhalten.

Das Behältnis füllte sich langsam mit Blut. »Das genügt«, sagte der Mann, riss ihr die Spritze aus der Hand und rannte weg.

Eine Stunde später erwischte es eine junge Frau, die gerade vom Fitnesscenter nach Hause unterwegs war. Dort, wo sie an der kleinen Parkanlage am Hohenzollernplatz vorbeigehen musste, stand er plötzlich, packte sie mit der linken Hand an der Jacke und hielt ihr mit der anderen eine Spritze so schnell vors Gesicht, dass sie nicht einmal mehr um Hilfe schreien konnte.»Wenn du schreist, steche ich zu«, sagte er mit einem gefährlich klingenden, drohenden Unterton und fügte sogleich an: »Das Blut ist mit Aids verseucht.« Dabei konnte sie sehen, wie etwas von der dunklen Flüssigkeit vorne aus der Nadel tropfte. Sie, eine derzeit arbeitslose Bürokauffrau, bekam Panik und wagte es nicht, sich zu rühren. Er dirigierte sie hinter einen Busch und befahl ihr, sich auszuziehen. Sie ließ Hose und Schlüpfer herunter. Er fasste ihr unter das T-Shirt an den Busen. Dann griff er ihr in den Schritt und führte einen Finger in ihre Scheide ein. Dabei sagte er kein Wort, und die junge Frau war wie gelähmt. Sie vermochte auch nicht zu schreien. So plötzlich wie er gekommen war, so plötzlich rannte er wieder davon. Wie vom Teufel gehetzt.

Wiederum eine Stunde später und ein paar Straßenzüge weiter, der dritte Überfall auf eine Frau in dieser Nacht vom Freitag auf den Samstag. Diesmal war es eine 40-jährige Lehrerin, der er die Spritze vor die Nase hielt und sie hinter einem Busch intensiv begrapschte. Bevor er von ihr abließ, schlug er ihr ins Gesicht.»Du dreckige Hure!«, sagte er noch zu ihr, bevor er verschwand.

Alle drei Frauen erstatteten Anzeige, sodass rasch klar war, dass sich hier ein Sexualtäter zu etablieren schien.

Allerdings einer, der in keines der bislang bekannten Muster passte. Noch nie gab es einen Täter, der sich Blut abzapfen ließ, um damit eine andere Frau zu bedrohen. Nur um sie begrapschen zu können. Und warum hat er nicht einfach rote Farbe oder Tomatenketchup genommen? Das hätte den gleichen Zweck erfüllt. Ein besonders krasses Beispiel für irrationales Handeln, wie es gerade bei Sexualtätern immer wieder zu beobachten ist. Da die Frauen zumindest körperlich unverletzt geblieben waren, hielt sich die öffentliche Panik im so lebhaften Stadtteil München-Schwabing in Grenzen. Bis es eine Woche später zum Vorfall Nummer vier kam. Wieder in der Nacht von Freitag auf Samstag.

Anita H. hatte mit Freunden einen schönen Abend verbracht. Die 22-jährige Medizinstudentin wohnte in einer netten kleinen Altbauwohnung im westlichen Schwabing unweit des Hohenzollernplatzes, die sie sich mit einer Kommilitonin teilte. Während die Freundin übers Wochenende nach Hause zu ihren Eltern nach Ulm gefahren war, wollte Anita mal wieder so richtig abtanzen. Es war deshalb bereits fast 4.00 Uhr morgens, als sie die Diskothek in der Leopoldstraße verließ und sich zu Fuß auf den Heimweg machte. Wie meistens alleine. Was sollte ihr im sicheren, belebten Schwabing schon passieren? Es war eine laue Herbstnacht, und um diese Zeit waren nur wenige Menschen unterwegs. Nach etwa 15 Minuten bog sie von der Hohenzollernstraße in die kleine Seitenstraße ab, in der sich ihr Wohnanwesen befand, ein gepflegtes Jugendstilhaus, dessen Besitzerin, Witwe eines bekannten Medizinprofessors, seit Jahren eine der begehrten Wohnungen zu einem erschwinglichen Preis an Studentinnen vermietete. Am liebsten natürlich an angehende Ärztinnen, denn die alte Dame, einst selbst Ärztin, fühlte sich ihrem Berufsstand verpflichtet.

Wie die meisten Frauen begann Anita H. erst dann nach dem Schlüssel in ihrer Handtasche zu kramen, als sie bereits vor der Haustür stand. Es dauerte, bis sie ihn endlich gefunden hatte. Als sie aufsperrte, bemerkte sie immer noch nicht, dass von hinten jemand auf sie zurannte. Nachdem sie die schwere Tür einen Spalt breit aufgedrückt hatte, war er bei ihr. Anita H. glaubte einen ganz kurzen Moment, es sei vielleicht ein Mitbewohner, der mit ihr noch schnell ins Haus hineinhuschen wollte. Aber da hatte sich schon ein Arm um ihren Hals gelegt, und unterhalb des Kinns spürte sie einen spitzen Gegenstand an der Haut. Der Mann hätte gar nichts sagen müssen, die Gefahr war ihr auch so sofort bewusst. »Sei ruhig, oder ich stech dich ab!« Da sie aber anfing zu schreien und sich losreißen wollte, wurde ihr der Mund zugehalten, und sie spürte am Bauch einen stechenden Schmerz. Sie tastete mit der Hand die nackte Haut zwischen dem Bund ihrer Jeanshose und dem bauchfreien T-Shirt ab, spürte ihr warmes Blut und bekam panische Angst. Deshalb stellte sie jede Gegenwehr ein. »Bitte hör auf! Bitte bring mich nicht um!«, flehte sie. Schon hatte er sie ins Haus und die Kellertreppe hinunter gedrängt. Dort musste sie sich im Vorraum auf den nackten Steinboden legen und sich splitternackt ausziehen. Er selbst zog sich nicht aus. Sogar die Lederhandschuhe ließ er an. Dann machte er sich über sie her, ohne auch nur eine einzige Sekunde das Messer aus der Hand zu legen.

Zuerst betrachtete er sie. Da das Licht brannte, war es

hell genug. Was er sah, musste ihm gefallen, denn Anita H. war eine äußerst attraktive junge Frau. Dann musste sie sich auf den Rücken legen und er führte seine Zunge in ihre Vagina ein. Aber nur kurz. Das dolchähnliche Messer behielt er die ganze Zeit über in der Hand. Er wird mich vergewaltigen, dachte sie. Und wenn ich mich wehre, bringt er mich um. Sie versuchte mit ihm zu reden. »Ich mache, was du willst, aber bitte tu mir nichts mehr«, sagte sie leise zu ihm. Aber er antwortete nicht, was ihn noch gefährlicher erscheinen ließ in ihren Augen. Sie durfte ein frisches Taschentuch aus ihrer Handtasche nehmen und es auf die blutende Wunde am Bauch drücken. Es brannte fürchterlich. Er nahm ihre Hand und führte sie an seinen Penis, der nicht erregt war. Sie onanierte bei ihm, aber das Glied wurde nicht steif.

Schätzungsweise 20 Minuten lang bemühte sie sich. Immer wenn sie aufhören wollte, sagte er drohend: »Mach weiter!« Schließlich legte er sich auf sie und wollte in sie eindringen. Er stützte sich mit dem linken Arm ab, und mit der rechten Hand versuchte er sein Glied einzuführen. Dazu musste er sein Messer neben sich auf dem Boden ablegen. Und plötzlich packte er sie am Hals und begann sie zu würgen. »Du scheiß Hure!«, stieß er keuchend hervor und drückte zu. Aus Wut über sein Versagen? Sie war überzeugt, er würde sie jetzt töten. Quasi in letzter Sekunde bekam sie den Dolch zu greifen und stach ihm die Klinge in einer bogenförmigen Bewegung in die Schulter. Er erschrak, nahm die Hände von ihrem Hals und schnellte hoch. Nun hielt sie aber das Messer in der Hand und hätte leicht noch einmal auf ihn einstechen können. Stattdessen sprang sie aber auf und rannte die Kellertreppe nach oben. Nackt, wie sie war. Dabei ließ sie leider das Messer fallen. Warum, konnte sie später nicht erklären. Sie schrie laut um Hilfe. So laut, als könne sie allein durch das Schreien verhindern, dass er ihr folgen würde. Tatsächlich flüchtete er sofort aus dem Anwesen. Allerdings mit dem Tatmesser, mit dem sie ihn gestochen hatte. Oder besser gesagt, leicht geritzt. Die anwesenden Hausbewohner wurden allesamt wach. Bis sich aber jemand aus der sicheren Wohnung ins Treppenhaus gewagt hatte und bis die ersten Streifenwagen vor Ort waren, war der Täter längst über alle Berge.

Anita H. wurde ins Krankenhaus eingeliefert. Glücklicherweise hatte der Stich keine inneren Organe verletzt. Die Klinge war zwar ca. zehn Zentimeter ins Gewebe eingedrungen, aber der Stichkanal war so schräg von oben nach unten gesetzt worden, dass die Bauchdecke nicht gänzlich durchstochen war. Leider war eine Spurensicherung am Körper der Frau nicht sofort möglich, weil natürlich die Notversorgung vorging. Hinterher war es zu spät. Zumal man sie gründlich gewaschen hatte. Da es beim Täter nicht zum Samenerguss gekommen war, fand sich von ihm auch keine DNA. Ebenso wenig wie Fingerabdrücke, denn der Mann hatte Handschuhe getragen. Und weil er das Tatmesser mitgenommen hatte, an dem wir sein Blut gefunden hätten, war die Spurenausbeute gleich null. Unvorstellbar bei diesem Tatablauf: Eine ganze Stunde lang hatte er sein Opfer missbraucht, und nicht ein einziges kleines Hautzellchen war zur Sicherung übrig geblieben. Warum nur, so ärgerte ich mich oft, denken professionelle Helfer nicht auch ein bisschen an die Strafverfolgung und die dafür notwendige Spurensicherung. Als ob es nicht genauso wichtig wäre, einen solchen Täter ermitteln zu können.

Die Staatsanwaltschaft wertete die Tat als versuchtes Tötungsdelikt. Auch wenn möglicherweise in Bezug auf den Messerstich ein Rücktritt vom unbeendeten Versuch zu prüfen sein würde. Zunächst aber war davon auszugehen, dass der Täter den Tod des Opfers beim Würgevorgang zumindest billigend in Kauf genommen habe.

Frauen, denen derart Schreckliches widerfahren ist wie unserem Opfer, kann man kaum trösten. Schon gar nicht als Mann. Ich jedenfalls habe mich oft sogar geschämt dafür, dass ich demselben Geschlecht angehöre wie diejenigen, die so etwas einer Frau angetan haben. Ich denke, dass wir Männer nicht im entferntesten nachempfinden können, wie sich eine Frau fühlen muss, die so gedemütigt worden ist. Insofern hatte ich stets vollstes Verständnis, wenn derart traumatisierte Frauen lieber von einer Polizistin vernommen werden wollten. Selbstverständlich wird dem auch Rechnung getragen. In diesem Fall aber hatte das Opfer kein Problem damit, einem Beamten gegenüber in allen Einzelheiten den Tathergang zu schildern. Sie sei durchaus in der Lage, zu differenzieren, erklärte sie. Der Täter sei klein gewesen und schmächtig und sie habe seine Aggressivität und Entschlossenheit regelrecht »riechen« können. Dadurch sei er schwer einzuschätzen gewesen, da er kaum gesprochen habe, was seine Unberechenbarkeit noch erhöht habe. Am meisten Angst bekam sie, als sie merkte, dass er Potenzprobleme hatte. Was sich dann ja auch bestätigen sollte, als er plötzlich begann, sie zu würgen. Er habe ihr die Schuld für sein Versagen gegeben und müsse einen unglaublichen Hass auf Frauen haben.

Anita H. konnte eine detaillierte Beschreibung abgeben. Der kleinwüchsige, schmächtige Mann sei im Höchstfall 30 Jahre alt gewesen und habe hochdeutsch gesprochen mit einem leicht sächsischen Akzent. Nach Angaben der Zeugin wurde ein Fahndungsporträt erstellt. Wie gut ein Phantombild ist, weiß man eigentlich immer erst dann, wenn man den passenden Täter dazu hat. Deshalb habe ich immer Wert darauf gelegt, dass kein Phantombild veröffentlicht wird, von dem ich nicht wusste, dass es gut ist. Davon konnte man in diesem Fall ausgehen, weil die Beschreibungen aller bisherigen Opfer korrespondierten. Tatsächlich sollte sich herausstellen, dass das Phantombild fast wie eine Fotografie war, so gut und genau hatte sie ihn in Erinnerung behalten. Was zu erwarten war bei der langen Zeit, die sie sich in seiner Gewalt befunden hatte. Da während der gesamten Tatphase das Licht im Kellervorraum gebrannt hatte und eine entsprechende Zeitschaltuhr fehlte, war es hell genug, dass sie die unreine Gesichtshaut des Täters und vor allem seine ausgeprägte Phimose bemerken konnte. Diese extreme Verengung der Vorhaut konnte sie als Medizinstudentin beurteilen bzw. als solche erkennen. Eine zweifelsfrei wichtige Beobachtung, sollte es einmal darum gehen, einen Tatverdächtigen überprüfen zu müssen. Ein Indiz, mehr nicht – aber ein durchaus starkes, sollte es sich bestätigen und zusammen mit anderen Indizien ein geschlossenes Bild ergeben.

Natürlich drängte sich die Frage auf, ob es ein Zufall war, dass es sich beim ersten Opfer um eine Krankenschwester handelte und beim letzten um eine Medizinstudentin. Jedenfalls, so schlussfolgerten wir, dürfte es alleine schon wegen der Beschreibung ein und derselbe Täter gewesen sein. Und warum waren alle Taten in der

Nacht vom Freitag auf Samstag begangen worden? Weil in dieser Nacht besonders viel los ist in Schwabing? Oder weil er da Ausgang hatte?

Wiederum eine Woche später. Die 38-jährige Bedienung Karla F. ging Samstagmorgen gegen 3.00 Uhr zu Fuß nach Hause. Sie kam aus dem Bistro, in dem sie arbeitete, und wollte in ihre Wohnung, die sich in einem Hochhaus in der Nähe des Schwabinger Krankenhauses befand. Die Straßen waren menschenleer und es nieselte. Sie ging flott wie immer, aber die Schritte, die sie plötzlich hinter sich hörte, schienen noch eine schnellere Gangart zu haben. Sie schaute sich nicht um, obwohl sie Angst bekam. Stattdessen bog sie in eine Hofeinfahrt ein, an der sie gerade vorbeiging, um den Anschein zu erwecken, dass sie hier wohnen würde. Als sie vor einer Tiefgaragenzufahrt stand, war der Mann bei ihr. Sie spürte einen Schlag im Rücken und stürzte nach vorne. Dann erhielt sie noch fünf weitere kräftige Schläge in den Rücken, ohne zu ahnen, dass es sich um Messerstiche handelte. Sie kam gar nicht mehr dazu, um Hilfe zu schreien. Dass sie nicht verblutete, verdankte sie einem Zeitungsausträger, der nur zwei Minuten später vorbeiging und die Frau am Boden liegen sah. Vorher hatte er einen Mann wegrennen sehen, der aus der Hofeinfahrt wie vom Leibhaftigen gehetzt herausgekommen war.

Karla F. überlebte dank der raschen Rettung. Zwei der insgesamt sechs tiefen Messerstiche hatten die Lunge getroffen und wären absolut tödlich gewesen, hätte sie nicht schnell ärztliche Hilfe erhalten. Vom Täter hatte sie nichts gesehen und außer seinen schnellen Schritten

auch nichts gehört. Aber wir hatten unseren Zeitungsausträger, der sich als durchaus brauchbarer Zeuge erwies. Den Mann beschrieb er als noch ziemlich jung,
etwa Mitte zwanzig, auffallend klein und schmächtig,
aber blitzschnell und völlig dunkel gekleidet.
Nun waren wir sicher, dass sich in Schwabing ein Serientäter etabliert hatte. Wieder war es die Nacht vom Freitag auf den Samstag. Besorgniserregend war die deutlich
erkennbare Steigerung seiner Gewaltbereitschaft. Angefangen hatte er mit dieser unerklärlichen Blutentnahme,
dann setzte er ein Messer ein. Beim ersten Mal stach er
einmal zu, zuletzt schon sechsmal. Das nächste Opfer
könnte tot sein. Obwohl eigentlich auch schon Karla F.
an ihren Verletzungen hätte sterben können. Es drängte
sich der Eindruck auf, als ob es dem Täter nicht um seine
sexuelle Befriedigung, sondern um Bestrafung und Demütigung der Opfer gegangen wäre – für etwas, wofür
möglicherweise jemand anderes verantwortlich war? Wir
kämpften gegen die Zeit, und der Druck wuchs.

Schwabing geriet in Panik. Die Überfälle auf Frauen
wurden zu Recht zur Dauerschlagzeile, denn in erster Linie musste natürlich die Bevölkerung gewarnt werden.
Außerdem versprachen wir uns von der Veröffentlichung
des Phantombildes rasche Hinweise auf ähnlich aussehende Personen. Solche kamen dann auch zuhauf. Wobei
ich bis dahin nicht ahnte, wie viele kleine Männer es gab.
Gleichzeitig erlebte die Schwabinger Gastronomie einen
merklichen Einbruch der Umsätze, weil sich die Frauen
nachts nicht mehr trauten, alleine auszugehen. Irgendwie
war die Unbekümmertheit, die Fröhlichkeit und die für
Schwabing so typische Lockerheit weg. Das hing eben damit zusammen, dass es sich um eine unbekannte, nicht

berechenbare Gefahr handelte und jede(r) befürchten musste, das nächste Opfer zu werden. Bei solchen Gemeingefahren werden die Fähigkeiten der Strafverfolgungsbehörden ganz schnell in Frage gestellt, sollte die Aufklärung allzu lange auf sich warten lassen. Dann werden die Dienststellen, die solche Delikte zu bearbeiten haben, im positiven wie im negativen Sinne zum Aushängeschild der gesamten Polizei. Und wehe, es werden Fehler gemacht. Dann gerät man als verantwortlicher Dienststellenleiter unter enormen Druck.

Neben der Ermittlung des Täters ging es aber in erster Linie um den Schutz der Menschen, und deswegen patrouillierten fortan Hunderte von Polizisten nächtens durch die Straßen Schwabings, um das subjektive Sicherheitsgefühl der Bevölkerung zu stärken. Dabei kontrollierten sie jede männliche Person, die ihnen verdächtig vorkam. Egal ob groß oder klein. Der »Messerzwerg von Schwabing«, wie er inzwischen sogar in den Medien genannt wurde, blieb jedoch verschwunden.

Diesmal vergingen zwei Wochen. Es war wieder die Nacht von Freitag auf Samstag. Allerdings war es kein Messerüberfall auf eine Frau, sondern ein gemeingefährlicher Brandanschlag. In einer großen Tiefgarage war vorsätzlich ein Fahrzeug in Brand gesteckt worden. Das Feuer griff auf insgesamt zwölf Fahrzeuge über, die völlig ausbrannten. Nur einem Großeinsatz der Feuerwehr war es zu verdanken, dass es nicht zur Katastrophe kam und die anderen ca. 50 Autos in der Tiefgarage zu brennen angefangen hatten. Von dem oder den Tätern fehlte jede Spur.

Es war der sechste Brandanschlag dieser Art in Schwabing innerhalb der letzten drei Monate. Während wir also den »Messerzwerg« suchten, suchten die Kollegen der Brandfahndung einen Serienbrandstifter, der es hauptsächlich auf Fahrzeuge in Tiefgaragen abgesehen hatte. In allen Fällen war unter den Pkw Feuer gelegt worden, indem Lumpen oder sonstige Gegenstände, die man in jeder Garage oder Mülltonne findet, mit einem Brandbeschleuniger, vermutlich Benzin, getränkt und angezündet wurden.

Die Einsatzkräfte der Polizei hatten den Tatort abgesperrt. Es waren ja genug Beamte in der Gegend unterwegs, um nach dem »Messerzwerg« zu suchen, wie seit Wochen schon. Einer Streife war ein junger Mann aufgefallen, der offensichtlich schmutzige Kleidung trug und nach Rauch stank. Er stand unter den Neugierigen, die bei derartigen Vorfällen immer erfasst werden, so weit das natürlich möglich ist. Ausgehend von dem guten alten Erfahrungswert, wonach Verbrecher immer an den Tatort zurückkehren. Angeblich trifft das besonders auf Brandstifter zu, falls sie zur Kategorie der Pyromanen zählen, die ihr Werk genießen wollen. Ich persönlich halte nicht viel von solchen Weisheiten. Jedenfalls ist mir bislang kein Fall bekannt geworden, bei dem sich ein Mörder anlässlich der Beisetzung seines Opfers heimlich unter die Trauergäste gemischt hätte. Glaubt man der Wissenschaft, wonach jedes zweite Tötungsdelikt unentdeckt bleibt, dann ist es wohl eher so, dass die meisten Mörder ganz offiziell und in vorderster Reihe an der Beerdigung ihrer Opfer teilnehmen. Weil es sich nämlich bei den meisten Morden um Beziehungstaten handelt. Wobei nach meiner Einschätzung der unentdeckte Mord nicht identisch ist mit dem sogenannten perfekten Mord. Denn perfekt wäre ein Mord nur, wenn der Täter mit der Entdeckung der Tat wohl rechnet, aber nicht überführt werden kann, weil er keine Fehler gemacht hat. Wenn er dann noch bis ans Ende seiner Tage ohne Angst und mit ruhigem Gewissen leben kann, dann könnte man vom perfekten Mord sprechen.

Besonders alte Menschen werden häufig vom Leben in den Tod befördert, weil sie halt partout nicht sterben und/oder vererben wollen. Wo doch die Hypothek so drückt. Und um den Druck loszuwerden, drückt man Oma oder Opa schon mal ein Kissen aufs Gesicht, bis sie ihren letzten Schnaufer getan haben. Dann holt man den guten alten Hausarzt, der ja schon ahnte, dass es demnächst vorbei sein könnte, und lässt ihn einen natürlichen Tod bescheinigen. Damit bleibt die Kripo außen vor, und am Grab schluchzen dann die Mörder so herzzerreißend, dass alle Trauergäste davon schwärmen, was für eine »schöne Leich'« das wieder war.

Die aufmerksamen Polizisten nahmen den Rußgeschwärzten mit zur Polizeiwache und stellten dort seine Personalien fest. Peter W., 28 Jahre. Er sei an dem Anwesen vorbeigekommen, habe Rauch gesehen und habe helfen wollen. Deshalb sei er, zusammen mit einigen anderen Leuten, hinuntergelaufen in die Garage, um eventuell Leute zu retten. Der Qualm sei aber schon so dicht gewesen, dass er wieder umkehren musste. Da tatsächlich mehrere Personen Rauchvergiftungen erlitten hatten, erschien die Aussage des jungen Mannes nicht unglaubhaft, und man ließ ihn nach Personalienfeststellung gehen. Zumal der Computer nicht das ausspuckte, was wohl die Aufmerksamkeit der Kollegen erregt hätte: Er war bereits wegen Brandstiftung in Erscheinung getreten – allerdings in Sachsen-Anhalt.

Der Brandfahnder, der diese Meldung am Montag darauf auf den Tisch bekam, hatte mehr Erfolg bei den Recherchen nach dem Vorleben von Peter W. in Sachsen-Anhalt, wo er zuvor gewohnt hatte. Dort war er bereits einer gemeingefährlichen Tat, einer schweren Brandstiftung, beschuldigt worden. Wie der Kollege von den dortigen Ermittlern erfuhr, soll Peter W. die Pension seiner Mutter angezündet haben. Und zwar aus einem äußerst interessanten Grund: Er hatte seine Freundin im Bett mit seinem älteren Bruder erwischt. Die Pension, die einmal diesem älteren Bruder gehören sollte, war restlos abgebrannt. Und obwohl der ältere den jüngeren Bruder der Tat verdächtigte, hatte man einen Tatnachweis nicht führen können, sodass Peter W. nicht angeklagt werden konnte. Woran die Mutter nicht ganz unschuldig war, hatte sie ihm doch ein Alibi für die Tatzeit gegeben. Da es auch noch andere Tatverdächtige gab, war der dringende Tatverdacht nicht mehr aufrechtzuerhalten. Die Mutter nahm »ihren Kleinen« mit nach München, wo sie sich mit ihrem zweiten Ehemann eine neue Existenz aufbauen wollte.

Die Brandfahnder luden Peter W. zur Vernehmung vor. Rein juristisch darf die Tatsache, dass jemand schon einmal wegen einer gleichen Straftat in Erscheinung getreten ist, natürlich nicht als Indiz für eine mögliche Täterschaft herangezogen werden. Aber für uns Kriminaler sind das Alarmsignale. Weil wir nämlich nicht an Zufälle glauben und weil die Tatsache, dass jemandem eine Straftat nicht nachgewiesen werden konnte, noch lange nicht bedeutet, dass er sie nicht doch begangen hat. Das ist eben der Unterschied zwischen Jurisprudenz und dem richtigen Leben. Ein Ermittler, der nicht misstrauisch werden würde, wenn eine Person, die am Brandort angetroffen wurde, bereits einmal wegen eines gleichen Deliktes auffällig war, hätte den Beruf verfehlt. Peter W. war ein verklemmt wirkender junger Mann, der kaum den Mund aufbekam. Jedes Wort musste man ihm aus der Nase ziehen. Vor einem Jahr sei er mit seiner Mutter und deren jetzigem Lebensgefährten aus Sachsen-Anhalt nach München umgesiedelt. Seine Mutter und sein Stiefvater in spe hätten hier ein Lokal übernommen. Er sei zwar gelernter Elektriker, arbeite aber derzeit in der Kneipe mit, weil er noch nicht das Passende gefunden habe. Wenn die Kneipe an der Münchner Freiheit um 2.00 Uhr schließe, gehe er gerne noch etwas spazieren oder suche noch ein anderes Lokal auf, um in Ruhe ein Bier trinken zu können. So sei er zufällig an dem Haus in der Hohenzollernstraße vorbeigekommen, in dem es gebrannt habe. Wie einige andere Helfer auch, habe er versucht, nachzusehen, ob Leute in Gefahr wären, aber man habe nichts machen können. Alles voller Qualm, er habe selbst fast keine Luft mehr bekommen. Aus, fertig, vorbei. Mehr sei da nicht gewesen.

Nun weiß man, dass Brandstiftung und sexuell motivierte Überfälle auf Frauen artverwandt sind, was die Täter betrifft. Jedenfalls fällt auf, dass Sexualtäter oft auch als Brandstifter unterwegs sind. Vermutlich deshalb, weil beide Tätertypen von Hass getrieben werden und das Gleiche im Sinn haben, nämlich Vernichtung und Zerstörung. Und in gewisser Weise spielt auch Feigheit eine Rolle. Frauen sind schwächer als Männer. Und heimtückische Brandlegung ist nicht mit direkter Konfrontation verbunden. Aber noch etwas ist den Kollegen der Brandfahndung aufgefallen: Peter W.s verblüffende Ähnlichkeit mit unserem Phantombild. Um keinen Verdacht zu erregen und um uns nicht ins Handwerk zu pfuschen, hatten sie ihn aber nicht darauf angesprochen. Was richtig und vernünftig war. Manchmal ist es eben besser, nichts zu überstürzen. Gut Ding braucht Weile. Ein Lieblingsspruch besonnener Ermittler.

Peter W. wurde erkennungsdienstlich behandelt. Dann wurde die Mordkommission eingeschaltet.

Als man mir ein Foto von Peter W. vorlegte, war ich mir mit allen anderen Betrachtern sicher: Die Ähnlichkeit mit dem Fahndungsporträt war wirklich auffallend. Als wäre das Phantombild vom Foto abgezeichnet worden. Wir holten uns die beiden einzigen Zeugen, die unseren »Messerzwerg« gesehen hatten, und führten eine Lichtbildvorlage durch. Das bedeutet, dass die Zeugen unter etwa einem Dutzend gleich gestalteter Fotos von unterschiedlichen, aber sehr ähnlich aussehenden Personen den oder die Täter herausfinden sollen. Und zwar sicher. Alles andere nützt nichts. Auch dann nicht, wenn das Urteil »ähnlich« oder »wahrscheinlich« lauten sollte. Ein Verfahren, das den Zeugen mehr abverlangt als eine Gegenüberstellung mit realen Personen. Es sind eben nur Lichtbilder, die zudem nur den Kopf aus dreierlei Perspektiven zeigen – nämlich von vorne, von schräg vorne mit linkem Ohr und von der Seite mit rechtem Ohr. Bertillon-Fotos nennt man diese spezielle Katalogisierung – benannt nach dem Kriminalisten und Anthropologen Alphonse Bertillon (1853–1914), der dieses System erdacht hat.

Unser braver Zeitungsausträger war sich zu 90 Prozent

sicher, dass Peter W. derjenige war, den er in jener Nacht weglaufen sehen hatte. Aber eben nur zu 90 Prozent. Anita H. dagegen reagierte so, wie nur jemand reagieren kann, der plötzlich einer Person gegenübersteht, die ihm Böses angetan hat. »Das ist er, das ist er!«, schrie sie auf und zeigte mit dem Finger auf sein Bild. Dann begann sie sofort zu weinen. Es sei plötzlich wieder alles da, schluchzte sie. Obwohl sie doch schon das Gröbste überstanden zu haben glaubte. Armes Mädchen, dachte ich mir, du wirst dieses Trauma nie ganz überwinden, und ich nahm sie in den Arm und versprach ihr, dass sie keine Angst mehr haben müsse.

Der zuständige Staatsanwalt erwirkte einen Haftbefehl gegen Peter W. Die Ähnlichkeit mit dem Phantombild und die Tatsache, dass er von der Geschädigten zweifelsfrei wiedererkannt worden war, begründete den dringenden Tatverdacht. Hinzu kam die Vorgeschichte, die exakt ins Täterprofil passte.

Es war wieder Freitagabend, als wir den Haftbefehl in Händen hatten. Wir entschlossen uns für die direkte Konfrontation. Zwei Beamte der Personenfahndung trafen Peter W. in der Kneipe an, die erst um 17.00 Uhr geöffnet hatte und in der um 18.00 Uhr noch keine Gäste waren. Wortlos folgte er ihnen zur Dienststelle. Die Mutter schaute betreten, als ihr Sohn abgeführt wurde. Sie sagte kein Wort. Das war ungewöhnlich. Wusste oder ahnte sie etwas? Den Haftbefehl, der ihm ausgehändigt wurde, las er im Auto.

Er wurde direkt in mein Büro gebracht. Auf die Frage, ob er den Haftbefehl gelesen habe, nickte er nur, sagte aber nichts dazu. Also war es an mir, zu reden. Was schwer ist, wenn man kaum Antworten bekommt und dadurch das Gegenüber nicht so richtig einschätzen kann. Obwohl er ohnehin schwieg, klärte ich ihn über sein Recht zu schweigen auf, so wie es vorgeschrieben ist. Ich bot ihm an, einen Anwalt seiner Wahl zu verständigen. Er schüttelte den Kopf, wollte keinen. Warum denn nicht, fragte ich ihn. Es sei doch besser, wenn er sich gleich von Anfang an vertreten lasse. Dann wären auch wir auf der sicheren Seite und müssten uns nicht vorwerfen lassen, wir hätten ihn über den Tisch gezogen. Genau dadurch, dass ich ihm unbedingt einen Anwalt einreden wollte, erweckte ich bei ihm den Eindruck, als sei ich mir meiner Sache absolut sicher und als gäbe es an seiner Täterschaft nicht die geringsten Zweifel. Die es für mich übrigens auch nicht gab, allerdings hätte ein Geständnis die Dinge für uns wesentlich vereinfacht. Er schwieg. Er rechtfertigte sich nicht, er verteidigte sich nicht, er bestritt nichts. Mit keinem Wort. Ich redete und zählte ihm auf, was auf ihn als Täter hindeute. Er antwortete hin und wieder kurz und knapp, meist mit »Ja« oder »Nein«. Abklopfen nennt man das. Hatte ich doch bemerkt, wie verklemmt er war. Über sexuelle Dinge zu sprechen war ihm unangenehm, peinlich. Er verneinte, als ich ihn fragte, ob er liiert sei, und er schwieg, als ich ihn fragte, wie es mit seinem Sexualleben aussehe. Und irgendwie, nach etwa 20 Minuten, traf ich ihn, den entscheidenden Punkt. Ohne es vorher zu wissen. Jedenfalls entschloss ich mich, die sexuelle Komponente auszuklammern, und machte ihm deutlich, dass mich eigentlich nur zwei Fälle interessieren würden, nämlich die, bei denen ein Messer eingesetzt worden sei. Schließlich wären wir hier bei der Mordkommission und nicht bei der Sitte. Plötzlich bemerkte ich, dass er aufhorchte. Er schaute mich an, als ob er prüfen wollte, ob ich das auch wirklich so meinte. Also schob ich nach, dass mich der »ganze sexuelle Schmarr'n« nicht im Geringsten interessieren würde. Ich wolle nur wissen, ob es ihm wenigstens leid täte, dass er die beiden Frauen mit dem Messer verletzt habe. Da geschah das Wunder: Er schaute mich an und sagte: »Ja, das tut mir leid.«

Das war's. Peter W. legte ein umfassendes Geständnis ab. Allerdings nur diese beiden versuchten Tötungsdelikte betreffend. Er gab zu, die beiden Frauen überfallen und niedergestochen zu haben. Aber mit keinem einzigen Wort erklärte er sein wahres Motiv. Kein Wort davon, dass er sexuelle Handlungen vorgenommen hatte und kein Wort darüber, was ihn getrieben hatte zu diesen Taten. Das ginge uns nichts an, meinte er. Er verriet uns das Versteck des Tatmessers in der Kneipe und räumte den rein objektiven Sachverhalt bis ins kleinste Detail ein. Wissend, dass er wegen Mordversuchs in zwei Fällen zu lebenslanger Freiheitsstrafe verurteilt werden könnte. Die Überfälle auf andere Frauen, die eigenartige Geschichte mit der Spritze sowie die von ihm begangenen Brandstiftungen gab er nicht zu. Vor Gericht wurde er sogar erstmals ungehalten. Er, der sonst so introvertierte Angeklagte, fuhr hoch und schrie die Richter an, er habe alles gesagt, alles zugegeben und alles andere ginge niemanden etwas an. Besonders wütend reagierte er, wenn er auf den Vorfall mit der Spritze angesprochen wurde. So wissen wir bis heute noch nicht, warum er sich von einer Frau Blut abnehmen ließ, um eine andere damit zu bedrohen. Peter W. war das Paradebeispiel für jene Täter, die unter keinen Umständen einen Blick in ihre Seele gestatten wollen.

Die Erleichterung über die Festnahme des Mannes, der als »Messerzwerg von Schwabing« für Angst und Schrecken gesorgt hatte, war groß. Interessant war in diesem Zusammenhang, was nachträglich bekannt wurde: Peter W. war mindestens ein Dutzend Mal als Exhibitionist aufgetreten, meist gegenüber jungen Frauen, die vorher in der Kneipe seiner Mutter waren. Dort hatte er sich Frauen gegenüber sehr spendabel gezeigt, aber meist ohne Erfolg. Als Nächstes lauerte er dann in der Dunkelheit, häufig in der Nähe des Lokals, der einen oder anderen Schönen auf, zeigte ihr seine Männlichkeit und wurde meistens ausgelacht. Nicht einmal in dieser Situation nahmen ihn die Mädels ernst. Der dritte Schritt war dann der verhängnisvollste. Nachweislich nach solchen erfolglosen »Exer-Attacken« kam es zu den Überfällen auf die Frauen in Schwabing. Man kann nur annehmen, dass es Racheakte waren. Hass auf Frauen, abreagiert durch Gewaltakte und Brandlegungen, die mit der Festnahme des Peter W. übrigens schlagartig aufhörten. Ein Indiz für seine Täterschaft, auch wenn er sich nicht dazu äußerte, der Kleine.

Apropos klein: Peter W. hatte sich gefahrlos in der Öffentlichkeit bewegen können. Er wirkte so harmlos, dass niemand auf die Idee kam, er könnte der Gesuchte sein. Denn obwohl die Bezeichnung »Messerzwerg« schon darauf hindeutete, dass es sich um einen körperlich kleinwüchsigen Täter handeln dürfte, wurde niemand, der ihm begegnete, misstrauisch. Viermal war er sogar kontrolliert worden, aber jedes Mal ließ man ihn ziehen, weil er so harmlos und brav wirkte. Nicht einmal seine verblüffende Ähnlichkeit mit dem Phantombild, das sogar in der Kneipe seiner Mutter aushing, in der auch noch zahlreiche Polizisten verkehrten, hatte jemand auf die Idee gebracht, dass »Peterchen« der gesuchte Serientäter sein könnte. Obwohl bekanntlich niemand das Kainsmal auf der Stirn trägt, wie ich immer sage. Die meisten Mörder jedenfalls, mit denen ich zu tun hatte, sahen eher wie Schreibtischtäter als wie bullige Schlägertypen aus.

Bei der körperlichen Untersuchung des Beschuldigten bestätigte sich übrigens, dass er unter einer ausgeprägten Phimose litt.

Peter W. wurde zu lebenslanger Freiheitsstrafe verurteilt, obwohl seine Taten im Versuchsstadium stecken geblieben waren. Motiv: Mischung aus Frustkompensation und Befriedigung des Geschlechtstriebes. Durch seine Brandlegungen brachte er viele Menschen in Lebensgefahr und wurde zur Gefahr für die Allgemeinheit.

HABGIER

»Es war schon dunkel, so kurz nach 22.00 Uhr, als wir in Garmisch-Partenkirchen losfuhren. Auf der Autobahn fragte ich sie, ob sie einen Schluck Kakao möchte, weil es doch noch immer sehr warm und schwül war. Aber bevor ich ihr die Flasche reichte, fragte ich sie sicherheitshalber noch einmal, ob sie jemand außer ihrem Freund Thomas von unserem Treffen erzählt habe. Sie versicherte mir, diesmal habe sie niemandem etwas gesagt, nur der Thomas wisse Bescheid. Und so fasste ich den Entschluss, die Sache endgültig durchzuziehen und erst sie und dann den Thomas auszuschalten. Diesmal musste es klappen, weil ich wusste, dass ich sie ein drittes Mal nicht mehr dazu bewegen kann, mit mir nach Garmisch-Partenkirchen zu fahren. Ich reichte ihr die ›Saliter-Kakao-Flasche‹, sie trank sie auf einen Zug aus. Es wirkte auf einen Schlag. Schon nach einer Minute schlief sie tief und fest.

Gegen 23.30 Uhr kamen wir in München an, ich fuhr direkt zum Bonner Platz, wo ihr Auto stand. Der Parkplatz war dunkel und menschenleer. Ich hob Elisabeth aus dem Fahrzeug und setzte sie in ihr Auto auf den Beifahrersitz. Ich schnallte sie an. Dann nahm ich aus dem Kofferraum meines Autos die Axt, die Müllsäcke, die Wasserflaschen und legte alles in den Kofferraum ihres Fahrzeuges.

Wir fuhren los, und etwa eine Stunde später waren wir an dem Wald hinter Dachau angelangt. Ich fuhr den Waldweg entlang bis zu der Stelle, die ich schon lange vorher ausgesucht hatte.

Dort zog ich Elisabeth aus dem Fahrzeug. Sie schlief tief und fest. Ich legte sie direkt vor das Fahrzeug im Scheinwerferlicht auf dem Weg ab. Sie lag auf dem Rücken. Ich zog sie nackt aus. Dann nahm ich die Axt und trennte ihr den Kopf ab. Mit einem einzigen Schlag ging das. Dann trennte ich ihr beide Hände ab, direkt über den Handgelenken. Kopf und Hände tat ich in einen blauen Müllsack und versteckte ihn im Dickicht. Den Torso zog ich ins Unterholz. Dann fuhr ich sofort auf direktem Wege zu mir nach Hause.

Zu Hause wusch ich mich und wechselte die Kleidung. Dann zerstampfte ich einige Tabletten ›Rohypnol‹ und mischte sie in ein weiteres Fläschchen Saliter-Kakao. Ich fuhr mit Elisabeths Auto zu Thomas nach Sendling und klingelte ihn heraus. Da war es kurz vor 2.00 Uhr. Er war total verschlafen. Ich erzählte ihm, Elisabeth habe mit meinem Auto einen Unfall gehabt und liege in Dachau im Krankenhaus. Es dauerte keine fünf Minuten, bis er angezogen war. Auf der Fahrt nach Dachau bot ich ihm den präparierten Kakao an. Er nahm ihn dankbar und trank sofort. Genau wie Elisabeth schlief er nach einer Minute tief und fest. Ich fuhr zur selben Stelle, zog ihn aus dem Auto und legte ihn am Boden ab. Dann trennte ich auch ihm den Kopf ab, wobei ich diesmal aber mehr als einen Schlag brauchte. Es ging nicht so einfach wie bei Elisabeth. Dann trennte ich auch seine Hände ab. Auch das ging schwerer. Ich holte den blauen Müllsack, legte seine Teile zu denen von Elisabeth und versteckte ihn wieder im Dickicht. Den

*Körper zog ich ins Gebüsch und legte ihn direkt neben dem
von Elisabeth ab. Dann holte ich das Mineralwasser und
schwemmte damit das viele Blut weg, das sich auf dem Weg
gesammelt hatte. Es war dann schon nach 3.00 Uhr und
die Zeit bis zur Dämmerung war knapp. Ich bekam langsam Panik. Außerdem musste ich ja noch ihr Auto zurückbringen, und schon um 8.00 Uhr wollte ich mich mit meinen Kollegen zum Betriebsausflug treffen.«*

Klaus F. war der Einzige im Raum, der völlig gefasst und
emotionslos wirkte, als er dieses Geständnis ablegte.
Ganz anders als noch eine Stunde vorher, als er weinend
zusammengebrochen war, nachdem er wochenlang hart-
näckig geleugnet hatte. Da er mir direkt ins Gesicht sah,
durfte ich mir meine Fassungslosigkeit nicht anmerken
lassen, obgleich sie nicht geringer war als die des anwesenden Staatsanwaltes und der beiden Rechtsanwälte, die
im Hintergrund saßen und ziemlich grün um die Nase
waren. Aber wenigstens zeichnete sich endlich die Aufklärung eines Falles ab, der so unbegreiflich war wie kein
anderer in meinen drei Jahrzehnten Polizeidienst, die ich
bereits hinter mir hatte, und wie auch keiner mehr werden sollte in dem Jahrzehnt, das noch vor mir lag. Dabei
begann dieser außergewöhnliche und besonders erschüt-
ternde Fall ganz harmlos mit der Vermissung eines Lie-
bespaares ...

Die Eltern der 32-jährigen Werbetexterin Elisabeth S.
und des 27 Jahre alten Informatik-Studenten Thomas W.
kamen an einem heißen Julitag gemeinsam zur Polizeiin-

spektion 13 in München-Schwabing, um Vermisstenanzeige zu erstatten. Beide Elternpaare waren eigens von weither angereist. Die Eltern von Elisabeth S. aus Kassel, die von Thomas W. aus Düsseldorf. Der junge Beamte hörte sich die Leute an, um ihnen dann zu erklären, dass nach den geltenden Richtlinien kein Vermisstenfall vorliege. Beide seien erwachsen, nicht suizidgefährdet und auf eine hilflose Lage oder Gefahrensituation deute ebenfalls nichts hin. Ebenso wenig wie auf ein Verbrechen. Vielleicht seien sie ja verreist, meinte er. So etwas komme doch vor.

Aber die Eltern ließen sich nicht abwimmeln. Sowohl das Ehepaar S. als auch die Eltern von Thomas W. schlossen diese Möglichkeiten kategorisch aus. Es müsse etwas passiert sein, begann die Mutter von Elisabeth S. zu versichern. Fast täglich würden sie miteinander telefonieren, und seit einer knappen Woche, genauer gesagt seit vergangenem Dienstag, dem 16. Juli, gäbe es kein Lebenszeichen mehr von ihr. Sie sei unentschuldigt ihrer Arbeit ferngeblieben, was noch nie vorgekommen sei. Sie habe immerhin eine leitende Position in einer Werbeagentur und liebe ihre Arbeit. In der Wohnung seien alle ihre heiß geliebten Pflanzen welk und ihr Auto stehe in der Tiefgarage, völlig verdreckt und mit der Motorhaube zur Wand. So hätte Elisabeth nie eingeparkt. Sie seien in der Wohnung gewesen. Eine gute Freundin von Elisabeth habe einen Zweitschlüssel dafür. Aus der Wohnung würden verschiedene Gegenstände fehlen. Ein Fotoapparat, ein Plattenspieler und ein Videorekorder, so weit sie bisher feststellen konnten. Kleidung und Kosmetika dagegen seien vollständig vorhanden. Nie würde sie verreisen, ohne etwas mitzunehmen.

Auch die Eltern von Thomas W. wussten gewichtige Argumente vorzubringen, warum sie nicht an eine Spontan-Reise ihres Sohnes glauben konnten. In seinem kleinen Appartement, zu dem die ebenfalls hier in München studierende Schwester einen Reserveschlüssel habe, sehe es aus, als habe er es überstürzt verlassen. Ohne irgendetwas mitzunehmen. Das Bett sei nicht gemacht und sein privater PC sei sogar noch eingeschaltet gewesen. Er sei der Uni, wo er Informatik studiere, ohne Angabe von Gründen ferngeblieben. Im Computerprogramm, in dem er am Dienstag zuletzt gearbeitet habe, sei er sogar noch angemeldet. Das würden die Studenten nur machen, wenn sie anderntags im selben Programm weiterarbeiten wollten. Außerdem habe Thomas als Hochbegabter ein Stipendium an der Universität in Frankfurt in Aussicht gehabt, das er unbedingt antreten wollte. Nie und nimmer würde er diese einmalige Chance verstreichen lassen. Morgen schon müsste er dort anfangen. Aber seit vergangenem Dienstag habe es weder von ihm noch von seiner Freundin das geringste Lebenszeichen gegeben. Es müsse etwas passiert sein, eine andere Erklärung gäbe es nicht.

Die Argumente leuchteten ein. Der Wachhabende entschied schließlich, dass eine Vermisstenanzeige entgegenzunehmen sei. Lieber einmal unnötigerweise als zu spät, meinte er. Dass es bereits zu spät war, konnte er freilich nicht ahnen.

Die Vermisstenanzeige kam wie üblich am Tag danach bei der Kriminalpolizei in den Einlauf. Zugeteilt wurde sie Kriminalhauptkommissar Manfred S., der noch ein

Jahr Dienst bis zur Pensionierung vor sich hatte. Zwanzig Jahre hatte er bei der Mordkommission gearbeitet, seit zwei Jahren schob er bei der Vermisstenstelle eine zwar ruhigere Kugel, dafür aber auch eine ziemlich riskante. Denn viele Mordfälle beginnen mit der Vermissung der Opfer. Und wehe dem Vermisstensachbearbeiter, der die Lage falsch beurteilt oder etwas übersieht.

Diese Vermisstensache war deshalb auffällig, weil bei Abwägung aller Erkenntnisse keinerlei Anhaltspunkte dafür zu finden waren, warum die beiden ihren jeweiligen Lebenskreis so plötzlich und vor allem so heimlich hätten verlassen sollen. Deshalb telefonierte der Kollege sogleich mit den Eltern von Elisabeth S. und Thomas W., um sich die Einzelheiten noch einmal selbst erklären zu lassen und seine Erkenntnisse zu vertiefen. Die Gespräche verstärkten seinen Verdacht, dass diese beiden jungen Menschen nicht freiwillig so völlig spurlos verschwunden sein dürften. Er gelangte zur Überzeugung, dass »etwas passiert sein musste«, wie man es formuliert, wenn man noch nicht weiß, was das sein könnte. Eine Entführung? Eher nicht. Keine Anhaltspunkte, keine Lösegeldforderung bisher, keine reichen Leute. Gemeinsamer Suizid? Darauf deutete noch weniger hin.

Blieb also nur ein Verbrechen. Aber wer ist der Täter, wer das Opfer? War einer von beiden Täter, einer Opfer? Oder beide Opfer? Aber wie, wo und warum? Welches Motiv könnte zugrunde liegen? Und wo war die berühmte Zuspitzung der Ereignisse im zeitnahen Vorfeld der Tat? Gemeint sind jene besonderen Vorkommnisse, die man auch als Auslöser bezeichnen könnte und die der Kriminaler zu erfragen versucht mit Sätzen, wie man sie aus jedem Krimi kennt: »Gab es in letzter Zeit irgendwelche

Besonderheiten oder Auffälligkeiten?« oder »Hatte sie oder er mit irgendjemandem Streit?« oder die allerberühmteste Frage: »Gibt es Feinde?«

Kollege Manfred S. fuhr zur Wohnung von Elisabeth S., wo er mit deren bester Freundin verabredet war. Die junge Frau hatte einen Schlüssel zur Wohnung von Elisabeth, so wie diese einen zu ihrer Wohnung hatte. Die massive Eingangstür zu Elisabeths Wohnung sei nicht nur ins Schloss gezogen, sie sei zweimal versperrt gewesen, als sie mit Elisabeths Eltern Nachschau gehalten hatte, war sich die Zeugin sicher und lieferte damit ein erstes, wichtiges Detail. Das bedeutete nämlich, dass die Person, die zuletzt in der Wohnung war, einen Schlüssel besessen haben muss. Zumal auch keinerlei Spuren vorhanden waren, die auf ein gewaltsames oder unberechtigtes Eindringen hingewiesen hätten. Einbruch war also auszuschließen. Aber welcher Fremdtäter sperrt schon zweimal ab, wenn er den Tatort verlässt? Oder war die Wohnung kein Tatort? Und wurden die fehlenden Gegenstände vielleicht gar nicht gestohlen?

Die Räume selbst waren sehr geschmackvoll eingerichtet. Eine moderne, helle Zweieinhalb-Zimmer-Wohnung im relativ neu errichteten Wohnviertel im nördlichen Schwabing. Ohne Auffälligkeiten. Keine Beschädigungen, keine Kampfspuren, kein Blut – nichts, was einen Ermittlungsansatz hätte liefern können. Außer der Tatsache, dass die vielen Pflanzen zwischenzeitlich bereits die Blätter hängen ließen. Sie müssen schon seit Tagen nicht mehr gegossen worden sein. Das allerdings war absolut ungewöhnlich. Denn nie hatte sie vergessen, ihre Freundin zu informieren, wenn sie mehr als zwei Tage verreiste. Ausschließlich der Pflanzen wegen, die ihr »Heiligtum«

waren. Aber Elisabeth hatte am vergangenen Dienstag, als sie sich zuletzt gesehen hätten, kein Wort davon erzählt, dass sie verreisen wollte, berichtete die Freundin. Es habe auch keinerlei Auffälligkeiten in ihrem Verhalten gegeben. Sie sei wie immer gewesen. Voller Energie, Lebensfreude und Fröhlichkeit.

S. sah sich um. Tatsächlich konnte man noch erkennen, wo der Videorekorder gestanden hatte, der nun verschwunden war. Die Konturen des Gerätes waren auf der ansonsten mit einer ganz feinen Staubschicht überzogenen Konsole noch gut zu erkennen. Offensichtlich hatte es die Wohnungsinhaberin mit dem Staubwischen nicht so genau genommen, dachte sich der sehr akribisch arbeitende Manfred S. Aus der Wohnung fehlten außer dem Videorekorder ein Fotoapparat und ein CD-Player, alles Geräte, die Elisabeth von ihrem Freund Thomas geschenkt bekommen hatte, wie die Freundin wusste. Das rückte ihn zweifelsohne wieder etwas in den Fokus des Interesses. Hatte Thomas diese Gegenstände angesichts einer bevorstehenden Trennung zurückgefordert? Oder hatte Elisabeth ihm seine Geschenke zurückgegeben, weil sie nichts behalten wollte, was sie an ihn erinnert hätte? Gab es Streit deswegen? Oder war er bei ihr, hat die Geschenke zurückgefordert, und dabei ist ein Streit eskaliert? Oder hat sie die Sachen zu ihm gebracht? Fragen über Fragen.

Wie gut, dass die meisten Frauen eine gute Freundin haben, der sie Dinge anvertrauen, die sie nicht einmal ihrer Mutter und keinesfalls dem (Ehe-)Partner sagen würden. Für Ermittler sind Freundinnen meist ein sprudelnder Quell wertvoller Informationen. Und so erfuhr Manfred S. auch etwas über das Innenleben der Beziehung zwischen Elisabeth und ihrem Freund Thomas. Dieser sei ein hochbegabter, feinsinniger, sehr gut erzogener und zuvorkommender junger Mann mit besten Manieren. Er möge Elisabeth sehr, wusste sie zu berichten. Ob es aber die tiefe Liebe sei, vermöge sie nicht zu beurteilen. Er habe sein kleines Appartement behalten, weil er viel lernen und studieren müsse und nicht wolle, dass Elisabeth deswegen in ihrer Lebensgestaltung eingeschränkt würde. Und so führten die beiden eine ziemlich offene, auf Vernunft und gegenseitigem Verständnis beruhende Beziehung, deren Ende allerdings absehbar war. Thomas wollte nämlich nach Frankfurt gehen und sich dort eine Existenz aufbauen. Das hätte Trennung und Ende der Beziehung zu Elisabeth bedeutet, die um nichts in der Welt München verlassen und damit ihren Job aufgegeben hätte. War diese bevorstehende Trennung die »Besonderheit im Vorfeld der Tat«? Eher nicht, wenn man den Angaben der Freundin und übrigens auch denen der Eltern folgte. Diese Veränderungen hätten schon seit Längerem im Raum gestanden, und Elisabeth habe sich auch schon emotional damit abgefunden. An eine gemeinsame Zukunft mit dem doch um einige Jahre jüngeren Thomas habe sie ohnehin nie so richtig geglaubt.

Damit aber noch nicht genug. Es sollte noch komplizierter werden. Elisabeth soll nämlich ca. drei oder vier Wochen vor ihrem Verschwinden, also entweder Ende Juni oder Anfang Juli, eine Schenkung von einer Tante erhalten haben. Diese hätte ihr 140 000 Euro vermacht, die ihr in bar übergeben worden seien. Nicht einmal ihre Eltern hätten davon gewusst. Sie hätte dieser Tante jedenfalls versprechen müssen, niemandem auch nur ein Sterbenswörtchen davon zu erzählen. Das Geld habe Elisabeth zunächst zu Hause aufbewahrt, habe es aber später zu einer Bank bringen wollen.

Im Beisein der Freundin begann der Kollege, einige Schubladen und Schranktüren zu öffnen, um sich einen ersten Eindruck zu verschaffen. Die Kleidung der Vermissten hing fein säuberlich in den Schränken, und es sah nicht so aus, als könne viel davon fehlen. Im Badezimmer waren sämtliche Kosmetika und sonstigen Toilettenartikel vorhanden, die eine Frau wohl mitnehmen würde, wenn sie verreist. Eine gründliche Durchsuchung würde natürlich noch folgen müssen. Und während sich S. weiter mit der Freundin unterhielt, öffnete er eine Schublade der Kommode, auf welcher der Videorekorder gestanden hatte. Sein Blick fiel auf einige Polaroidfotos, die sofort seine Aufmerksamkeit erregten. Die Bilder waren hier in diesem Wohnzimmer gemacht worden, wie man am Teppich erkennen konnte. Interessant war aber, was auf diesem ausgebreitet worden war: Es waren Geldscheine, die fein säuberlich über den gesamten Teppich aufgereiht lagen, wie eine Gesamtaufnahme zeigte. Auf zwei Nahaufnahmen konnte man einige Scheine so deutlich sehen, dass man vermutlich sogar die Seriennummern würde entziffern können. Es waren Fünfhundert-, Zweihundert- und Hundert-Euro-Scheine erkennbar. Wie viel Geld es insgesamt war, würde sich in der Vergrößerung feststellen lassen.

Aber wo war das Geld? Vielleicht war es irgendwo gut versteckt, was ja sogar nachvollziehbar wäre. Eine genaue Durchsuchung war unumgänglich. S. forderte Verstärkung bei seiner Dienststelle an.

Die beste Freundin hatte keine Kenntnis davon, dass Elisabeth die Geldscheine fotografiert hatte. Aber dass sie eine Polaroidkamera besaß, war ihr bekannt. Die war ja jetzt verschwunden. Elisabeth habe ihr lediglich von einer sehr lukrativen Geldanlagemöglichkeit erzählt, die sie durch die Vermittlung ihres früheren Freundes in Aussicht gehabt haben soll. Sie müsse sich mit dem auch getroffen haben, aber wann das war, bringe sie nicht mehr auf die Reihe. Dieser frühere Freund, der Vorgänger von Thomas, sei übrigens Elisabeths große Liebe gewesen. Er heiße Klaus F., sei Polizist und arbeite bei der Kriminalpolizei. Wo genau, wisse sie nicht. Aber irgendwo hier in der Nähe.

Bis zum Eintreffen der Verstärkung durch Kollegen der Vermisstenstelle entschloss sich S., Elisabeths violettfarbenes Peugeot Cabriolet in Augenschein zu nehmen. Es stand in der Tiefgarage auf dem regulär angemieteten Platz, mit dem Heck zur Garagenwand geparkt – so wie es Elisabeth S. angeblich nie abgestellt hätte, weil es an dieser engen Stelle wesentlich schwieriger war, rückwärts einzuparken als rückwärts herauszufahren. Selbst im düsteren Licht der Tiefgarage konnte man erkennen, dass der Wagen durch schmutziges Gelände gefahren worden sein muss. Im Bodenblech und am Auspuff waren Grasbüschel hängen geblieben, wie es der Fall ist, wenn man auf einem Wald- oder Feldweg fährt, zwischen dessen ausgefahrenen Fahrrinnen eine Grasnarbe wuchert. Das Fahrzeug muss erkennungsdienstlich behandelt werden, entschied S. Schlüssel waren nicht vorhanden, also würde man es aus der Garage zur Polizeiverwahrstelle schleppen lassen müssen. Vorher musste aber noch der Erkennungsdienst Spuren sichern, die sonst eventuell durch den Transport hätten vernichtet werden können.

Kurze Zeit später wurde das Fahrzeug aus der Garage ans Tageslicht geschleppt. Die Beamten des Erkennungsdienstes fanden blutähnliche Antragungen auf dem lilafarbenen Lack, die sich über die gesamte Motorhabe verteilten. Feine Spritzer, die sich von vorne nach hinten zur Windschutzscheibe hin pyramidenförmig ausdehnten. Bei der weiteren Untersuchung des Autos fanden sich außerdem an verschiedenen anderen Stellen Blutspuren, zum Beispiel im Fußraum vor dem Fahrersitz. Besonders auffällig waren allerdings latente Blutspuren im Kofferraum. Ein Schnelltest ergab, dass es sich bei allen Anhaftungen um Menschenblut handeln dürfte. Fragte sich nur, um wessen Blut.

Nicht weniger als fünf Beamte der Vermisstenstelle hatten zwischenzeitlich die Wohnung von Elisabeth S. durchsucht. Natürlich ebenfalls unter Beteiligung des Erkennungsdienstes, der an diesem Tag mehrere Teams stellen musste. Gefunden wurde nichts. Kein einziger Euro war in der Wohnung und auch sonst nichts, was hätte weiterhelfen können.

S., zurück im Büro, rief nun abermals die Eltern von Elisabeth S. an, sprach mit der Mutter und erzählte ihr von der angeblichen Erbschaft. Frau S. wusste sofort, dass es sich um ihre in Stuttgart lebende Schwester handelte. Sie habe bereits mit ihr gesprochen und ihr von der Vermisstenanzeige erzählt. Dabei habe ihr die Schwester gebeichtet, Elisabeth Geld gegeben zu haben. Ihre Schwester habe zwar auch eigene Kinder, an Elisabeth hatte sie aber einen besonderen Narren gefressen und betrachte sie wie eine eigene Tochter. Sie sei ziemlich wohlhabend und regle momentan ihren Nachlass.

Kurz darauf telefonierte S. mit der spendablen Tante in

Stuttgart, die in größter Sorge war. Sie machte sich Vorwürfe und meinte, hoffentlich habe es nichts mit dem Geld zu tun. Ohne Umschweife bestätigte sie, Elisabeth 140000 Euro Bargeld gegeben zu haben. Elisabeth sei am Sonntag, 30. Juni bei ihr in Stuttgart gewesen, und da habe sie ihr das Geld in einem großen Kuvert übergeben. Die Stückelung könne sie sehr wohl noch nachvollziehen. Es seien ausschließlich Hundert-Euro-Scheine gewesen. Jetzt kannte sich S. gar nicht mehr aus. Auf den Fotos waren definitiv Fünfhunderter, Zweihunderter und Hunderter zu sehen. Hatte Elisabeth L. das Geld umgewechselt, um das Volumen zu verringern? Immerhin wären 1400 Hunderteuroscheine nicht so einfach auf dem Teppich auszubreiten gewesen. Jedenfalls war es Zeit, die Mordkommission einzuschalten, dachte sich S. Vorher aber könne er ja noch Elisabeths Exfreund befragen, der als Kollege leicht zu ermitteln sein dürfte. Kaum zurück auf der Dienststelle, konnte er diesen rasch ausfindig machen und telefonisch befragen.

Klaus F., 36 Jahre, geschieden, wohnhaft in München, Kriminaloberkommissar. Er arbeitete bei der Kriminalpolizeiinspektion München-Nord, einer sogenannten Außenstelle, und zwar im Diebstahlskommissariat. Ja, bestätigte er, er sei bis vor etwa eineinhalb Jahren mit Elisabeth liiert gewesen. Ja, er kenne ihren jetzigen Freund, und gelegentlich habe man sich sogar getroffen. Nein, er wisse nichts davon, dass Elisabeth und Thomas vermisst würden. Ob er etwas von einer Erbschaft wisse? Nein, eigentlich nichts Genaues. Die Freundin hätte da ein paar Andeutungen gemacht? Ach ja, diese Sache. Die Elisabeth habe ihn tatsächlich angerufen und erzählt, dass sie geerbt habe und das Geld gewinnbringend anlegen wolle. Da sie sich in Gelddingen nicht auskenne, habe sie ihn gefragt, ob er sie begleiten könne. Das habe er dann auch getan. Aus der Sache sei aber nichts geworden, weil der Bankmensch nicht gekommen sei. Ein totaler Reinfall. Er habe Elisabeth geraten, die Sache zu vergessen. Das war's. Seither habe er keinen Kontakt mehr zu ihr gehabt. Wie gesagt, das sei mindestens drei oder vier Wochen her. So Ende Juni, Anfang Juli sei das gewesen.

Kollege S. musste nicht viel erklären. Wenn einer wie er der Meinung war, es dürfte ein Verbrechen vorliegen, war das unbedingt ernst zu nehmen. Weil er nämlich nicht als Dampfplauderer bekannt war, sondern als ein Ermittler, der eher zur Vorsicht neigte. Kurzum: Wenn sich einer wie er dazu durchrang, das Heft aus der Hand zu geben und die Mordkommission einzuschalten, anstatt selbst noch ein bisschen weiterzuermitteln, dann konnte man davon ausgehen, dass etwas dran war an der Geschichte.

Den Ausführungen des Kollegen war nicht zu entnehmen, welche Ausmaße dieser Fall annehmen sollte und was auf uns zukommen würde. Das weiß man übrigens nie, wenn ein Fall anläuft. Die bisherigen Zeugenvernehmungen hätten nicht viel ergeben, berichtete er. Niemand könne sich das Verschwinden erklären. Und sämtliche Freunde, Bekannte, Arbeitskollegen und die Familienangehörigen würden kategorisch ausschließen, dass es zwischen den beiden zu irgendeiner Form von Gewalt gekommen sein könnte. Ach ja, auch der Exfreund von Elisabeth S., ein Kollege, sei von ihm telefonisch befragt worden. Keinerlei Auffälligkeiten. Leider habe auch er nicht zur Aufhellung beitragen können. Er habe sie vor drei oder vier Wochen letztmals getroffen. Vermisst würde sie ja aber erst seit knapp einer Woche.

Der Fall wurde der 5. Mordkommission übertragen, deren Leiter ich damals war. Nach kurzer Einführung waren wir uns in einem Punkt alle einig: Es musste ein Verbrechen passiert sein. Allein schon die Blutspuren ließen diese Schlussfolgerung zu. Wobei alle bisherigen Erkenntnisse für eine Beziehungstat sprachen. Auch wenn uns natürlich bewusst war, dass es viele mögliche Variationen gab. Momentan jedenfalls schien einiges darauf hinzudeuten, als habe es entweder etwas mit der unverhofften Erbschaft oder der beabsichtigten Trennung der beiden zu tun. Oder mit beidem? Aber wo war das Geld, und warum fehlten ausschließlich Gegenstände aus Elisabeths Wohnung, die allesamt einen Bezug zu ihrem Freund Thomas hatten? Zufall?

Dank der guten und engen Zusammenarbeit mit dem Institut für Rechtsmedizin war dem Untersuchungsauftrag der Mordkommission erste Priorität eingeräumt worden. Es geht eben nichts über persönliche Beziehungen. Die Mütter der Vermissten hatten ohne zu zögern noch am Tag vorher eine Blutprobe abgegeben, gleich direkt im Institut. Nun lagen schon die ersten Ergebnisse vor. Die bisher untersuchten Blutspuren auf der Motorhaube des Pkw stammten ebenso wie die Blutspuren im Fußraum des Fahrzeuges allesamt von Elisabeth S. Allerdings gab es auch einige sogenannte Mischspuren, die sowohl die DNA von Elisabeth S. als auch die von Thomas W. enthielten. Und zwar die im Kofferraum.

Wie war das Blutbild zu interpretieren? Da die Masse der Blutspuren Elisabeth S. zuzuordnen waren, schien es naheliegend zu sein, dass sie auf jeden Fall Opfer sein dürfte. Reichten aber die wenigen Blutspuren von Thomas W. im Kofferraum aus, um auch ihn als Opfer einstufen zu können? Oder hatte er sich bei der Tatausführung verletzt und die Spur selbst gesetzt, als er die Leiche von Elisabeth S. im Kofferraum verstaute oder irgendwelche anderen, blutbesudelten Utensilien? Oder hatte Thomas W. zuerst Elisabeth S. umgebracht und dann sich selbst? Dann müsste er aber zunächst ihre Leiche entsorgt, dann ihr Auto zurückgebracht haben, um sich anschließend irgendwo selbst getötet zu haben. Eine äußerst unwahrscheinliche Konstellation. Warum hätte er ihr Auto zurückbringen sollen unter diesen Umständen? Oder hatte er im letzten Moment nicht den Mut, sich selbst zu töten, und war untergetaucht?

Auch die Variante, wonach beide Opfer eines Dritten geworden sein könnten, wurde erörtert, aber als unwahrscheinlich eingestuft. Freilich war es schon vorgekommen, dass Liebespaare im Auto von einem Sexualverbrecher überfallen und ermordet wurden. Und es war auch schon vorgekommen, dass solche Täter anschließend die Wohnung ihrer Opfer ausräumten, weil sie die Schlüssel erbeuteten und die Adresse auf irgendwelchen Ausweisen stand. Aber zum einen war es unwahrscheinlich, dass die beiden irgendwo im Grünen plötzlich das Bedürfnis verspürt haben dürften, das zu tun, was sie viel bequemer zu Hause hätten tun können, und zum anderen war kaum erklärbar, woher der Täter hätte wissen sollen, welches der richtige Abstellplatz für Elisabeths Auto in der riesigen Tiefgarage war. Doch warum hatte er es überhaupt zurückgebracht? Ein unnötiges Risiko für einen sogenannten Fremdtäter.

Elisabeth S. und Thomas W. führten jeder für sich ein weitgehend eigenständiges Leben und hatten neben einem gemeinsamen auch einen jeweils eigenen Freundeskreis. Es gab auch nicht die geringsten Hinweise auf ein nachvollziehbares Motiv wie Eifersucht, Hass, Neid oder Rache gegen einen von ihnen und schon gar nicht gegen beide zusammen. Selbstverständlich war auch geprüft worden, ob einer oder beide irgendwelchen Gruppen, Kreisen, Vereinen, Sekten oder dubiosen Organisationen angehörte, entweder sexuell orientierten oder geistig-spirituellen. Das konnte ausgeschlossen werden. Beide waren pragmatisch ausgerichtete, vernünftige, intelligente Menschen ohne die geringsten Anzeichen psychischer Auffälligkeiten oder absonderlicher Neigungen.

Die nächste Überraschung lieferte uns die Auswertung der in der Wohnung von Elisabeth L. gefundenen Polaroidfotos, die von guter Qualität waren und entsprechend vergrößert werden konnten. Auf einigen Geldscheinen hatte man sogar die Seriennummern entziffern können. Aber jetzt kam es: Die Scheine waren nach Größe bzw. Wert sortiert. Dadurch war es möglich, die jeweilige Anzahl zu rekonstruieren. Demnach handelte es sich um 100 Fünfhunderter, 200 Zweihunderter und 100 Hunderter. Machte zusammen genau 100 000 Euro. Damit war das nächste Rätsel aufgegeben: Wo waren die restlichen 40 000 Euro?

Als die ersten Bankauskünfte vorlagen, wurde es noch verworrener. Das Geld von Elisabeth L. blieb nämlich verschwunden. Abgesehen davon, dass es weder in ihrer Wohnung noch in der von ihrem Freund und auch nicht an ihrem Arbeitsplatz gefunden wurde, war die geschenkte Summe von 140 000 Euro auch nicht auf ihr

Konto oder das von Thomas W. einbezahlt worden. Im Gegenteil: Ihr Girokonto war sogar noch völlig leer geräumt worden unter Ausschöpfung des gesamten Dispo-Kredites. Insgesamt 6000 Euro waren abgehoben worden, und zwar innerhalb einer Woche von verschiedenen Geldautomaten im Münchner Stadtgebiet, vorwiegend an einem Geldautomaten in der Schwabinger Leopoldstraße, also unweit von ihrer Wohnung. Aber damit noch immer nicht genug: Die Abhebungen erfolgten allesamt erst nach ihrem Verschwinden. Die erste in Höhe von 1000 Euro bereits am Mittwochmorgen um 6.00 Uhr, also am 17. Juli. Was sollte das? Warum sollte sie morgens um 6.00 Uhr Geld abheben, wenn sie doch 140 000 Euro Bargeld besaß? Und wo soll sie sich in dieser Woche aufgehalten haben? In ihrer Wohnung war sie jedenfalls nicht gewesen. Dort war ja seit ihrem Verschwinden pausenlos angerufen worden und nie wurde abgehoben. Seit Dienstag gab es keine einzige Telefonverbindung mehr. Absolut ungewöhnlich für eine Viel-Telefoniererin wie Elisabeth S. War sie bei Thomas geblieben, in dessen winzig kleinem Appartement? Eine letzte Liebeswoche sozusagen? Oder hatte ein anderer das Geld abgehoben? Aber wie war diese(r) Unbekannte an die EC-Karte einschließlich der Geheimnummer gekommen? Oder war es doch Thomas? Oder doch ein Fremder?

Die Ermittlungen liefen auf Hochtouren, mit all den Höhen und Tiefen, Hoffnungen und Enttäuschungen, die damit einhergehen. Wobei die Enttäuschungen gewöhnlich überwiegen. Das ist halt so. In diesem Fall beispielsweise, als sich herausstellte, dass keiner der betreffenden Geldautomaten videoüberwacht war. Das konnte nur bedeuten, dass die oder der Abhebende bewusst darauf geachtet hatte, nicht identifiziert werden zu können. Und warum will man nicht erkannt werden? Weil man Dreck am Stecken hat. Warum denn sonst?

Einen ersten Schritt kamen wir weiter, als die Nachbarin und beste Freundin von Elisabeth S. noch einmal gründlich vernommen wurde. Die hatte mittlerweile mit einer Arbeitskollegin von Elisabeth telefoniert. Und diese erinnerte sich genau, dass Elisabeth am 16. Juli unentschuldigt der Arbeit ferngeblieben und auch nicht ans Telefon gegangen war. Daraufhin hatte die Kollegin die Nachbarin angerufen. Die wiederum erinnerte sich genau, dass Elisabeth ihr erzählt hatte, dass sie sich am Abend vorher mit ihrem Exfreund Klaus treffen wollte wegen »einer Geldangelegenheit«.

Die Arbeitskollegin von Elisabeth wurde sofort aufgesucht und ausführlich vernommen. Sie bestätigte nicht nur das Telefonat, sondern auch den Inhalt. Damit konnte man fast schon sicher davon ausgehen, dass Elisabeth sich am Dienstag, 16. Juli, also an dem Tag, an dem es das letzte Lebenszeichen von ihr und Thomas W. gab, mit ihrem Exfreund Klaus F., dem Kriminalbeamten, treffen wollte. Allerdings nur sie und nicht Thomas W. Wie passte das also wieder zusammen? Außerdem ist Verabredung nicht gleich Treffen. Schließlich kann man so etwas wieder absagen. Aber falls sie sich an diesem Dienstag wirklich mit ihrem Exfreund getroffen haben sollte, hat er das bewusst verschwiegen oder er hat ein schlechtes Gedächtnis, überlegte ich. Könnte ich mich eigentlich noch daran erinnern, ob ein Ereignis 14 Tage oder drei Wochen zurückliegt? Und ich kam zu dem Ergebnis: Nein, ich wüsste es auch nicht mehr. Zumindest nicht auf Anhieb. Trotzdem, mein Misstrauen war geweckt. Auch wenn eine innere Sperre mein ansonsten gut ausgeprägtes Gespür für eine heiße Spur dämpfte. Weil die Zielperson Polizist war? Nicht, dass ich naiv wäre und glaubte, Polizisten könnten nicht zu Mördern werden. Im Gegenteil, jeder Mensch kann zum Mörder werden. Ohne Ausnahme! Diese Meinung hat sich bei mir mehr und mehr verfestigt, je länger ich bei der Mordkommission arbeitete. Trotzdem sträubte sich etwas in mir. Was wohl daran lag, dass es sich hier um einen »Familienangehörigen« handelte. Zumindest betrachtete ich die Münchner Polizei als eine Art große Familie. Andererseits war gerade das der Grund, warum mich ein Gefühl beherrschte, das ich gar nicht so richtig beschreiben kann. So eine Art »Wehe dem!«, das verbunden mit einem starken Drang zur Aufklärung und vermischt mit düsterer Vorahnung war. Ein ungutes Gefühl jedenfalls.

Da ich mich nie für plumpes Vorgehen, das nicht mit Spontanität und Entschlussfreudigkeit verwechselt werden darf, begeistern konnte, reifte in mir ein Plan, aus dem sich ein Sonderauftrag für den Kollegen Raimund E., dem ersten und einzigen farbigen Kriminalbeamten Münchens, entwickelte. Mal sehen, wie unser Kollege Klaus F. reagieren würde.

Raimund E. erschien überraschend beim Dienststellenleiter des Kommissariates, in dem Klaus F. arbeitete, und begehrte diesen zu sprechen. Als der das Chefzimmer betrat, wusste er sofort, welcher Dienststelle der einzige farbige Kriminaler Münchens angehörte. Das wusste jeder Polizist in München. Trotzdem kommentierte er die Tatsache, dass einer von der Mordkommission mit ihm sprechen wolle, mit keinem Wort. Auch nicht, als ihm eröffnet wurde, er solle mit zur Mordkommission kommen, es gäbe noch einige Fragen an ihn in »dieser Vermisstensache«. Sogar während der gesamten Fahrt zum Dienstgebäude der Mordkommission in der Bayerstraße, direkt gegenüber dem Hauptbahnhof, erwähnte Klaus F. die Sache mit keinem einzigen Wort. Stattdessen unterhielt er sich mit Raimund E. über den dichten Straßenverkehr.

Was mir Raimund E. auf der Dienststelle kurz berichtet hatte, bestärkte mich in meinem Gefühl – in meinem diffusen Gefühl, wohlgemerkt. Mehr war es noch nicht. Dass Klaus F. mit keinem Wort fragte, warum der Fall nun von der Mordkommission bearbeitet wurde, war ja schon auffallend genug. Dass er aber nicht einmal wissen wollte, warum man ihn nicht einfach telefonisch herbeordert habe, sondern persönlich abholen ließ, das war bereits unter der Rubrik »abweichendes Verhalten« zu verbuchen. Gemeint ist damit, dass sich jemand nicht so verhält, wie sich ein wirklich Unschuldiger in einer bestimmten Situation nach allgemeiner Lebenserfahrung eigentlich verhalten müsste. Vorsichtige Schlussfolgerung: Er ist möglicherweise nicht unschuldig. Möglicherweise, wohlgemerkt.

Klaus F. war etwas größer als ich, schätzungsweise 1,85 Meter. Schlanke, sportliche Figur, dichtes, blondes, halblanges Haar, modischer, gepflegter Haarschnitt, und er war ein gut aussehender Bursche, ein sogenannter Womanizer, wie man heutzutage sagt. Ich konnte mir vorstellen, dass er bei Frauen gut ankommt. Er trug modische, sicherlich nicht billige Kleidung, soweit ich das zu beurteilen vermochte.

Die Vernehmung begann um 9.30 Uhr. Ich ahnte noch nicht, dass es eine der schwierigsten und belastendsten meiner Dienstzeit werden würde. Sie sollte 13 Stunden andauern und mit einer Festnahme enden. Und zwar mit der Festnahme eines Kriminalbeamten, den ich als Zeugen hatte vorladen lassen und den ich nach zwölf Stunden ununterbrochenen Verhörs des Doppelmordes beschuldigen würde. Der zuständige Staatsanwalt würde anschließend alle Verdachtsmomente gründlich prüfen, einen Haftbefehl beantragen und bekommen.

Auch der erfahrenste Vernehmungsbeamte kann nie sagen, wie eine Vernehmung verlaufen und wie sie enden wird. Selbst wenn es sich vielfach erahnen lässt. Niemand kann vorhersagen, welche Antworten man auf seine Fragen bekommt und welche Fragen sich wiederum aus diesen Antworten ergeben. Das geht so lange, bis eine Frage entweder zur Zufriedenheit des Fragenden beantwortet ist oder bis man erkennt, dass der Befragte keine zufriedenstellende Antwort (mehr) geben kann oder geben will. Entweder weil er sich nicht mehr erinnert oder – aus welchen Gründen auch immer – lügt wie gedruckt. Allerdings nicht immer nur, um die eigene Täterschaft zu vertuschen. Meistens aber schon.

Mir war nicht verborgen geblieben, wie angespannt Klaus F. war. Hoch konzentriert. »Der hat die Antennen ausgefahren«, dachte ich. Was allerdings (noch) nichts bedeuten musste angesichts einer Vernehmung durch die Mordkommission. Wer ist da nicht nervös? Daran ändert auch die Tatsache nichts, dass man Polizist ist. Im Gegenteil. Als solcher weiß man am besten, wie schnell man in Verdacht geraten und durch die Mühlen der Strafverfolgungsbehörden gedreht werden kann. Außerdem wollen sich Polizisten natürlich keine Blöße geben und meinen, sich möglichst souverän verhalten zu müssen.

Zumal sie wissen, dass es bei der Mordkommission ganz schön zur Sache gehen kann. Was halt daran liegt, dass es um Tötungsdelikte geht und nicht um Eierdiebstahl.

Nachdem ich ihn als Zeugen belehrt und zur Wahrheit ermahnt hatte, erklärte ich ihm, wir wüssten zwar noch nichts Genaues, gingen aber davon aus, dass ein Verbrechen passiert sein könnte. Vor allem, weil wir Blutspuren gefunden hätten. Bewusst vage Andeutungen also, die geradezu nach einer Nachfrage schrien. Dachte ich. Aber es kam nichts. Obwohl er äußerst aufmerksam zuhörte. Es schien fast, als wüsste er schon alles. Täterwissen?

Kennengelernt habe er Elisabeth in seiner Eigenschaft als Kriminalbeamter. Ihr war die Geldbörse samt 300 Euro, EC-Karte und diverser anderer Dokumente geklaut worden, und er bearbeitete den Fall. Dann war das Portemonnaie wieder aufgefunden worden, weil der Täter nur das Geld entnommen und es dann weggeworfen hatte. Als sie in seinem Büro ihre Sachen abholte, fanden beide sich sympathisch und verabredeten sich zum Essen. Man landete schließlich bei einem »vornehmen Italiener« in Garmisch-Partenkirchen und anschließend in ihrem Bett. In seines konnten sie nicht, denn dort lag ja noch seine Ehefrau. Kurze Zeit später führte die Beziehung mit Elisabeth S. zur Scheidung seiner Ehe, in der es aber sowieso »nicht mehr gestimmt« habe. Was denn sonst, dachte ich. Wenn man eine andere hat, hat es plötzlich »sowieso« nicht mehr gestimmt. Das kannte ich schon.

Immerhin vier Jahre seien Elisabeth und er zusammen gewesen. Dann habe auch in dieser Beziehung »nichts mehr gestimmt«, und so habe man sich vor eineinhalb Jahren einvernehmlich getrennt. Elisabeth habe dann den Studenten Thomas W. kennengelernt, und man habe sich gelegentlich sogar zu dritt gesehen. Ob wieder eine andere Frau der Grund für die Trennung gewesen sei? Nicht so direkt. Es habe zwar schon eine andere gegeben, aber aus dieser Beziehung sei nichts Festes geworden, wenngleich sie noch sporadisch bestehe. O Gott, was für ein arrogantes Arschloch du doch bist, dachte ich, nickte aber trotzdem verständnisvoll mit dem Kopf. Was war ich doch für ein Schleimer. Natürlich nur im Dienst der Sache.

Der letzte Kontakt mit Elisabeth liege mindestens drei Wochen zurück, möglicherweise sogar vier Wochen oder noch länger. Genau wisse er das nicht mehr, er habe ein ganz schlechtes Zeitgedächtnis. Sie habe ihn überraschend angerufen und irgendetwas von einer Erbschaft erzählt. Das sei schon Ende Juni gewesen, vielleicht auch Anfang Juli.

Auf meine Frage, ob es nicht auch am Dienstag der vorigen Woche gewesen sein könnte, also am 16. Juli, reagierte er auffallend. Weil nämlich plötzlich nichts mehr zu spüren war von seinem schlechten Zeitgedächtnis. Ganz im Gegenteil: »Nein, das ist ausgeschlossen.«

Der Satz kam wie aus der Pistole geschossen. Es sei schon viel länger her. Das wisse er deshalb noch so genau, weil die Dienststelle am Mittwoch, 17. Juli, den Betriebsausflug gemacht hatte. Da müsste er es doch noch wissen, wenn er am Tag vorher mit Elisabeth zusammen gewesen wäre. Zumal sie nach diesem geplatzten Termin vor drei oder vier Wochen zum Essen gefahren seien, und zwar nach Garmisch-Partenkirchen.

»Was, nach Garmisch-Partenkirchen?«, fragte ich erstaunt. »Das sind ja fast 100 Kilometer.«

»Na und?«, meinte er. »Wenn wenig Verkehr ist, ist das eine gute halbe Stunde Fahrt mit meinem Wagen.«

Angeber, dachte ich, bis ich erfuhr, dass er einen BMW der 7er-Reihe hatte. Wie kann sich ein Oberkommissar der Münchner Polizei ein solches Auto leisten?, fragte ich mich. Zumal ich, obwohl als Hauptkommissar immerhin eine Besoldungsgruppe höher dotiert, nur einen schon ziemlich betagten, wenn auch sehr zuverlässigen Opel Astra besaß. Dass der Herr Oberkommissar einen wesentlich besseren finanziellen Background hatte, weil auch er ein Jahr vorher massiv Schwarzgeld geerbt hatte, wusste ich zu dem Zeitpunkt noch nicht.

In den folgenden Stunden drehte sich die Vernehmung einzig und alleine um dieses Treffen zwischen Elisabeth und ihm vor dieser Bank in der Hohenzollernstraße, zu der sie ihn hinbestellt habe, um dort den großen unbekannten Geldanlageberater zu treffen. Die Bank konnte er zwar benennen, das aber sagte gar nichts aus. Es hätte jede Bank sein können. Niemand sah sie dort, niemandem waren sie begegnet, niemand wusste von diesem Treffen. Zumindest seiner Meinung nach nicht. Noch nebulöser wurde es, als es um die Zeiten ging. Das Treffen hätte am späten Nachmittag stattgefunden, so gegen 16.00 oder 17.00 Uhr. Einmal sei es ein Mittwoch gewesen, es könne aber auch ein Donnerstag gewesen sein, weil da die Bank länger geöffnet hatte. Nur in einem Punkt war er sich ganz sicher. Dass es keinesfalls ein Dienstag war, schon gar nicht der 16. Juli.

Manchmal kommen neben den hart erarbeiteten vernehmungsimmanenten Entwicklungen neue Informationen von außerhalb hinzu, mit denen man gefüttert wird. Besonders wenn man über eine professionelle Mannschaft verfügt, die jeden Ermittlungsansatz, der sich aus einer Vernehmung ergibt, sofort aufgreift und überprüft. Dank moderner Computertechnik kann ja das Vernehmungsprotokoll auch an einem anderen Gerät außerhalb und synchron mitgelesen werden. Kollege Erich K., mein »Fütterer«, deutete mir an, ich solle nach draußen kommen. »Pause«, sagte ich. Klaus F. bat um ein oder zwei Wurstsemmeln, die ich besorgen ließ. Für mich orderte ich drei, denn immerhin hatte ich einen größeren Magen und außerdem war die Mittagszeit längst vorbei und ich hatte seit dem frühen Morgen nichts mehr zu essen bekommen. Schrecklich.

K. berichtete mir von der geschiedenen Frau des Kollegen F., die zwischenzeitlich vernommen worden war. Diese verfolge ihn regelrecht, weil sie davon überzeugt war, dass er erhebliches Bargeld besitzen müsse, von dem niemand etwas wissen dürfte. Jedenfalls habe er sich vor einigen Wochen einen neuen Wagen gekauft, und zwar einen großen BMW. Was aber den Unterhalt für sie und die achtjährige Tochter betreffe, zahle er nur am unteren Limit. Und am Sonntag, 14. Juli, habe er sogar den Geburtstag seiner Tochter ignoriert. Kein Geschenk, nichts. Ans Telefon sei er nicht gegangen und das Handy war wie fast immer ausgeschaltet. In der Nacht vom Dienstag, dem 16. Juli, auf Mittwoch, 17. Juli, habe sie sich deshalb vor seiner Wohnung auf die Lauer gelegt, um zu warten, bis er heimkomme. Er kam aber nicht, und das Auto habe auch nicht in der Tiefgarage gestanden. Er sei definitiv nicht daheim gewesen, weil sie schon ab 15.00 Uhr nachmittags auf ihrem Beobachtungsposten in ihrem Auto vor dem Haus gewesen sei und diesen bis 3.00 Uhr nachts nicht verlassen habe. Erst dann habe sie aufgegeben und sei heimgefahren.

Das sind die Highlights, die man als Kriminaler hin

und wieder braucht, freute ich mich. Jetzt wussten wir wenigstens, dass er nicht zu Hause war, und damit war das für gewöhnlich nicht zu widerlegende Alibi »Ich war zu Hause und habe geschlafen« vom Tisch. Man durfte gespannt sein auf die Fortsetzung.

»Herr F., wo waren Sie in der Nacht vom vorletzten Dienstag, 16. Juli, auf Mittwoch, 17. Juli?«

»Hm, wo war ich da?«, sinnierte er. »War ich da zu Hause?«, fuhr er sich selbst fragend fort.

»Nein«, antwortete ich ihm bestimmt. »Da waren Sie nicht zu Hause, wie wir inzwischen wissen«, fügte ich an und schaute ihm direkt ins Gesicht, wobei mein Blick Selbstsicherheit verriet, die ich ja auch hatte. Immerhin gab es eine gute Zeugin.

»Stimmt«, stieß er ganz schnell hervor, als ob ihm die Erleuchtung gekommen sei, »da war ich unterwegs.«

Das war der Augenblick, auf den ich gewartet hatte. Wenn er jetzt nicht ganz genau sagen kann, wo er war und mit wem, dann war er es, schoss es mir durch den Kopf. Mein Puls stieg auf 200. Wenn er jetzt kein Alibi bringt, ist er dran.

»O Gott, wo war ich jetzt überall?«, fing er an und tat so, als müsse er jetzt erst wieder nachdenken darüber, wo er unterwegs gewesen sein will. »Wissen Sie, in der Nacht vor unserem Betriebsausflug gehe ich immer aus. Das ist schon Tradition bei mir. Diesmal war ich wirklich bis früh morgens unterwegs, bin dann nur kurz nach Hause zum Duschen und Umziehen, und um 8.00 Uhr war ich am Marienplatz, wie ausgemacht.«

»Wo genau waren Sie und mit wem?«

»Tja, erst war ich im Rock-Café, dann in einer Disco in der Sonnenstraße und zuletzt im Kunstpark Ost.«

»Mit wem?«

»Mit niemandem. Ich war alleine.«

»Gibt es Zeugen? Hat Sie jemand gesehen, haben Sie Bekannte getroffen, gibt es irgendwelche Begebenheiten, anhand derer wir überprüfen können, wann Sie wo waren? Sie wissen ja selbst, was Alibiüberprüfung bedeutet, oder?«

»Tut mir leid, es gibt niemand. Ich habe niemand getroffen und bin auch alleine geblieben.«

»Keine Frau, kein Mädchen kennengelernt? Keine Telefonnummer ausgetauscht, mit keiner Kellnerin geflirtet, keine Taxiquittung, keinen Streit gehabt? Nichts, was man nachprüfen könnte?«

»Nein, nicht dass ich wüsste.«

»Womit waren Sie unterwegs, mit den öffentlichen Verkehrsmitteln, mit einem Taxi oder mit dem Auto?«

»Mit meinem Auto.«

»Was? Haben Sie denn nichts getrunken?«, frage ich ungläubig und wartete schon darauf, dass er mir eine Beichte ablegen könnte.

»Nein, wenn ich mit dem Auto fahre, trinke ich nicht. Ich bin schließlich Polizist.«

»Sie waren die ganze Nacht in Kneipen unterwegs und haben keinen Schluck Alkohol getrunken? Das kann ich mir fast nicht vorstellen«, hielt ich ihm vor und konnte es mir tatsächlich nicht vorstellen.

»Ich trinke generell nur sehr wenig. Ich kann mich auch ohne Alkohol amüsieren. Außerdem ist man beweglicher mit dem Auto, wenn man eine Frau kennenlernt. Verstehen Sie?«

Er war es. Da war ich mir jetzt ganz sicher. Nun gab es keinen Zweifel mehr. Das Problem bestand allerdings darin, dass wir weder den Tatort kannten noch uns eine genaue Eingrenzung der eventuellen Tatzeit möglich war. Einziger Anhaltspunkt war der Umstand, dass die beiden Vermissten am Dienstag noch gesehen wurden und seit Mittwoch jedes Lebenszeichen von ihnen fehlte. Insofern war der Rückschluss, in der Zeit dazwischen könnte das passiert sein, was aufgrund der Blutspuren und der anderen Indizien immer wahrscheinlicher wurde, gerechtfertigt. Und ausgerechnet für diese Nacht hatte Klaus F. kein Alibi.

Man sah Klaus F. an, dass er sich ertappt fühlte. Er war blass, wirkte total verunsichert und wusste offensichtlich selbst, dass dies alles unglaubwürdig klang.

Ich meinerseits war überzeugt, einen Täter vor mir zu haben. Nein, ich war mir ganz sicher. Und weil es das Gesetz verbietet, einen Tatverdächtigen auch dann noch als Zeugen auszuquetschen, wenn man schon längst von seiner Täterschaft überzeugt ist, musste ich ihn allein schon deshalb zum Beschuldigten machen, um die spätere Verwertbarkeit der bisherigen Zeugenvernehmung nicht zu gefährden. Mir war schlecht. Denn sollte ich ihn wirklich zum Beschuldigten erklären, würde das unter Umständen sein ganzes Leben zerstören. Ich wollte gerade etwas sagen, da ging die Tür auf und abermals kam Kollege K. herein. Diesmal hatte er einen Zettel in der Hand, den er mir wortlos auf den Schreibtisch legte. Dabei schaute er Klaus F. mit einem triumphierenden Blick an, drehte sich um und ging wieder hinaus. Damit hinterließ er beim Beschuldigten so quasi den Eindruck, als sei dieser nun endgültig geliefert. Diesen Eindruck verstärkte ich noch, nachdem ich mich nach Lesen des Zettels wortlos erhob und ebenfalls nach draußen ging. In Wahrheit musste ich selbst erst einmal nachdenken über das, was Kollege K. auf den Zettel gekritzelt hatte: »Kommissariat – Dienstwaffe verschwunden – tauchte wieder auf.«

Ich bin zwar im Allgemeinen nicht schwer von Begriff, aber jetzt musste ich mich schon aufklären lassen. Was ich zu hören bekam, war hochinteressant, auch wenn ich nicht wusste, warum. Einem Beamten des Diebstahlkommissariates, bei dem Klaus F. arbeitete, war aus dem leichtsinnigerweise unversperrten Schreibtisch die Dienstwaffe entwendet worden. Das Merkwürdige war aber, dass die Waffe dann wieder auftauchte. Der Dieb hatte sie nach gut einer Woche wieder zurückgelegt. Genauer gesagt, war sie am Mittwoch, 10. Juli, weggekommen und am Donnerstag, dem 18. Juli, lag sie plötzlich wieder da. Darauf konnten wir uns keinen rechten Reim machen. Außer, dass Elisabeth S. und Thomas W. seit Mittwoch, dem 17. Juli, vermisst sind und einen Tag später diese Waffe wieder aufgetaucht ist. Bestand hier ein Zusammenhang, oder war das alles nur Zufall? Und warum war die Pistole schon eine Woche vor dem spurlosen Verschwinden der beiden Vermissten entwendet worden? Ich war fest davon überzeugt, dass es hier einen Zusammenhang geben musste, da ich vor allem wegen der Blutspritzer auf der Motorhaube des Fahrzeuges von Elisabeth S. es für möglich hielt, dass sie erschossen worden sein könnte. Obwohl ich mir noch keinen rechten Reim auf die Geschichte machen konnte. Aber dass ausgerechnet bei der Dienststelle, bei der unser Tatverdächtiger arbeitete, eine Waffe verschwunden und dann am Tag nach der Vermissung wieder aufgetaucht war, das konnte kein Zufall sein. Aber warum legt jemand eine Tatwaffe wieder zurück, riskiert damit die Zuordnung und damit einen Rückschluss auf ihn? War sie eventuell doch nicht benutzt worden?

Ich ging ins Büro zurück, setzte mich auf meinen Bürostuhl, fuhr in bewährter Manier ganz dicht an Klaus F. heran und sagte: »Herr F., es tut mir leid, aber ich muss Ihnen jetzt erklären, dass Sie ab sofort Beschuldigter sind.«

Was nun folgte, war heftig. So heftig sogar, dass ich schon fürchtete, er würde auf mich losgehen. Da ich kein ängstlicher Typ bin, blieb ich auf meinem Stuhl sitzen, ohne aber den Blick von ihm zu wenden. Denn wie von der Tarantel gestochen war er aufgesprungen und hatte sich vor mir aufgebaut. Dabei schrie er so laut, dass es vermutlich im ganzen Haus zu hören war.

»Was? Sie machen mich jetzt zum Beschuldigten? Ja, spinnen Sie? Dürfen Sie das überhaupt? Sind Sie der liebe Gott? Wissen Sie eigentlich, was Sie mir damit antun?«

Ich hätte jetzt sagen können, dass es eine Anordnung des Staatsanwaltes war, aber das wäre feige gewesen. Schließlich war ich es, der die Vernehmung in den vergangenen zwölf Stunden geführt hatte. Deshalb wusste ich, dass er mich dafür verantwortlich machte. Genauso wie es innerhalb unseres Präsidiums sein würde. »Wehe, wenn du dich geirrt hast«, dachte ich. Mir war speiübel.

Er hatte sich erstaunlich schnell wieder beruhigt, setzte sich auf seinen Stuhl, sah mich an, und plötzlich schien jede emotionale Regung von ihm abgefallen zu sein. Er wirkte nun kühl und überlegt und fragte mich in herablassendem Ton: »Was werfen Sie mir eigentlich vor? Das haben Sie ja noch gar nicht gesagt.«

Ich bemühte mich ebenso emotionslos zu bleiben und

antwortete: »Sie stehen unter dem dringenden Verdacht, Elisabeth S. und Thomas W. ermordet zu haben.«

Damit war die Emotionslosigkeit bei ihm wieder vorbei. »Das ist doch lächerlich. Ich soll jemanden umgebracht haben, ist das Ihr Ernst?«

»Herr F., jetzt hören Sie mir mal gut zu. Seit Stunden eiern Sie um den Tag herum, an dem Elisabeth S. letztmals lebend gesehen wurde. Meinen Sie, das ist uns nicht aufgefallen? Sie wussten von ihrem Geld, das spurlos verschwunden ist. Und es steht fest, dass sich Elisabeth S. am Dienstag, 16. Juli, mit Ihnen treffen wollte. Ich weiß zwar noch nicht, wie ihr Freund Thomas in dieses Mosaik hineinpasst, aber immerhin haben wir auch von ihm Blut gefunden. Also besteht der Verdacht, dass die beiden in der Nacht vom Dienstag auf Mittwoch, 17. Juli, getötet wurden, nachdem sie seither spurlos verschwunden sind. Und genau für diese Nacht haben Sie kein Alibi, sondern tischen uns hier ein Märchen auf. Sie sind doch selber Kriminaler und müssten doch wissen, was Sache ist, oder?«

Er wurde ganz ruhig und schaute zu Boden. Dann sagte er: »Ich kann doch nicht etwas zugeben, was ich nicht gemacht habe.« Damit hatte er genau den Satz ausgesprochen, den alle leugnenden Täter aussprechen, wenn ihnen die Gegenargumente ausgehen. Dutzende Male habe ich das schon miterlebt. Nun war ich mir endgültig sicher, den Täter vor mir zu haben.

»Was bedeutet das jetzt? Was haben Sie mit mir weiter vor?«, fragte er resignierend.

»Zunächst einmal werden wir Ihre Wohnung durchsuchen, Ihren Arbeitsplatz, Ihr Auto usw. Danach, je nach Ergebnis, wird die Staatsanwaltschaft darüber entscheiden, ob Haftbefehl beantragt wird.«

Den ersten großen Schritt nach vorne machten wir dann auch noch in derselben Nacht, und zwar mithilfe des Beschuldigten. Als dieser nämlich von der erkennungsdienstlichen Behandlung zurückkam, war er wie umgewandelt. Offensichtlich hatte er sich mit seiner Rolle als Beschuldigter sehr schnell abgefunden und gab sich regelrecht loyal. Das erlebt man oft bei Tätern, die erkannt haben, dass sie ihre Taktik ändern und Schadensbegrenzung betreiben müssen.

»Herr Wilfling, ich sage Ihnen jetzt etwas. Wenn Sie meine Wohnung durchsuchen, werden Sie nichts finden. Es sei denn, ich helfe Ihnen. Damit Sie sehen, dass ich kooperativ bin und nichts zu verbergen habe.«

Ich war gespannt wie ein Flitzebogen. Jetzt kommt's, dachte ich. Die Antwort auf seine Ankündigung, wir würden in seiner Wohnung ohne seine Mithilfe nichts finden, verkniff ich mir. Normalerweise hätte ich diese Bemerkung mit dem Gegenargument kommentiert, hätten wir erst einmal gründlich gesucht, würde auch er nichts mehr finden. Bei so mancher Durchsuchungsaktion führte diese Vorhersage zur freiwilligen Herausgabe der Beweismittel.

»Ich werde Ihnen das Geld in meiner Wohnung freiwillig zeigen«, bot er an. Und dann erzählte er jene Geschichte, die kein Geständnis war, aber dennoch dazu führen sollte, dass gegen ihn Haftbefehl erging.

Er habe nur noch einen einzigen Verwandten gehabt, nämlich seinen Onkel väterlicherseits, bei dem er auch nach dem Unfalltod seiner Eltern aufgewachsen sei. Dieser kinderlose Onkel, dessen Frau vor zwei Jahren gestorben war, sei sehr sparsam und ausgesprochen geizig gewesen und habe niemandem getraut, vor allem keiner

Bank. Vor einem Jahr sei auch der Onkel, der eigentlich nur ein kleiner Rentner war und in einer billigen Mietwohnung lebte, verstorben. Als einziger Angehöriger sei er auch der Alleinerbe gewesen und habe schließlich die Schlüssel zur Wohnung des Onkels vom Nachlassgericht erhalten. Dort fand er einen Bargeldbetrag von 130 000 Euro, den sich das Ehepaar im Laufe seines Lebens vom Munde abgespart hatte, und wovon er auch wusste. Dass es aber so viel sein würde, hätte er nie gedacht. Um diesen warmen Regen insbesondere vor seiner geschiedenen Frau geheim zu halten, die ohnehin schon misstrauisch gewesen sei, weil er dummerweise immer wieder einmal erzählt habe, dass der Onkel Geld horten würde, habe er das Geld nicht auf eine Bank bringen wollen. Vor einigen Wochen habe er sich dann einen gebrauchten BMW für 30 000 Euro gekauft, was abermals seine Geschiedene auf den Plan gerufen habe. Er habe schon gar nicht mehr gewusst, wo er das Kuvert mit dem Geld verstecken sollte. Musste er doch befürchten, dass seine Exfrau ihn anzeigen und eventuell sogar einen Durchsuchungsbeschluss erwirken würde. Oft habe er das Geld im Büro versteckt, aber das sei ihm auch zu unsicher gewesen. Dann aber habe ihn zufälligerweise Elisabeth angerufen und darüber informiert, dass auch sie Geld geerbt hätte, und ihm erzählt, dass sie da jemand kennen würde, der ihr fantastische Konditionen für die Geldanlage geboten hätte. Anschließend habe sie ihn gefragt, ob er sie bei dem Treffen mit diesem Anlageberater unterstützen wolle. Dem habe er zugestimmt und sich daraufhin mit der Absicht getragen, ebenfalls seine 100 000 Euro anzulegen und für sich arbeiten zu lassen, sollte sich die Sache als zuverlässig und sicher erweisen.

Nicht nur einmal, sondern zweimal habe er sich jeweils am Dienstag im Abstand von einer Woche mit Elisabeth getroffen wegen der Geldanlage. Am vorletzten Dienstag, also am 16. Juli, zum zweiten und letzten Mal. Er habe sich nicht getraut, es gleich zu sagen, um nicht in Verdacht zu kommen. Es sei so gewesen, dass er seine eigenen 100 000 Euro jeweils in bar bei sich gehabt habe, Elisabeth habe ihre 140 000 Euro mitgeführt. Beim ersten Treffen sei der Bankmensch nicht gekommen. Sie seien daraufhin nach Garmisch gefahren zum Essen, um die beiderseitige Erbschaft zu feiern. Es sei ja schließlich ein außergewöhnlicher Zufall gewesen, dass sie beide fast gleichzeitig einen fast identischen Betrag geerbt hätten.

Elisabeth habe auch sein Kuvert mit seinen 100 000 Euro in ihrer Handtasche in Verwahrung genommen. Als sie wieder in München waren, habe er sie gebeten, sein Geld für ihn aufzubewahren. Er wollte es nicht mehr bei sich zu Hause haben, solange diese Unterhaltsgeschichte aktuell war. Man konnte ja nicht wissen, ob ihn die Exfrau nicht anzeigen und vielleicht sogar eine Hausdurchsuchung erzwingen würde. Möglich sei ja alles. Elisabeth habe also sein Geld in Verwahrung behalten.

In der zweiten Woche sei der Banker wieder nicht gekommen, und erneut seien sie nach Garmisch zum Essen gefahren. Diesmal sei es umgekehrt gewesen. Als sie nach München zurückkamen, habe Elisabeth nun ihn gebeten, ihr Geld aufzubewahren, bis die Sache mit Thomas geklärt sei. Er habe sie nämlich an diesem Dienstag in der Nähe von Thomas' Wohnung abgesetzt, weil sie mit diesem eine Aussprache herbeiführen wollte. Das sei das letzte Mal gewesen, dass er sie gesehen habe. In den folgenden Tagen habe er Elisabeth nicht erreichen können, und als er hörte, dass sie und Thomas vermisst würden, habe auch er Schlimmes befürchtet.

»Warum haben Sie das nicht gleich erzählt?«, fragte ich mit einem Kloß im Hals und in der hundertprozentigen Überzeugung, dass diese unglaubliche Geschichte gelogen war. Allerdings nicht in Gänze. Und das war ja das Vertrackte. »Die Lüge orientiert sich immer an der Wahrheit«, sagte mein Lehrmeister immer und wollte damit zum Ausdruck bringen, dass es besonders schwierig ist, ein Geflecht aus Lüge und Wahrheit zu entwirren – weitaus schwieriger, als die nackte Lüge zu erkennen.

Obwohl ich davon überzeugt war, dass Klaus F. log, war ich mir doch nicht sicher, ob man ihm dieses Märchen würde widerlegen können. Sollte sich erweisen, dass Elisabeth S. tatsächlich sein Geld in Verwahrung hatte, was ja aufgrund der aufgefundenen Fotos naheliegend war, würde diese verrückte Geschichte in gewisser Weise sogar bestätigt. So gänzlich unmöglich schien sie jedenfalls nicht zu sein. Zumindest nicht in den Augen irgendeines blauäugigen Ermittlungsrichters, ging es mir durch den Kopf.

»Was hätte ich denn machen sollen?«, fuhr er fort. »Angenommen, der Elisabeth ist wirklich etwas passiert und ich bin im Besitz ihres Geldes, dann wäre doch der Verdacht sofort auf mich gefallen, oder? Ich konnte doch gar nicht sagen, was ich wusste, und ich konnte auch das Geld nicht zurückgeben. Aber wenn sie wieder da ist, wird sie alles bestätigen, und dann kann sie natürlich auch sofort ihr Geld zurück haben. Es ist ja noch da.«

»Und wenn sie nicht wieder auftauchen sollte, wäre es doch schade um das schöne Geld, das vielleicht wieder dort gelandet wäre, wo es herkam, oder?«, spottete ich.

»Ja, diese Gedanken hatte ich schon, das gebe ich zu«, räumte er ein und machte mir dadurch erstmals so richtig deutlich, dass er im Grunde genommen ein eiskalter, raffinierter Lügner war, den ich nicht unterschätzen durfte. Er war zwar im Besitz des verschwundenen Geldes, aber wir mussten erst beweisen, dass dieses Geld auch Tatbeute war und nicht nur eine Leihgabe.

Ich wage zu bezweifeln, ob wir das Geld in Klaus F.s Wohnung wirklich gefunden hätten. Auch wenn die Durchsuchungskräfte, ein halbes Dutzend Kollegen, darauf geschworen hätten – hinterher, wohlgemerkt. Die Geldverstecke waren nämlich wirklich raffiniert ausgewählt. 100 000 Euro waren in einer Packung Reis versteckt, die unauffällig und unverdächtig in einem Küchenschrank unter vielen anderen Packungen mit allen möglichen Inhalten stand. Niemand hätte bemerkt, dass die Schachtel schon einmal geöffnet und wieder verschlossen worden war, weil man nämlich nicht die geringste Beschädigung feststellen konnte. Unter dem Reis war das Geldbündel verborgen, ganz dicht zusammengerollt. Selbst wenn also jemand die Schachtel geöffnet hätte, hätte er erst den Reis ausschütten müssen, um das Geld sehen zu können. Ob das jemand getan hätte? Ich bestimmt nicht, dachte ich mir.

140 000 Euro in Hunderterscheinen fanden sich unter dem Fernsehfuß im Wohnzimmer. Man musste erst den schweren Fernseher liften, um den quadratischen Metallfuß kippen zu können, unter dessen Hohlraum das Kuvert mit den Geldscheinen lag. Die Kollegen meinten, dort hätten sie auf jeden Fall noch nachgesehen, das sei

ein Allerweltsversteck. Wirklich? Aber damit waren wir noch nicht am Ende. In einer Geldtasche im Schlafzimmerschrank, eigentlich nicht besonders versteckt, fanden wir noch einmal 6000 Euro in unterschiedlichen Scheinen.

Insgesamt waren es 246 000 Euro, die wir sichergestellt haben. Wie sich die Summe von 240 000 Euro zusammensetzte, schien klar zu sein. Aber woher kamen die restlichen 6000 Euro? Es lag nahe, dass es sich um das Geld handelte, das von Elisabeths Girokonto abgehoben worden war, beginnend am Mittwoch, 17. Juli, 6.00 Uhr. Zwei Stunden vor Beginn des Betriebsausfluges. Konnte das sein? Woher hatte Klaus F. die PIN? Und wo waren die Sachen aus ihrer Wohnung? Die konnten wir nirgends finden. Weder in seiner Wohnung noch in der von Thomas W. Hatte er die Sachen vielleicht auch schon »versilbert«? Oder stimmte seine Geschichte doch und Elisabeth S. war zuletzt wirklich bei ihrem Freund gewesen? Vor allem aber blieb die Frage: Wo waren die Vermissten? Oder präziser ausgedrückt: Wo waren die Leichen?

Parallel zur Wohnung wurden Klaus F.s Schrank und sein Schreibtisch auf der Dienststelle durchsucht, und ebenso wurde sein Computer von einem eilig herbeigerufenen Administrator ausgelesen. Und was da zum Vorschein kam, war so unfassbar wie der ganze Fall und der seltsame Beschuldigte: Es war eine Auflistung der Seriennummern sämtlicher Geldscheine, die wir bei ihm sichergestellt hatten.

Nach der Rückkehr auf die Dienststelle interessierte Klaus F. nur eine Frage: Was geschehe jetzt mit seinem Geld? Er meine damit die 100 000 Euro, die ihm gehörten. Als ich ihm sagte, dass die genaue Herkunft geklärt werden müsse und das Geld so lange beschlagnahmt bliebe, wurde er unruhig. Und als Kollege K. mit einer gewissen Schadenfreude anfügte, die Steuerfahndung würde uns dabei sicherlich behilflich sein, war Klaus F. tief beleidigt. Er wolle sofort einen Anwalt und im Übrigen sage er kein Wort mehr. Das war's dann. Ich hätte K. umbringen können.

Die Zeit bis zum Eintreffen des Anwaltes nutzte ich, um Klaus F. vor allem eines klar zu machen: Würden wir die Leichen finden, wäre er endgültig überführt. Als Kriminalbeamter kenne er ja die heutigen Möglichkeiten der Spurensicherung. Dann allerdings habe er die Chance vertan, von sich aus zur Aufklärung beigetragen zu haben. Er solle noch einmal bedenken, dass sich ein Geständnis strafmildernd auswirken könne. Er habe doch sicher schon einmal etwas von DNA gehört, fragte ich ihn, und er nickte, ohne etwas zu sagen.

Die Festnahme des Klaus F. hatte sich wie ein Lauffeuer herumgesprochen. Nicht nur in den Medien war das die Schlagzeile des Jahres. In Polizeikreisen löste sie einen Schock aus. Erst zwei Wochen vorher hatte ein Polizist eine Tankstelle überfallen und war dabei vom Tankwart erschossen worden. Und jetzt ein Kriminalbeamter, der des Doppelmordes beschuldigt wurde.

Im Einvernehmen mit der Staatsanwaltschaft entschieden wir uns für eine umfassende Öffentlichkeitsfahndung, eines der wertvollsten Instrumentarien kriminalpolizeilicher Arbeit. Unzählige Verbrechen wurden erst nach Hinweisen aus der Bevölkerung geklärt, unzählige gefährliche Verbrecher konnten nur aufgrund einer Öffentlichkeitsfahndung gefasst werden. Und weil jedes geklärte Verbrechen und jede Festnahme eines gefährlichen Verbrechers auch ein Stück Prävention ist, ist die Einbeziehung bzw. Information der Bevölkerung nicht nur als Befriedigung der Sensationsgier zu sehen, sondern eine unabdingbare Notwendigkeit. Abgesehen davon, habe ich immer wieder die Erfahrung gemacht, dass die Bevölkerung großen Anteil nimmt und sehr kooperativ ist, wenn es um die Fahndung nach Mördern und Totschlägern geht.

»Wer kennt die Vermissten und kann Hinweise zu deren Verbleib geben?
Wer hat die Vermissten nach dem 16. Juli wann und wo gesehen?
Wer hat das Fahrzeug mit dem Kennzeichen M-JW 1123 wann und wo gesehen?
Wer kann sonstige sachdienliche Hinweise geben?«

Verbunden war der Fahndungsaufruf mit dem klaren Hinweis, dass in dieser Sache ein Polizist verhaftet worden war, der im Verdacht stehe, die beiden Vermissten getötet zu haben. Die Veröffentlichung eines Fotos von Klaus F. hatte die Staatsanwaltschaft zu diesem Zeitpunkt abgelehnt. In Anlehnung an Artikel 6 Abs. 2 der Europäischen Menschenrechtskonvention, wo es heißt:

»Jede Person, die einer Straftat angeklagt ist, gilt bis zum gesetzlichen Beweis ihrer Schuld als unschuldig.«

Wobei man fairerweise anfügen müsste, dass dann allerdings Tausende Unschuldige in unseren Gefängnissen sitzen, und zwar in Untersuchungshaft. Aber das versteht halt nicht jeder.

Es wurde eine Sonderkommission einberufen. Durch 35 Kolleginnen und Kollegen wurden wir nun unterstützt. Dabei ging es in erster Linie darum, die vielen Hinweise abzuarbeiten, die eingingen. Dutzende von Hinweisen betrafen das Fahrzeug von Elisabeth S. Klar, dass es die meisten Hinweisgeber irgendwo und irgendwann gesehen zu haben glaubten. Zwei Hinweise waren allerdings identisch. Beide Zeugen wollten das Fahrzeug ausgerechnet in der Nacht vom 16. Juli zum 17. Juli im Bereich der Ortschaft Haar im Landkreis München gesehen haben. Einer behauptete, der Wagen sei mit hohem Tempo aus einem Waldweg gekommen. Es sei ein violettfarbener Peugeot gewesen.

Klaus F. war inzwischen im Untersuchungsgefängnis München-Stadelheim untergebracht, dem größten in ganz Deutschland. Einen Tag vor der angeordneten Walddurchsuchung ließ ich ihn zur Dienststelle überstellen. Er wurde mit diesen neuesten Erkenntnissen konfrontiert. Weil ich sehen wollte, wie er reagieren würde. Falsch machen konnte man dadurch nichts. Da er im Gefängnis war, hatte er keine Gelegenheit mehr, irgendwelche Verdunkelungshandlungen vorzunehmen, sollte er die Leichen wirklich in diese Gegend gebracht haben. Es war vielmehr eine Gelegenheit, ihm noch einmal zu verdeutlichen, dass er mit der Entdeckung der Leichen »geliefert« sei. Den einzigen Satz, den er auf meine Fragen aussprach und den ich noch etwa hundertmal von ihm hören sollte, lautete: »Ich mache keine Aussage.« Egal, was ich sagte und fragte, immer nur sagte er diesen einen Satz. Aber nicht ein einziges Mal sagte er, dass er unschuldig wäre. Nicht ein einziges Mal reagierte er so, wie ein wirklich Unschuldiger reagiert hätte.

Sechshundert Polizistinnen und Polizisten der Bayerischen Bereitschaftspolizei marschierten auf, um das Waldgebiet zwischen den Gemeinden Haar und Vaterstetten zu durchsuchen. Hundeführer aus ganz Bayern, die Münchner Polizei-Reiterstaffel und sogar die Hubschrauberstaffel waren in diese größte Suchaktion der letzten Jahre in Bayern einbezogen. Es war ein glühend heißer Sommertag, und ich war froh, dass ich die Stellung auf der Dienststelle halten durfte, also in der Zentrale, wo alle Informationen zusammenlaufen sollten. Für die jungen Polizistinnen und Polizisten der Bereitschaftspolizei war dieser Echteinsatz dagegen eine willkommene Abwechslung in ihrem Ausbildungsalltag. Entsprechend bewundernswert war auch die Motivation der Truppe, die bei dieser Hitze durchs dichteste Unterholz kriechen sollte. Natürlich nach einem genauen Einsatzplan ihrer Führer, die in diesen Dingen geschult sind und selbst wissen, wie sie vorzugehen haben. Wir Kriminaler sind bei solchen Einsätzen nur Beiwerk. Ich hatte ohnehin nicht die Absicht, mich in die Kompetenzen der Durchsuchungsgruppen einzumischen, und hoffte nur wie alle anderen auf einen Erfolg.

Drei »Gräber« hoben die Beamtinnen und Beamten des Erkennungsdienstes im Laufe des Tages aus, weil die Hunde angeschlagen hatten oder frische Erdaufschüttungen darauf hindeuteten, dass hier etwas vergraben worden war. Tatsächlich wurden auch jeweils Leichen ausgegraben, allerdings waren es Hundekadaver. Die Tiere waren sentimentalerweise einer illegalen Erdbestattung im Walde zugeführt worden, anstatt sie bei der Tierkörperverwertungsanstalt abzuliefern. Ebenso gab uns eine im Dickicht frisch ausgehobene Grube in der Größe eines Grabes Rätsel auf. Für einen Hund war sie jedenfalls zu groß. Hatten wir jemand gestört? Sollte hier jemand bestattet werden? Oder soll hier erst noch eine Leiche »entsorgt« werden? War es vielleicht unser Tatverdächtiger, der hier gegraben hatte? Auswertbare Spuren, die uns einen Hinweis hätten geben können, fanden sich nicht. So blieb uns nichts anderes übrig, als die vermeintliche Grabstätte in nächster Zeit im Auge zu behalten. Eine Aufgabe für die örtliche Polizei unter Einbindung des zuständigen Forstaufsehers.

Am späten Nachmittag war es dann soweit. Die Spannung stieg, helle Aufregung herrschte, als der Fund einer Leiche gemeldet wurde. Aber die aufkeimende Euphorie flaute schnell wieder ab, da der Zustand der Leiche darauf hindeutete, dass sie schon seit sehr langer Zeit hier hängen musste. Es war, wie sich nach einigen Tagen erwies, eine junge Krankenschwester aus dem nahegelegenen Nervenkrankenhaus, die schon seit zwei Jahren vermisst wurde. Sie trug noch ihre roten Stiefelchen. So merkwürdig es klingen mag, aber die Angehörigen der jungen Frau waren glücklich. Denn nichts war schlimmer für diese Menschen als die Ungewissheit über das Schicksal der Vermissten. Aber nun hatten sie wenigstens ein Grab, das sie aufsuchen konnten. Allein schon deshalb hatte sich der Aufwand gelohnt, fand ich.

Jeden Morgen hielt die Sonderkommission eine Besprechung ab, in der die neusten Entwicklungen thematisiert wurden. Die Überprüfung der Finanzen unseres Beschuldigten hatten nichts ergeben. Niemand konnte widerlegen, dass er diese 100 000 Euro tatsächlich in der Wohnung seines Onkels gefunden hatte. Inwieweit er sich der Steuerhinterziehung schuldig gemacht hat, sollten andere entscheiden. Glaubhaft war es jedenfalls, dass sein Onkel so viel Geld besessen haben mochte. Immer wieder kommt es vor, dass alte Menschen über Jahre hinweg größere Geldbeträge gehortet und versteckt haben. Ich selbst hatte einmal 90 000 D-Mark im kargen Zimmerchen eines vermeintlich armen Rentners gefunden, der sich aus dem Fenster gestürzt hatte, weil er in ein Altenheim sollte und fürchtete, man würde ihm dort sein Erspartes abnehmen. Der alte Mann hatte sich laut seiner Vermieter »nicht das Schwarze unter den Nägeln« gegönnt und sein ganzes Geld gehortet. Obwohl er keine Angehörigen hatte und doch gewusst haben müsste, dass das letzte Hemd nun mal keine Taschen hat. Ich habe nie verstanden, warum Menschen selbst dann noch so raffgierig sein können, wenn sie schon den Tod vor Augen haben. Kann jeder so werden?

Die Stimmung innerhalb der SOKO sank allmählich auf den Tiefpunkt. Bei einigen kamen sogar Zweifel auf, ob Klaus F. wirklich der Täter war und ob es nicht doch Thomas W. gewesen sein könnte. Immerhin mache es doch keinen Sinn, dass Klaus F. auch noch diese Geräte aus der Wohnung der Elisabeth S. gestohlen haben soll. Und wo war sein Motiv? Er hatte doch selbst genug Geld. Warum hätte er zwei Menschen ermorden sollen, um an lumpige 140 000 Euro zu kommen, wenn er so gut situiert war?

Da ich aber ein hoffnungsloser Optimist bin, manchmal auch ein Zweckoptimist, und eigentlich immer gute Laune verbreitet habe, konnte ich die Stimmung wieder heben. Die allermeisten ließen sich letztendlich von meiner Zuversicht anstecken und arbeiteten unermüdlich und engagiert weiter.

Mindestens jeden zweiten Tag ließ ich Klaus F. in die Räume der Mordkommission überstellen und redete mit ihm. Sein Anwalt hatte dankenswerterweise nichts dagegen, und wie erwartet, kam Klaus F. auch immer sofort. Natürlich wusste ich, dass er mich insgeheim aushorchen wollte.

Die zweite Woche ging zu Ende, ohne konkrete Ergebnisse. Innerhalb der Polizei mehrten sich die kritischen Stimmen. Insbesondere gegen meine Person, die ich es gewagt hatte, einen Kollegen als Zeugen vorzuladen, um ihn dann festzunehmen. Viele empfanden dieses eigenmächtige Vorgehen als arrogant und anmaßend. Dass nicht ich, sondern der Staatsanwalt den Haftbefehl beantragt hatte und eigentlich er die Verantwortung trug, spielte dabei keine Rolle. Initiator war ich und damit basta! Ich war den Leuten nicht einmal böse und konnte sie sogar verstehen. An ihrer Stelle hätte ich die Sache womöglich ebenso gesehen. Mir selbst war auch wirklich nicht wohl in meiner Haut, und je mehr Zeit verstrich, ohne dass wir Fortschritte vorweisen konnten, desto unwohler wurde uns allen.

Dann war es so weit. Endlich! Es war Freitag, 9. August, 2.00 Uhr, als das Telefon läutete. Wie immer dauerte es einen Moment, bis mich meine Frau wachgerüttelt hatte. Der Kriminaldauerdienst war am Apparat. Es gehe um den Fund zweier Leichen in einem unwegsamen Waldgebiet in der Nähe von Dachau. Es handle sich um einen Mann und um eine Frau. Bei beiden Leichen fehlten Kopf und Hände. Die Kollegen der Kriminalpolizei in Fürstenfeldbruck meinten, bei den Toten könne es sich um unsere Vermissten Elisabeth S. und Thomas W. handeln. Zumindest stimme die Kleidung des Mannes mit der Beschreibung überein.

Ich sprang aus dem Bett, als ob ich 20 Jahre jünger wäre. Noch nie war ich so schnell. Mit Blaulicht und Martinshorn raste ich durch das nächtliche München zur Wohnung der diensthabenden Rechtsmedizinerin und von dort mit ihr zum Auffindungsort, den wir ohne Hilfe der örtlichen Polizei nie gefunden hätten.

Niemals zuvor und auch nie mehr danach habe ich einen so bestialischen Geruch wahrgenommen wie in diesem Waldstück. Wir waren noch 300 Meter entfernt von der Stelle, an der die Leichen lagen, als wir sie schon rochen. Seit der Vermissung am Dienstag, 16. Juli, waren jetzt knapp vier Wochen vergangen. Sollten die Leichen seit jenem Zeitpunkt hier gelegen haben, würde das bei dieser Sommerhitze die Intensität des Geruches erklären, überlegte ich, während wir den Weg hochgingen.

Die Torsos waren etwa fünf Meter vom Weg entfernt im Unterholz abgelegt, an einer Stelle, die etwas lichter war als die Umgebung, die vor allem aus dicht gewachsenen Nadelhölzern bestand. Im Grunde genommen waren es zwei dunkelfarbige Klumpen. Der Gestank war schier unerträglich. Ich konnte mir nicht vorstellen, warum man sie nicht schon früher entdeckt hatte. Sicher, es war ein riesiges Waldgebiet und der Fundort lag wirklich sehr abgelegen. Möglich, dass hierher nicht einmal Waldarbeiter oder Forstleute kommen. Letztendlich war die Auffindung einem Himbeersammler zu verdanken, der allerdings bereits am gestrigen Donnerstagmorgen hier vorbeigekommen war. Seitdem waren 24 Stunden vergangen. »Wie das?«, wollte ich von einem örtlichen Kollegen wissen. Der klärte mich darüber auf, dass der Himbeer-Freund geglaubt hatte, es handle sich um verendetes Wild, dass da so stinken würde. Deshalb habe er auch gar nicht nachgesehen im Gebüsch und habe erst am Abend, als er im Dorfgasthaus den Forstgehilfen getroffen habe, diesem von seiner Feststellung erzählt. Der sei schließlich gegen 20.00 Uhr hierher gefahren und habe die Leichen entdeckt. Dann sei der Polizeiapparat angelaufen.

Vom Weg aus konnte man gar nicht sehen, dass die Köpfe und Hände fehlten. Insofern war ich auf die Beschreibung angewiesen, die mir kurz darauf die Rechtsmedizinerin gab. Beide Köpfe seien vermutlich scharfrandig abgetrennt worden, ebenso alle Hände. Der Torso der Frau sei nackt, es lägen aber einige Kleidungsstücke daneben. Sonstige Spuren von Gewalteinwirkung wie Stich-, Schlag- oder Schussverletzungen könne sie nicht beurteilen, dazu müssten wir die Obduktion abwarten. Der Verwesungszustand könne einer Liegezeit von etwa vier Wochen durchaus entsprechen.

Die Leiche des Mannes sei bekleidet. Jeans, Poloshirt Marke »Lacoste«, Turnschuhe Marke »Adidas«. Das entsprach exakt der Kleidung, die Thomas W. getragen haben könnte, wie die Angehörigen nach Durchsicht seiner überschaubaren Garderobe festgestellt hatten.

Bis die Leichen geborgen und zum Institut für Rechtsmedizin würden abtransportiert werden können, würden noch mindestens zwei bis drei Stunden vergehen, überlegte ich. Mit dem örtlichen Einsatzleiter vereinbarten wir eine gründliche Absuche des Waldgebietes in einem Umkreis von 500 Metern um die Leichen herum, einer meiner Leute blieb vor Ort. Irgendwo mussten doch die anderen Leichenteile sein. Dass Leichenteile von Tieren verschleppt werden, ist bekannt. Aber ausgerechnet zwei Köpfe und vier Hände, während ansonsten eigentlich keine Spuren von Tierfraß festzustellen waren, das machte irgendwie keinen Sinn.

Jetzt war der Tag gekommen, an dem sich erweisen würde, ob meine suggestiven Bemühungen bei unserem Beschuldigten auf fruchtbaren Boden gefallen waren. Dazu war es ganz wichtig, dass er nicht vorinformiert wurde, sondern dass ich ihn persönlich damit konfrontieren konnte. Von den Printmedien drohte diesbezüglich keine Gefahr, denn die Freitagsausgaben waren längst gedruckt. Aber Rundfunk und Fernsehen waren vor Ort, und ich wusste nicht, ob Klaus F. in seiner Zelle über einen eigenen Fernseher oder ein Radiogerät verfügte. Außerdem war mir natürlich bekannt, dass die Nachrichtenübermittlung in der JVA Stadelheim schneller und reibungsloser funktioniert als in unserem Staatsapparat. Weil es dort nämlich keine hierarchischen und bürokratischen Hürden gab und gibt, während unser Meldeweg einem Hindernisparcours gleicht. Natürlich nicht in Ermangelung technischer Möglichkeiten im Zeitalter des Computers, sondern deshalb, weil es in der behördlichen

Hierarchie nichts Schlimmeres gibt, als jemanden, der davon überzeugt ist, wichtig zu sein, zu übergehen. Und weil man, wenn man wichtig ist, zu allem und jedem »seinen Senf« dazugeben muss, dauert es halt eine Zeit lang, bis eine Depesche dort angelangt ist, wo sie hingehört. Meist ein Dutzend Mal korrigiert, abgeändert, wieder korrigiert, weitergeleitet, abermals abgeändert, bis sie dann, zeitlich längst überholt, mit einem Inhalt versehen ist, der mit dem ursprünglichen nicht mehr viel gemein hat. Aber das nur am Rande.

Der richtige Mann, der mein Anliegen – eine Nachrichtensperre bis mindestens 9.00 Uhr – bei den anwesenden Reportern umzusetzen vermochte, war unser Dezernatsleiter. Weil es einfach nicht mehr zu schaffen war, unseren Beschuldigten so schnell aus der JVA herauszubekommen, dass er nicht vorinformiert werden konnte. Was soll ich sagen, es klappte. Der lokale Fernsehsender und der Polizeireporter des Bayerischen Rundfunks versprachen »Sendepause« bis 9.00 Uhr und keine Sekunde länger. Sie hatten Verständnis dafür, dass wir unseren Tatverdächtigen selbst informieren wollten. Und sie hielten ihr Versprechen. Die Nachrichtensperre hielt. Respekt.

Klaus F. ahnte irgendwie, dass etwas anders war an diesem Tag. Nicht, weil er schon so frühzeitig abgeholt wurde, sondern auch noch von Beamten der Mordkommission persönlich. Ansonsten war er mit dem üblichen Gefangenentransport zum Polizeipräsidium gebracht worden. Aber mit einer gewissen Vorahnung bzw. Verunsicherung bei ihm habe ich gerechnet, und das war auch meine volle Absicht: Er sollte nervös werden und spüren, dass dies kein Tag wie jeder andere werden würde. Als die Kollegen auf der Dienststelle eintrafen, führten sie ihn in mein Büro, in dem ich allerdings noch nicht war. Einer blieb bei ihm, der andere berichtete mir, dass er kein Wort gesprochen hat. Wie damals, dachte ich, als ihn Raimund E. bei seiner Dienststelle abgeholt hatte.

Auch der Staatsanwalt war zwischenzeitlich eingetroffen, und in Kürze würde auch der Anwalt kommen. Wobei ich wusste, dass dieser einem Geständnis seines Mandanten nicht im Wege stehen würde, sollte es ihm angebracht erscheinen. Deshalb wollten der Staatsanwalt und ich auch zuerst mit ihm reden.

Wir zeigten dem Rechtsanwalt einige Polaroidfotos von den Leichen. Er erbleichte und schluckte schwer. So etwas hatte er als erfahrener Strafverteidiger bisher ebenso wenig gesehen wie der nicht weniger erfahrene Staatsanwalt. Selbst die erfahrensten Mordermittler, die auf der Dienststelle waren und die Bilder sahen, schüttelten nur den Kopf. Es gibt eben immer wieder Situationen, Perversitäten und Grausamkeiten in diesem Beruf, die man noch nie erlebt hat oder die man nicht für möglich gehalten hätte. Obwohl man meinen müsste, irgendwann könne es nichts mehr geben, was man nicht schon kenne.

Der Anwalt war damit einverstanden, dass ich seinen Mandanten vorab informieren würde, aber nur kurz. Dann wolle er mit ihm reden. Er wusste, was ich vorhatte.

Klaus F. stand auf und gab mir die Hand, so wie immer. Er war blass, und die eisige Stimmung, die im Raum vorhanden war, war regelrecht greifbar. Obwohl er definitiv noch nicht informiert war, ahnte er, dass etwas passiert sein musste. Für mich kam es jetzt darauf an, mich in den kommenden drei Minuten wie jemand zu geben, der Recht behalten hat, darauf aber nicht stolz ist und sich auch nicht darüber freut. Keine Siegerpose, keine Häme, kein Triumphieren, im Gegenteil. Abgesehen davon, dass dies ohnehin nie meine Art war, musste ich mich auch nicht verstellen, nicht schauspielern oder irgendetwas vortäuschen. Denn ich war noch fix und fertig von dem, was ich in der Nacht gesehen hatte. Und der Gedanke, dass dies das Werk eines Polizisten gewesen sein soll, machte mir ehrlich zu schaffen. Es mag komisch klingen, aber ich habe mich irgendwie sogar geschämt. Vor unserem Staatsanwalt, von dem ich wusste, dass er uns Polizisten sehr schätzt und großes Vertrauen zu unserem Berufsstand hat. Vor dem Anwalt, der wegen seiner Fairness und seines Verständnisses für unsere Arbeit bekannt war. Und vor allem vor den Bürgern, die nun erfahren würden, dass wir eben auch nicht besser sind als andere. Ich wollte nicht glauben, dass einer von uns zu solch einer Tat fähig gewesen war. Insofern erweckte ich wohl ganz unbewusst den Eindruck trauriger Gewissheit, der in diesem Moment genau richtig war:

Klaus F. hatte feuchte Augen. Er war so weit, er wusste, dass es aus war. Das spürte ich so deutlich, dass ich mich auf wenige Sätze beschränken konnte. Mehr wäre in dieser Situation falsch gewesen. Kurz und knapp sagte ich:

»Herr F., wir haben heute Nacht die Elisabeth und den Thomas gefunden. In einem Wald bei Dachau. Ohne Köpfe und Hände. Sie wissen, was das heißt, das habe ich Ihnen in letzter Zeit immer wieder lang und breit erklärt. Ihr Anwalt ist da. Am besten, Sie reden erst einmal mit ihm. Dann sehen wir weiter.«

Er war unfähig zu antworten, quetschte nur ein zaghaftes »Ja« heraus. Angst hatte ihn erfasst. Ja, er hatte Angst. Ich deutete ihm an, mit in ein anderes Büro zu kommen, und klopfte ihm beruhigend auf die Schulter, schaute ihn an, nickte ihm aufmunternd zu und führte ihn hinaus.

Inzwischen war der Sozius des Anwalts eingetroffen, und die drei begaben sich zu einer Sitzgruppe auf dem Flur, wo man sie gut beobachten konnte. Klaus F. saß mit gesenktem Kopf wie ein schuldbewusstes Kind auf seinem Stuhl, ohne auch nur ein einziges Mal aufzuschauen. Es dauerte nur zehn Minuten, dann kamen alle drei zurück in mein Büro. Ich saß an meinem Schreibtisch. Klaus F. weinte. Er setzte sich. Sein Anwalt sagte in ganz ruhigem Ton: »Herr F. möchte etwas sagen.« Dieser schaute mich nun direkt an, mit Tränen in den Augen. Er griff über den Schreibtisch, packte meinen Arm und schrie heulend: »Ja, ich war's. Ich hab's getan. Sie haben es von Anfang an gewusst, Herr Wilfling. Ja? Sie haben gewusst, dass ich es war, und Sie waren trotzdem fair zu mir. Bitte helfen Sie mir. Bitte!«

Ich weiß nicht mehr, wie ich die Gefühle beschreiben soll, die ich in diesem Moment verspürte. Verflogen war jede Verachtung und jede Wut. Das Schreckliche, das er getan hatte und das mir vorher noch so unbegreiflich erschien, war plötzlich überdeckt von einer inneren Euphorie, wie man sie empfindet, wenn man einen großen Sieg errungen hat. Besser kann ich es nicht beschreiben, dieses Gemisch aus Abscheu und Triumph. Und weil alle Sieger gegenüber den Besiegten milde gestimmt sind und aller Ärger, alle Wut und alle Schwierigkeiten plötzlich wie verflogen zu sein scheinen, fiel es mir nicht einmal schwer, ihm sogar tröstend die Hand zu tätscheln. Wie einem Kind, das einem schluchzend etwas gebeichtet hat.

»Das kriegen wir schon hin, Herr F.«, sagte ich beruhigend. »Wichtig ist jetzt erst einmal, dass Sie sich die Sache von der Seele reden. Sie werden sehen, dann geht es Ihnen gleich besser.«

Bevor ich mich wieder dem Beschuldigten widmete, hatte ich einen Zettel an den Kollegen K. weitergereicht, auf dem stand: »Alles für Suche nach Leichenteilen vorbereiten.«

Schon zehn Minuten später begann ich, seine ersten Angaben zu Protokoll zu nehmen. Dazu hatte ich eine Schreibkraft ausgewählt, die erprobt war und als nervlich stabil galt. Es sollte nur das Notwendigste in diesem ersten Geständnis stehen. Die wichtigsten Eckpfeiler erst einmal, also reines Täterwissen. Vor allem, wo er die Hände und Köpfe seiner Opfer versteckt hatte. Würde er uns die Leichenteile zeigen, wäre der Tatnachweis endgültig im Kasten.

Als Klaus F. die Tötungshandlungen an Elisabeth S. und Thomas W. geschildert hatte, herrschte Totenstille im Raum. Die Anwälte und der Staatsanwalt mussten wahrscheinlich genauso schlucken wie ich. Alle waren innerlich erschüttert. Ob ich nicht auch etwas blass um die Nase war, weiß ich nicht. Wahrscheinlich schon. Aber ich war bemüht, mir nichts anmerken lassen. Was mir normalerweise eigentlich keine Probleme bereitete, weil jeder Mordermittler als Erstes lernen muss, seine Emotionen zu beherrschen. Auch Kindsmördern gegenüber. Wer das nicht kann, ist bei der Mordkommission fehl am Platze. In diesem Fall jedoch fiel es mir schwer, innerlich ruhig zu bleiben. Denn dieses Geständnis übertraf alles, was ich bisher erlebt hatte. Ich hatte erst gar nicht so richtig kapiert, was er da schilderte. Hatte ich richtig gehört? Er hat die beiden bei lebendigem Leibe enthauptet? Warum hat er sie vorher nicht erschossen? Wozu sonst hatte er bei seiner Dienststelle die Waffe eines Kollegen an sich genommen? Auf alle möglichen Theorien waren wir gekommen. Aber an zwei Enthauptungen hatte niemand in der gesamten SOKO auch nur eine Sekunde gedacht. Dann schilderte er die Hintergründe.

Am Dienstag, 9. Juli, hätte es eigentlich schon so weit sein sollen. Er habe bereits alles vorbereitet gehabt. Axt, Spaten, Müllsäcke, Wasser usw., alles sei schon in seinem Auto gewesen. Neu gekauft in einem Baumarkt. Die mit dem starken Beruhigungsmittel Rohypnol versetzte Kakaoflasche habe sich schon in der Kühltasche befunden. Das Medikament stamme aus den Beständen des verstorbenen Onkels. Die Stelle im Wald habe er längst ausgesucht gehabt. Er habe sich sogar vergewissert, dass das Lokal in Garmisch-Partenkirchen auch wirklich geöffnet haben würde.

Am späten Nachmittag hätten sie sich erstmals an der Bank in der Hohenzollernstraße getroffen. Er habe Elisabeth mit ihrem Geld dorthin bestellt und behauptet, er habe einen Banker aufgetan, der ihnen super Konditionen machen würde. Elisabeth sei gekommen und habe ihr Geld in bar dabei gehabt. Der frei erfundene Banker sei natürlich nicht erschienen, und zum Trost habe er sie zum Essen in das Lokal in Garmisch eingeladen. Das sei Absicht gewesen, da er ja geplant hatte, sie zu betäuben. Und weil er nicht wusste, wie lange es dauern würde, bis der präparierte Kakao wirken würde, habe er eben eine lange Fahrtstrecke auswählen müssen.

Wie geplant hätten sie in Garmisch gegessen, sich nett unterhalten und seien dann nach München zurückgefahren. Auf der Fahrt, gleich hinter Garmisch, habe er ihr dann den präparierten Kakao anbieten wollen. Aber sicherheitshalber habe er sie vorher gefragt, ob sie jemand von ihrem Treffen erzählt habe. Ihre Antwort habe ihm einen Schock versetzt. Sie habe nämlich gesagt, sie hätte es niemandem erzählt, außer ihrem Freund Thomas, aber der würde »schweigen wie ein Grab«. Ganz spontan habe er sich deshalb entschlossen, seinen Plan aufzugeben. Er habe erst neu planen und überlegen müssen. Um sie in Sicherheit zu wiegen, habe er ihr in München sein Geld ausgehändigt mit der Bitte, es für ihn aufzubewahren. Damit sie Vertrauen zu ihm fasste und beim nächsten Treffen auch definitiv wiederkommen würde. Zu Hause habe er nachgedacht, wollte eigentlich schon aufgeben. Aber dann sei in ihm der Entschluss gereift, beide zu töten.

Am Dienstag, dem 16. Juli, habe er Elisabeth wieder zu der Bank bestellt, und wieder sei es ihm nach vergeblichem Warten auf den Bankmenschen gelungen, sie zu einem nochmaligen Trip nach Garmisch zu überreden. Ihr Fahrzeug habe man am Bonner Platz geparkt und gefahren sei man mit seinem BMW. Ein letztes Mal sozusagen. Dabei habe er natürlich gewusst, dass Elisabeth noch immer in ihn verliebt gewesen sei. In besagtem Lokal habe sie ihm dann ja auch angeboten, sich wieder mit ihr zu liieren. Sie habe ihm sogar zärtlich das Gesicht gestreichelt. Für ihn habe es aber kein Zurück mehr gegeben, er sei fest entschlossen gewesen, sie heute noch zu töten. Auf der Rückfahrt nach München, bevor er ihr den präparierten Kakao gegeben habe, habe sie ihm noch einmal versichert, dass außer Thomas niemand von ihrem heutigen Treffen wisse.

Nur weil Elisabeth S. erwähnt hatte, dass ihr Freund Thomas über das Treffen mit Klaus F. informiert war, musste auch dieser sterben. Es war kaum fassbar! Auf meine Frage, was er denn getan hätte, wenn Thomas W. den präparierten Kakao nicht getrunken hätte, erfolgte keine eindeutige Antwort. Dann hätte er ihn irgendwie mit der Axt niedergeschlagen oder so, fabulierte er herum. Da wurde mir plötzlich klar, warum er die Dienstpistole des Kollegen an sich genommen hatte. Vermutlich wollte er Thomas damit bedrohen und ihn zum Trinken zwingen. Vielleicht hatte er das sogar getan. Und notfalls hätte er ihn wohl erschossen. Da das aber nicht erforderlich war, konnte er die Waffe zurücklegen und damit zumindest die Ermittlungen nach deren Verbleib abwürgen. Nachdem auch dies geklärt war, blieb noch die Frage, wo sich die abgetrennten Leichenteile befanden.

»Nach der Tötung von Thomas W. fuhr ich nach München zurück, zu mir nach Hause, reinigte mich und zog mich um. Dann fuhr ich Elisabeths Auto zu ihrem Haus in Schwabing und stellte es in der Tiefgarage ab. Von dort ging ich zur Leopoldstraße, wo ich anhand ihrer Scheckkarte am Geldautomaten die ersten 1000 Euro abhob. Ich wusste, dass bei diesem Geldautomaten keine Kameraüberwachung vorhanden war. Dann hielt ich ein Taxi an und ließ mich zu meinem Auto bringen, das

noch immer am Bonner Platz stand. Dort deponierte
ich das Geld und fuhr dann mit der U-Bahn zur Stadt-
mitte. Um 8.00 Uhr traf ich dann pünktlich meine Kol-
leginnen und Kollegen am Marienplatz, und wir fuhren
mit der S-Bahn in den Raum Dachau zum Betriebsaus-
flug. Es war ein lustiger, schöner Tag, obwohl ich an
nichts anderes denken konnte als an die vergangene
Nacht. Ich habe einfach versucht, es zu verdrängen, da-
mit man mir nichts anmerkt. Das war auch der Grund,
warum ich nach dem Betriebsausflug sogar eine Kolle-
gin mit in meine Wohnung nahm, obwohl mir eigentlich
nicht danach zumute war.

Am nächsten Tag fuhr ich wieder zur Wohnung von
Elisabeth, holte ihr Auto aus der Tiefgarage und fuhr in
den Wald. Dort nahm ich den blauen Müllsack an mich
mit den Köpfen und Händen darin. Als ich ihn in den
Kofferraum legte, platzte er auf und die Köpfe rollten
durch den Kofferraum, sie bluteten aber nicht mehr. Ich
wickelte sie wieder ein und fuhr Richtung Fahrenshau-
sen. Dort in einem Feld, direkt an der Straße, vergrub
ich die Teile. Ich werde Ihnen die Stelle zeigen.«

Es war ein riesiger Konvoi an Fahrzeugen, der sich auf
den Weg in das nördliche Umland Münchens machte. Ich
saß hinten neben Klaus F. auf dem Rücksitz, mein Kollege Raimund E. saß am Steuer. Es wurde nicht viel gesprochen. Über den Grund unseres »Ausfluges« schon gar
nicht. Klaus F. dirigierte uns ins Dachauer Moos.

Das Feld, auf dem die jungen Maispflanzen etwa zehn
Zentimeter aus der Erde schauten, lag direkt an einer
schmalen, wenig befahrenen Landstraße, etwa einen Kilometer außerhalb der Ortschaft Fahrenshausen. Er fand

es auf Anhieb. Wir stiegen aus. Auf den Anhöhen ringsherum, in gehörigem Abstand, hatten sich die Einsatzkräfte postiert. Wir gingen in das Feld hinein. Nach 100 Metern zeigte er auf eine Stelle am Boden und sagte: »Hier ist es.« Sogar als Laie konnte ich sehen, dass hier gegraben worden sein musste, weil die Stelle im Feld erkennbar kahl und noch nicht wieder zugewachsen war.

Eine junge Rechtsmedizinerin und Hauptkommissar Herbert L. lagen bäuchlings am Boden und begannen zu graben. Umringt von zahlreichen Personen des Erkennungsdienstes, des Rechtsmedizinischen Institutes und sonstiger Einsatzkräfte. Immerhin war das, was hier geschah, alles andere als Alltag oder Routine. Mit bloßen Händen beseitigten die beiden ganz vorsichtig das nicht allzu feste Erdreich. Sie mussten nicht allzu weit in die Tiefe graben, bis sie fündig wurden.

Zwei Köpfe und vier Hände bargen sie vorsichtig aus dem ca. 40 Zentimeter tiefen Loch. Ohne Verwesungserscheinungen, wie man nach erster grober Reinigung sehen konnte. Was wohl am lehmigen Erdreich lag. Die beiden sahen aus, als hätten sie im Augenblick des Todes tatsächlich geschlafen. Jedenfalls waren die Augenlider geschlossen. Trotzdem strahlten die weißen, bleichen Antlitze nichts Friedvolles aus, sondern wirkten auf mich irgendwie leer, traurig.

Alle vier Hände waren oberhalb des Handgelenkes bzw. der Knöchel abgetrennt worden, wobei an beiden linken Handgelenken die Armbanduhren völlig unbeschädigt geblieben waren und die aktuelle Zeit anzeigten. An verschiedenen Fingern von Elisabeth S. steckten noch die Ringe. Es fehlte keiner, wie sich herausstellen sollte.

Klaus F. hatte während der Ausgrabungen unter Bewachung in einem der Fahrzeuge warten müssen. Ich nickte ihm beim Einsteigen nur kurz zu und deutete ihm damit an, dass die Leichenteile geborgen wurden. Er stellte keine Fragen. Und ich gab von mir aus keinen Kommentar ab. Nun konnten wir abrücken und fuhren zur nächsten Örtlichkeit. Dorthin nämlich, wo er die Axt, den Spaten und die restlichen Utensilien entsorgt hatte. Wir fanden die Gegenstände in einem Straßengraben, und ich ließ sie durch einen weiteren Trupp des Erkennungsdienstes sichern. Noch bevor wir an unserem Dienstgebäude am Münchner Hauptbahnhof ankamen, berichtete Klaus F., dass er die Gegenstände aus der Wohnung von Elisabeth geholt hatte, um den Verdacht auf Thomas W. zu lenken. Auf die Frage, warum die Leiche von Elisabeth S. nackt gewesen sei, nicht aber die von Thomas W., erklärte er, eigentlich habe er auch ihn entkleiden wollen, um die Identifizierung zu erschweren, aber er sei in Zeitnot geraten und habe es dann bei ihm nicht mehr geschafft. Und zuletzt erklärte er auch noch, woher er die Geheimnummer für Elisabeths Girokonto kannte, das er ja geplündert hatte: Die PIN hatte sie in einem Notizbüchlein notiert. Dazu habe er sie selbst animiert, als sie noch zusammen waren. Die Zahl sei als Geburtsdatum getarnt gewesen.

Gleich am nächsten Morgen setzte ich die Vernehmung von Klaus F. fort. In der JVA, wo er auf Anweisung des Staatsanwaltes ein »Einzelzimmer« bekommen hatte, hatte man ihn in Ruhe gelassen und keine schlauen Ratschläge erteilt. An der Schuld- bzw. Täterfrage gab es ohnehin keine Zweifel mehr, die war felsenfest zementiert. Nun ging es vor allem um das wahre Motiv für diese unbegreifliche, entsetzliche Tat.

Er habe an nichts anderes mehr denken können als an diese 140000 Euro, seit ihm Elisabeth von ihrer Erbschaft erzählt hatte. Das sei wie eine immer stärker werdende, fixe Idee gewesen, von der er zum Schluss wie besessen war. Würde ihm das Geld gehören, hätte er fast eine viertel Million. Eine viertel Million! Bei einer viertel Million beginne der Wohlstand erst so richtig, sei es ihm Tag und Nacht durch den Kopf gegangen. Es sei eine unbeschreibliche Gier gewesen, die da von ihm Besitz ergriffen habe. Nie habe er beispielsweise 250000 Euro vor sich gesehen, sondern immer nur »eine viertel Million«. Am Ende sei er nur noch von dem einzigen Gedanken beherrscht worden, wie er dieses Geld in seinen Besitz bringen könne. Es sei wie eine Sucht geworden, die da in ihm herangewachsen und immer größer geworden sei. Schließlich habe er gedanklich alle Möglichkeiten durchgespielt, wie er an das Geld von Elisabeth kommen könnte. An Einbruch habe er gedacht und den Gedanken wieder verworfen, weil zu unsicher und zu risikoreich. An einen Raubüberfall habe er gedacht und auch diesen Gedanken wieder verworfen, denn sie hätte ihn erkennen können. Am Ende sei er zur Überzeugung gelangt, es gäbe nur eine einzige Möglichkeit: Er müsse Elisabeth töten. Das sei ihm letztendlich als der einzig gangbare Weg erschienen, um an das Geld kommen zu können. Anfangs sei er erschrocken gewesen über diesen Gedanken. Aber noch stärker sei diese unbeschreibliche Gier gewesen. Wenn zu seinen Hunderttausend noch einmal Hundertvierzigtausend dazu kämen, dann sei er nicht mehr weit von einer viertel Million entfernt, sei es ihm ständig durch den Kopf gegangen. Er habe an nichts anderes mehr denken können. Und so habe er begonnen, die Tat zu planen.

Ich fragte mich, ob es wirklich sein kann, dass ein Mensch, der auf dem Boden von Recht und Gesetz stand, der ein anständiges, straffreies Leben geführt hat, der sich nie als geizig oder raffgierig zeigte, quasi über Nacht seine gesamte Persönlichkeit verändern konnte? Kann plötzlicher Reichtum eine Gier nach immer mehr auslösen und einen Menschen zum Raffzahn umwandeln? Kann Habgier sogar stärker werden als die hohe Hemmschwelle, die uns davon abhält, andere Menschen zu töten? Stimmt etwa das Sprichwort: »Geld verdirbt den Charakter«? Sicherlich nicht bei jedem, bin ich überzeugt. Bei manchen (vielen?) aber schon.

Eigentlich war »das Gröbste« geklärt, überlegte ich. Dass in diesem Fall die Höchststrafe verhängt werden würde, nämlich lebenslange Freiheitsstrafe mit besonderer Schwere der Schuld, daran hatte niemand Zweifel. Obwohl übrigens das Mordmerkmal der Grausamkeit laut Gericht nicht erfüllt war. Denn einen schmerzhaften, besonders leidvollen Tod hatten die beiden Opfer nicht. Zumindest ging man davon aus, dass sie betäubt waren, als ihnen die Köpfe abgetrennt wurden.

Nur eine Nebensächlichkeit ging mir noch im Kopf herum. Aber eine, die sehr aussagekräftig sein konnte im Hinblick auf die wahre Gefühlswelt des Täters. Da mich die Sache beschäftigte, wollte ich eine Antwort. Und zwar möglichst sofort. Weil es mich verrückt macht, wenn ich mir etwas nicht erklären kann, was aber nach Klärung schreit. Also stellte ich Klaus F. abschließend noch diese letzte Frage:

»Sie sagten, Köpfe und Hände wären in einem Müllsack gewesen. Da war aber kein Müllsack. Die Leichenteile lagen lose im Erdreich. Warum?«

»Sie werden lachen, aber den Plastiksack habe ich aus Umweltschutzgründen weggelassen.«

Nie mehr in meinem Leben werde ich diesen Satz vergessen!